Reglas de resiliencia

REGLAS DE RESILIENCIA

Diez formas en las que las personas exitosas mejoran y se vuelven más sabias y fuertes

VALORIE BURTON

Tyndale House Publishers
Carol Stream, Illinois, EE. UU.

Visita Tyndale en Internet: TyndaleEspañol.com y BibliaNTV.com.

Tyndale, *Tyndale Español* y el logotipo de la pluma son marcas registradas de Tyndale House Ministries, registradas en los Estados Unidos de América.

MAXWELL LEADERSHIP y el logotipo de Maxwell Leadership son marcas de The John Maxwell Company, LLC, y se usan en esta obra con permiso de The John Maxwell Company, LLC.

Reglas de resiliencia: Diez formas en las que las personas exitosas mejoran y se vuelven más sabias y fuertes

Originalmente publicado en inglés en el 2025 como *Rules of Resilience* por Tyndale House Publishers con ISBN 979-8-4005-1072-4.

Diseño: Libby Dykstra

Traducción al español: Marcelo Valdéz para AdrianaPowellTraducciones

Edición en español: María Sol Romera para AdrianaPowellTraducciones

Publicado en asociación con la agencia literaria The Bindery, www.TheBinderyAgency.com.

Para información acerca de descuentos especiales para compras al por mayor, por favor contacta a Tyndale House Publishers a través de espanol@tyndale.com.

ISBN 979-8-4005-1634-4

Impreso en Estados Unidos de América
Printed in the United States of America

32 31 30 29 28 27 26
7 6 5 4 3 2 1

Le dedico este libro a mi hijo, Alex,
quien es una bendición de resiliencia.
Eres amado.
Eres amable.
Eres inteligente.
Tienes la sabiduría de Dios dentro de ti
cuando recuerdas pedirla.
¡Y puedes hacer cosas difíciles!
Te amo,

MAMÁ

CONTENIDOS

PRÓLOGO

Resiliencia es una palabra que realmente entendemos cuando la vida nos exige que la tengamos. Las tormentas de la vida son inevitables: obstáculos, pérdidas y cambios que no prevemos. La resiliencia no radica en evitar esas tormentas, sino en tener la fortaleza, las herramientas y la actitud para pasar por esas tormentas y salir más fuertes al otro lado.

Las personas más exitosas no son aquellas que evitan los desafíos; son quienes los enfrentan, aprenden de ellos y se adaptan. Toman las lecciones de las adversidades y las usan para trepar más alto. Esa es la razón por la cual estoy entusiasmado acerca de *Reglas de resiliencia*. Valorie Burton nos da un manual para florecer en un mundo lleno de incertidumbres y cambios.

Permíteme contarte algo acerca de Valorie: ella no es solo una experta en resiliencia, es la personificación de la resiliencia. Su enfoque para ayudar a las personas a levantarse por encima de los desafíos de la vida se arraiga en la sabiduría, en la experiencia y en una comprensión profunda de lo que significa crecer en medio de las adversidades. No enseña simplemente resiliencia, sino que te equipa para practicarla de manera real y práctica.

Recuerdo una anécdota que Valorie me compartió acerca de una joven empresaria a quien ella instruía. Esta persona había enfrentado un revés tras otro: intentos comerciales fallidos, presión financiera y pérdida de confianza cada vez mayor. A través de la guía de Valorie, se dio cuenta de que la resiliencia no radicaba en simular que todo estaba bien ni en abrirse el paso a ciegas, sino en crear un sistema: aprender a manejar su energía, enfocarse en lo que podía controlar, y reestructurar sus reveses como oportunidades para crecer. Con el tiempo, esta empresaria no solo recuperó su negocio, sino que lo hizo florecer sobre la base de lecciones aprendidas en esos momentos difíciles.

Ese es el poder de la resiliencia: no solo cambia la forma en que enfrentas los desafíos. También te ayuda a crecer gracias a ellos. En *Reglas de resiliencia*, Valorie expone los pasos para ayudarte a hacer exactamente eso. Este no es un libro de teorías; es una caja de herramientas llena de estrategias prácticas, historias profundas y consejos factibles. Valorie te guía a construir la clase de resiliencia que no solo te ayuda a recuperarte, sino a seguir adelante.

Lo que más me gusta acerca de este libro es la claridad. Valorie no te agobia con ideas inalcanzables. Ofrece reglas sencillas y directas que puedes aplicar a tu vida de inmediato. Sea que estés pasando por un desafío personal, liderando un equipo o buscando fortalecer tu actitud, estos principios te servirán en cualquiera de esas situaciones y te ayudarán a avanzar hacia donde quieres llegar.

Mientras lees este libro, te animo a que permitas que te desafíe y te ayude a superarte. Reflexiona en las preguntas de entrenamiento de Valorie, pon sus ejercicios en acción, y concédete la gracia de crecer. La resiliencia no es un rasgo con el cual naciste, sino una habilidad que se construye. Vale la pena el esfuerzo porque cuanto más fuerte sea tu resiliencia, mayor será tu impacto en el mundo que te rodea.

Sumérgete. Deja que estas páginas te animen, te fortalezcan y te equipen. Con la guía de *Reglas de resiliencia*, no solo descubrirás el poder de la resiliencia, sino también la diferencia profunda que hace en tu vida y en la vida de las personas a las que afectas.

Tu amigo,
John C. Maxwell

INTRODUCCIÓN

Me pidieron por primera vez que hablara acerca de la resiliencia en audiencias corporativas durante el auge de la Gran Recesión en el 2008. Dado los muchos recortes y la agitación económica durante esos años, no era de sorprenderse que casi todas las organizaciones que me invitaban a hablar me pidieran que compartiera un mensaje sobre resiliencia. Aun así, imaginaba que el interés de las personas en este tema disminuiría con el tiempo. Hasta la fecha, sin embargo, me piden que hable de este asunto más que de cualquier otro. Mirando atrás, ¿es de sorprenderse?

Los cambios masivos y las presiones continuaron con la misma intensidad después de esa crisis financiera. La proliferación de los teléfonos inteligentes, la inteligencia artificial y otras tecnologías dieron como resultado mayor ansiedad y menos conexión, menos fe y confianza en las instituciones. La pandemia global, junto con la agitación política, económica, racial y social que siguieron, nos empujaron hasta los límites y estresaron a todos. Y por supuesto, más allá de estos estresores colectivos, cada uno de nosotros tiene su propia travesía de vida, llena de esperanzas y sueños, decepciones y desafíos que necesitan ser afrontados con resiliencia. Ahora, tómate un momento para reflexionar: ¿Cuáles son tus mayores desafíos? ¿Tus esperanzas? ¿Tus preocupaciones? ¿En qué áreas de tu vida quieres ser más resiliente? Cualquiera sea tu respuesta, la meta de este libro es proveerte herramientas que te ayuden a pasar por esas situaciones con éxito.

La resiliencia te equipa para que florezcas, lideres y tengas éxito en un mundo de cambios e incertidumbres. La resiliencia te ayuda a resolver los problemas con más solvencia y a tener más confianza en la toma de decisiones, sin mencionar que te hace una persona más adaptable, relajada y perspicaz. Tu capacidad para ser efectivo ante la adversidad, los desafíos y los cambios depende de ella.

Mientras estudiaba qué es lo que hace crecer a las personas, en especial en medio de los desafíos, descubrí que se reduce a una manera de pensar diferente. Las personas más exitosas y resilientes tienen una forma de encarar sus problemas que las empodera para resolverlos y solucionarlos. También tienen una comprensión del éxito que tiene que ver con la pasión, la esperanza y el optimismo. Estos patrones de pensamiento no son tangibles; por lo tanto, los demás no perciben esos momentos críticos en que estas personas podrían haber abandonado o fallado irremediablemente.

Teniendo en cuenta esta diferencia, comencé a hacerme una pregunta mientras ayudaba a mis clientes y a mí misma durante los desafíos a lo largo de los años:

¿Qué pasaría si hubiera un conjunto de reglas sencillas que pudiera ayudarte a encontrar una respuesta a cualquier desafío que enfrentes?

Mi meta es compartir la respuesta que descubrí y equiparte para enfrentar cualquier desafío guiándote una y otra vez en la dirección correcta.

A medida que viajemos por estas páginas, te ayudaré a evaluar tu nivel de resiliencia. Te enseñaré un sistema práctico basado en la investigación que te hará más fácil superar los obstáculos. Te compartiré las reglas personales que la mayoría de las personas exitosas adoptan para recuperarse y navegar los innumerables desafíos de la vida y el trabajo. Presentaré historias de amigas y clientes: la integrante de uno de los grupos musicales más vendidos de todos los tiempos, ganador de un premio Grammy; una *podcaster* que se propuso atraer a trescientos oyentes por semana y logró más de un millón en el primer mes; y una atleta que participó cuatro veces en las olimpiadas, superando las probabilidades en el deporte, y usó su resiliencia para derrotar un tipo de cáncer altamente letal. También incluyo historias sobre mi propia vida, familia y negocios.

En este libro, te mostraré exactamente lo que necesitas saber y hacer para construir y sostener un nivel de resiliencia que te empodere para sobrevivir, e incluso florecer, en medio de los desafíos de tu vida y tu trabajo.

La capacitación en resiliencia llegó en el momento preciso

Estudié resiliencia por primera vez mientras cursaba la materia «Psicología positiva aplicada» en un curso para graduados en la Universidad de Pensilvania. La Dra. Karen Reivich, una de mis profesoras, había investigado y escrito extensamente sobre resiliencia, y muy pronto comencé a poner en práctica en mi propia vida lo que aprendía de ella y de otros investigadores. Mi proyecto final sobre cómo piensan las personas exitosas se convirtió posteriormente en el libro superventas *Las mujeres exitosas piensan diferente: 9 Hábitos para hacerte más feliz, saludable y resiliente*. A partir de ese momento también comencé a dar discursos magistrales y talleres sobre resiliencia a clientes gubernamentales y corporativos, a ministerios y en eventos.

Poco después me invitaron a hablar sobre resiliencia, tanto en los Estados Unidos de América como en el extranjero. El Dr. Marty Seligman, uno de mis exprofesores y experto en psicología positiva de renombre mundial, me invitó como facilitadora de un programa nuevo sobre resiliencia que la Universidad de Pensilvania estaba desarrollando para el ejército de los EE. UU. como parte de su programa Comprehensive Soldier Fitness (Aptitud física integral para el soldado). Acepté con mucho optimismo porque creía que el hecho de haber crecido en un entorno familiar militar, mi trasfondo en psicología positiva y mi experiencia como oradora podrían ser útiles.

Mi participación en ese programa no podría haberme llegado en un mejor momento. Mi matrimonio acababa de terminar después de seis años de estar casada, y me había mudado de Maryland a Georgia para comenzar una nueva vida y seguir desarrollando mi empresa. Aunque tenía familiares esparcidos por el área metropolitana de Atlanta donde me había establecido, trabajaba desde casa, enseñando a mis clientes de manera virtual y viajando para cumplir con los compromisos de oratoria. Ser parte de un equipo que enseñaba sobre resiliencia fue un cambio bienvenido, y lo que es más importante, reforzó las habilidades y hábitos que necesitaba de manera especial en esa etapa de mi vida. Hice esto por menos de un año, pero la exposición y la experiencia transformaron mi vida y mi trabajo.

En la actualidad, además de escribir y dar conferencias, soy entrenadora máster certificada y fundadora del Coaching and Positive Psychology Institute (Instituto de Entrenamiento y Psicología positiva, CaPP por su sigla en inglés), una compañía que capacita a entrenadores personales y ejecutivos en todo el mundo[1]. Tengo el privilegio de servir como una de las cinco mentoras para más de 55.000 miembros del Maxwell Leadership Certified Team (Equipo certificado de Liderazgo Maxwell) en todo el mundo en más de 100 países, donde mi función es enseñar habilidades de entrenamiento a los miembros del equipo. Durante las dos décadas pasadas, escribí otros trece libros y entrené a miles de personas. Capacitar a las personas para adaptarse al cambio y aprovechar las oportunidades se encuentra en el centro de todo lo que hago. Y no soy la única.

De hecho, los investigadores en psicología organizacional abogan que los negocios miran más allá del capital financiero y humano cuando buscan resolver asuntos en torno a la moral y la adaptabilidad. Invertir en el capital psicológico de las personas, en su reserva de resiliencia, esperanza, eficacia y optimismo, es una forma de equiparlas para que se recuperen de los contratiempos y aprovechen las nuevas oportunidades[2]. Sin el capital psicológico, las organizaciones no pueden ser lo suficientemente flexibles para aceptar el cambio, ajustarse al crecimiento y a las nuevas tecnologías, ni progresar en un ambiente dinámico y variado. Preparar a las personas para enfrentar los desafíos y prosperar es tan importante que, de hecho, soy una ávida defensora de que se enseñe resiliencia como materia en todas las escuelas y se ofrezca capacitación en resiliencia en todas las organizaciones.

Las reglas se deben escoger

Después de más de dos décadas de estudiar y enseñar sobre resiliencia, aprendí qué es lo que distingue a quienes crecen ante lo inesperado. Reduje los principios prácticos basados en investigaciones a un conjunto de reglas sencillas fáciles de usar. Si las usas de manera regular, tanto en los grandes desafíos de la vida como en las cosas de todos los días, notarás que has mejorado y te has vuelto más sabia y más fuerte en todos los sentidos. Tendrás avances en tus relaciones, cambios inmediatos en tu energía y motivación, y una percepción sobre cómo avanzar de las maneras más significativas.

Antes de compartir las diez reglas de la resiliencia, voy a establecer el fundamento en el primer capítulo para ayudarte a evaluar en cuál de los cuatro niveles de resiliencia te encuentras y te presentaré los tres pilares que sostienen la resiliencia personal: una combinación de capacidad de adaptación, recursos protectores y medidas preventivas. Al fortalecer de manera intencional cada uno de estos pilares, descubrirás que es fácil superar los desafíos y que los resultados positivos son más frecuentes de lo que piensas.

En cada uno de los diez capítulos que siguen encontrarás una regla práctica y fácil de usar que provee guía específica para vencer los desafíos. Cuanto más practiques las reglas, se volverán parte de tu mentalidad, y pronto encontrarás la forma más sabia de avanzar, de recuperarte de los reveses y los desafíos, y de aprovechar las nuevas oportunidades. Dependiendo del dilema o del desafío que enfrentes, podrás decidir cuál regla aplica mejor en esa situación. La regla «extra» sobre la que aprenderás en el capítulo final te desafiará a compartir lo aprendido con otras personas, de manera que enriquecerá tanto tu vida como la de ellos.

A lo largo del camino, compartiré historias inspiradoras y cercanas de quienes encontraron grandes éxitos pese a todos los pronósticos en su contra. Estas historias demuestran cómo funcionan las reglas de resiliencia. Encontrarás motivadores de entrenamiento en cada capítulo, designados a ayudarte a pensar de una forma diferente y más productiva. El experimento «Intenta lo siguiente» al final de cada capítulo es otra herramienta que te ayudará a probar nuevas ideas y acciones para determinar lo que mejor funciona para ti.

Déjame explicarte a qué me refiero al usar el término *entrenar*: es ayudar a las personas a trasladarse de donde están hacia donde quieren estar en realidad, a vadear los desafíos y aprovechar las oportunidades que se presentan a lo largo del camino. Una de las primeras cosas que enseño a mis clientes es que responder preguntas poderosas puede cambiarnos de una manera que nos dé perspectiva y fortaleza para seguir adelante. Detenerse para hacerlo es una forma de resiliencia.

El entrenamiento ha sido la herramienta más importante que utilicé en los momentos cruciales de mi vida para salir del estancamiento y adquirir visión y claridad sobre los próximos pasos, y sobre cómo darlos. Tanto el entrenar a los demás como entrenarse uno mismo son herramientas de resiliencia. El entrenarse uno mismo es el proceso de hacer una pausa intencional, reflexionar sobre los desafíos que deseas enfrentar, y hacer y responder honestamente preguntas que te lleven a pensar y puedan revelar las respuestas y acciones que empoderen la resiliencia. Mi meta en este libro no es solo servir como tu entrenadora, sino darte las herramientas para que seas tu propio entrenador. Las preguntas sobre entrenarse uno mismo que se encuentran a lo largo de este libro te guiarán a respuestas más sabias, profundas y rápidas ante cualquier dilema. Poner en práctica la habilidad para entrenarte a ti mismo te ayudará a recurrir a las reglas de resiliencia con la finalidad de resolver problemas con mayor rapidez, aprovechar las oportunidades con mayor confianza, y ganar un entendimiento que fortalezca tu bienestar, éxito y felicidad.

Creo con todo mi corazón en estas reglas porque las he aplicado. Entrené a otras personas que también las usaron. Estudié porqué funcionan. Cuando ahora me estanco, es porque en algún momento me olvidé de aplicar estos principios. En los momentos de mi vida cuando más las necesité, estas reglas me ayudaron a salir adelante. Estoy convencida de que pueden funcionar para ti, tu equipo y tu familia. Creo que si las practicamos colectivamente, también inspiraremos a otros a ser más resilientes y, de esa manera, crearemos un mundo más resiliente.

Estoy emocionada y me siento honrada de caminar contigo en este viaje. Te invito a regresar a estas páginas una y otra vez, para que encuentres lo que necesitas ante cualquier desafío que enfrentes ahora y en el futuro. ¡Comencemos!

Tu amiga y entrenadora,

Valorie Burton

CREA Y CULTIVA UN SISTEMA PERSONAL DE RESILIENCIA

Por qué tienes más control sobre tu resiliencia de lo que crees.

MENSAJES CLAVES

- La resiliencia es la clave para atravesar los desafíos y maximizar las oportunidades.
- Construye tu «sistema de resiliencia personal» de manera intencional sobre tres pilares poderosos.
- Evalúa tu nivel de resiliencia actual.

Sea lo que sea que te haya impulsado a elegir este libro, sospecho que ya fuiste resiliente en muchas maneras y entiendes que ese conocimiento puede marcar la diferencia entre el éxito y el fracaso, sin importar si el desafío que estás enfrentando en este momento tiene que ver con una relación, con tu carrera, salud o finanzas. A lo largo de los años, los clientes que vinieron a verme casi nunca dijeron: «Quiero más resiliencia», pero esa era, en definitiva, la meta que todos ellos tenían en común.

Por ejemplo, Danielle, una empresaria innovadora, recibió una llamada inesperada para que se entrevistara con un expresidente de los Estados Unidos para un puesto en su equipo y usó nuestro entrenamiento para aprovechar esa oportunidad con éxito. Robin, una abogada experta que anhelaba casarse y ser madre, perdió un embarazo por fertilización *in vitro* (FIV) a los cuarenta y seis años y necesitaba ayuda para volver a imaginarse su futuro.

James, un educador que superó maltratos horribles a manos de su madre cuando era niño, necesitaba ayuda —en el trabajo y con la familia— para aprender a decir lo que piensa, poner límites y ser feliz. Y Jamal, una persona increíble en todo lo que hace, anhelaba ponerle fin al control que el síndrome del impostor y el perfeccionismo ejercían sobre él, para ganar la confianza de dar un paso de fe y seguir sus metas más auténticas.

Al igual que estos clientes, apuesto a que tú también soportaste muchas situaciones en las cuales necesitabas resiliencia, aun cuando esa no haya sido la palabra que usaste para describirla. Cuando somos resilientes, sacamos provecho de las reglas que podemos usar adrede una y otra vez para superar los desafíos que se presenten. Estas reglas están afirmadas en tres pilares poderosos que son el fundamento para tu sistema personal de resiliencia. Por lo tanto, es ahí donde deseo que comencemos, incluso antes de sumergirnos en las reglas. Antes, consideremos el término *resiliencia*.

¿Qué es resiliencia?

Resiliencia se describe con mayor frecuencia como la capacidad para recuperarse y vadear con éxito los desafíos, las adversidades y cambios. La American Psychological Association (Asociación Americana de Psicología) define resiliencia como: «El proceso y el resultado de adaptarse de manera exitosa a experiencias difíciles o complejas de la vida, en especial a través de la flexibilidad y el ajuste mental, emocional y del comportamiento a exigencias tanto externas como internas»[1].

Esa definición es precisa. En este libro, sin embargo, te invito a considerar tu resiliencia más como un *sistema* que tú creas y que te ayudará a adaptarte, a soportar y a recuperarte de los estresores. Un sistema es una estructura o un método organizado: un conjunto de reglas, decisiones o procedimientos a través de los cuales se logra una meta específica. En este caso, la meta es la resiliencia, un ingrediente necesario para el éxito. Cuanto más fuerte sea tu sistema de resiliencia, más probabilidades tendrás de lograr una visión o de superar las dificultades y reveses.

Ten en cuenta que la resiliencia no solo te pone en la mejor situación para soportar el estrés, sino también en la posición de aprovechar las oportunidades. No se trata solo de vencer las dificultades ni de minimizar su impacto, sino de multiplicar lo bueno como una ganancia extra. El éxito requiere resiliencia, no solo porque el camino hacia el logro a menudo está lleno de obstáculos y desafíos inesperados, sino porque las reglas de la resiliencia preparan el terreno para que el éxito sea más fácil de lograr y de sostener.

PREGÚNTATE

¿Qué podría hacer si tuviera mayor resiliencia en mi vida?

Los tres pilares de apoyo

Si la resiliencia es un sistema, ¿cómo construyes un fundamento fuerte sobre el cual afirmarlo? Comienzas por asumir la responsabilidad de tu propia vida y trabajo, preparándote intencionadamente para enfrentar los desafíos y aprovechar las oportunidades cuando se presenten.

En el 2015, un grupo multidisciplinario de científicos consolidó la investigación vigente sobre los factores que conducen a la resiliencia en los niños. El informe resultante me ayudó a identificar los tres elementos o pilares que son claves para superar los obstáculos y aprovechar las oportunidades a cualquier edad: habilidades de adaptación, recursos protectores y medidas preventivas[2]. Cada regla en este libro refleja uno o más de estos pilares. Es importante que sepas que, si te propones construir y cultivar cada pilar, tu resiliencia se fortalecerá cada vez más. Al considerar cada uno de estos pilares en particular, podrás evaluar con facilidad tu nivel de resiliencia. Podrás identificar en qué punto eres fuerte y en cuál eres débil, y podrás tomar decisiones sabias sobre los pasos que debes dar para incrementar tu resiliencia. Considerar la resiliencia como un sistema con tres pilares diferentes es una forma práctica de identificar las oportunidades para crecer y actuar de manera que se produzcan cambios reales y positivos.

PRIMER PILAR: HABILIDADES DE ADAPTACIÓN

Las habilidades de adaptación se refieren a la forma en que piensas, reaccionas y te comportas en respuesta a los desafíos y oportunidades. Determinan la energía que aportas a la resolución de problemas, y ayudan a formular tu estrategia mientras respondes a la adversidad y a la oportunidad. Las habilidades de adaptación son los recursos internos que involucran tu estado mental, emocional y espiritual.

Estas habilidades son en cierto modo invisibles e intangibles porque se desarrollan internamente a través de tus pensamientos, motivaciones y enfoque de la vida. Se pueden aprender y pulir a través del conocimiento y la práctica. Considera los desafíos para los cuales necesitas más resiliencia en esta etapa, a medida que observas los factores que componen las habilidades de adaptación:

- responsabilidad y control personal
- consciencia de pensamiento
- estilo de pensamiento y actitud optimistas
- establecimiento y planeación de metas
- locus de control
- aprovechamiento de la fortaleza
- emoción positiva
- mantenimiento y gestión de la energía
- autoentrenamiento
- flexibilidad
- autocompasión
- fe
- esperanza y optimismo
- autenticidad y humildad

Si lidiaste con un cierto número de desafíos es probable que, por necesidad, con el tiempo hayas desarrollado habilidades de adaptación. Si estuviste protegido contra las adversidades o las escatimaste en tu vida y en tu trabajo, es posible que no hayas tenido la oportunidad de aprender ni de practicar estas habilidades de adaptación. Incluso si te enfrentaste a algunas dificultades, todavía pueden presentarse inesperadamente nuevos desafíos que exijan niveles de resiliencia a los cuales nunca antes tuviste que recurrir.

A medida que observemos las reglas de la resiliencia, vamos a indagar más en lo que implican estas habilidades, y en porqué y cómo puedes adquirirlas e incorporarlas en tu vida y trabajo para incrementar tu resiliencia. Es posible que ya tengas una excelente comprensión de algunas de estas habilidades y necesites pulir otras. Quizás ni siquiera las hayas considerado como habilidades de resiliencia, pero espero que comprendas por qué son importantes y de qué manera pueden transformar tu capacidad para afrontar los desafíos y alcanzar tu visión en cualquier situación.

Las habilidades de adaptación de las personas no siempre son evidentes hasta que observas la forma en que procesan e interpretan las situaciones que enfrentan. Los individuos más resilientes piensan de manera diferente, pero sus pensamientos no siempre son obvios.

SEGUNDO PILAR: RECURSOS PROTECTORES

Los recursos protectores tienden a ser más tangibles y visibles que las habilidades de adaptación. Por lo general, puedes señalar, nombrar y ver estos recursos, los cuales suelen incluir relaciones positivas, de apoyo, seguridad física, dinero o acceso a servicios. A veces los tienes gracias a la familia, a la comunidad o incluso al país en el cual naciste. No obtenemos todos los recursos protectores de esta manera pero sí muchos de ellos. Esto es importante porque nos ayuda a ver la forma en que la resiliencia puede, en parte, resultar de circunstancias con las cuales no tienes nada que ver. Si no los obtuviste como resultado de la buena fortuna de la casualidad, sin embargo, puedes construirlos intencionadamente con el tiempo.

Son llamados recursos protectores porque pueden protegerte de los efectos dañinos de los estresores. Cuando pensamos en estos recursos, podríamos pensar primero en el dinero. En el contexto de resiliencia, sin embargo, los recursos se refieren tanto a cualquier cosa tangible que te protege de los impactos negativos de la adversidad como a cualquier cosa que te facilite afrontar los desafíos. Estos recursos pueden incluir:

- recursos financieros y laborales
- educación y capacitación
- experiencia
- entorno
- salud
- acceso a recursos
- relaciones de apoyo

Las relaciones de apoyo pueden ser los más significativos entre los recursos protectores; por lo tanto, en la Regla n.º 5 consideraremos cómo mejorar tus relaciones.

TERCER PILAR: MEDIDAS PREVENTIVAS

Las medidas preventivas que componen el tercer pilar reducen y disminuyen el impacto de la adversidad. Tienen que ver con pensar de antemano y con hacerse cargo de tu yo futuro. Es como ponerse el calzado de tu yo futuro y preguntarse: *¿Qué me gustaría haber hecho?* Cualquiera sea tu respuesta siempre te llevará a tomar mejores decisiones en el momento presente.

En otras palabras, estas decisiones proactivas reducen tu riesgo de pasar por adversidades. Es la sabiduría de prever el futuro y la disciplina que a menudo viene con la experiencia. Adquieres nuevos enfoques sobre la vida y el trabajo que emergen a medida que superas los factores de estrés, lo cual te permitirá evitar o minimizar desafíos similares en el futuro.

Por ejemplo, tu yo futuro podría agradecerte mañana porque descansaste lo suficiente para un día importante al tomar la decisión de acostarte temprano para dormir bien durante toda la noche. O tal vez en unos años podrías estar agradecido contigo mismo porque tuviste la precaución de invertir de manera constante en tu futuro. Algunos desafíos están fuera de nuestro control, pero justamente las medidas preventivas tienen que ver con ponerte en la mejor posición para soportar los desafíos potenciales. Es la sabiduría en acción.

Un ejemplo fascinante del poder de las medidas preventivas proviene del campo de la medicina. La vacuna contra la influenza del 2019 ofrecía protección contra dos virus de la cepa A y dos virus de la cepa B. Es lo que se llama vacuna cuadrivalente porque estaba dirigida a las cuatro cepas más comunes de la influenza. Una de esas cepas B, Yamagata, no ha sido detectada desde marzo del 2020. Es probable que recuerdes que, en ese mes, la Organización Mundial de la Salud declaró que el COVID-19 no era solo una epidemia, sino una pandemia global. En un esfuerzo por minimizar la propagación de la enfermedad, el uso de los barbijos, la distancia social y el incremento del lavado de manos se volvieron la norma. Aunque tenían el propósito de contener el COVID, estos cambios de comportamiento también contribuyeron para que la cepa Yamagata se extinguiera. Para el 2024, los científicos de vacunas de la Administración de Alimentos y Medicamentos (FDA, por su sigla en inglés) declararon que la protección contra la cepa Yamagata ya no era necesaria y solicitaron a los fabricantes de vacunas que dejaran de producirlas, convirtiendo la vacuna contra la influenza en una trivalente, dirigida solo a tres cepas[3]. No solo eso, sino que las medidas preventivas contra el COVID-19 provocaron que las muertes por influenza se desplomaran. Durante un año particularmente virulento, entre el 2017 y el 2018, más de 51.000 personas murieron por causa de la influenza en los Estados Unidos. En la época de influenza, el número de muertos descendió más del 50 % entre el 2019 y el 2020 y luego el 90 % durante el 2021 y el 2022. Una vez que se terminó la pandemia y las medidas preventivas disminuyeron, sin embargo, las muertes por influenza volvieron a aumentar[4].

En esencia, con medidas preventivas sencillas se redujeron significativamente los resultados negativos. Como consecuencia, disminuyó de manera dramática el número de muertos e incluso se eliminó por completo una cepa de la influenza. Ahora imagínate las formas en que las medidas preventivas podrían ayudarte a reducir el riesgo de adversidades y desafíos prevenibles.

A pesar de que no podemos ni controlar ni predecir cuál estresor se presentará en nuestra vida, las medidas preventivas pueden minimizar y aun eliminar las probabilidades de algunos desafíos. Podemos ser intencionales y prepararnos para superarlos cuando se presenten. Las personas más exitosas son expertas en limpiar el camino de estresores y adversidades innecesarias. Tú también puedes tomar decisiones y construir tu vida y tu trabajo de modo que te prepares para el éxito.

Inclinar la balanza

Por supuesto que nunca podremos eliminar los desafíos y las adversidades por completo. Son parte de la experiencia humana. Además, en sí mismo, el estrés no es algo malo. Así como los gérmenes y las bacterias construyen el sistema inmunológico de un bebé, una cierta cantidad de estrés fortalece tu sistema de resiliencia, dándote la oportunidad de salir de tu zona de comodidad, crecer, tonificar tus músculos mentales, incluso inspirarte a mejorar y a tener un mejor rendimiento. El estrés también incrementa el estado de alerta y la memoria, y te ayuda a enfocar tu energía en hacer las cosas. Lo que hace daño es el estrés prolongado y agobiante. Debes evitar el estrés crónico, pesado: dramas negativos en relaciones estables, estrés financiero continuo, problemas de salud constantes, años de luchas en una carrera o empresa, y cualquier cosa que amenace tu bienestar.

Es aquí donde las habilidades de adaptación, los recursos protectores y las medidas preventivas, acumulados en el tiempo, pueden comenzar a crear una realidad nueva con más gozo y paz, y menos estrés y adversidad. Cuando tus recursos superan los estresores que enfrentas, la balanza de la resiliencia se inclina hacia los resultados positivos. Cuando los estresores superan tus habilidades de adaptación y tus recursos, ocurre lo opuesto[5].

Esta balanza ilustra el concepto de que la resiliencia es un sistema que creamos que nos posiciona para soportar las experiencias difíciles y aprovechar las oportunidades.

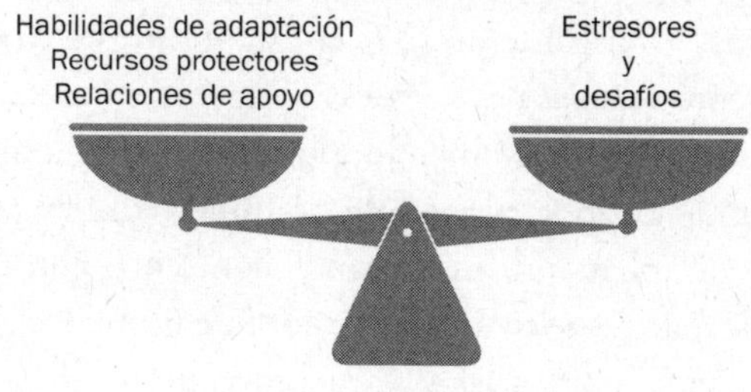

Cuando los recursos pesan más que los estresores, eres resiliente.

Cuando los estresores pesan más que los recursos, no eres resiliente.

Si aprendes de manera intencionada algunas habilidades de adaptación, como la consciencia de pensamiento, nutres recursos protectores tales como las relaciones de apoyo, y si te preparas para los futuros desafíos tomando medidas preventivas, construirás un sistema personal de resiliencia. De hecho, podrías descubrir que el éxito a menudo encuentra la forma de llegar a ti, incluso cuando no lo estás buscando.

Por lo general, los psicólogos pueden predecir quién será más resiliente en determinadas situaciones mediante la simple la observación de estos tres factores. Por ejemplo, tener una relación estable, útil y comprometida no solo es fundamental para edificar la resiliencia en los niños, sino también para sostener la resiliencia en los adultos[6].

Piensa en un desafío importante que superaste en el pasado. Es posible que alguien haya influenciado tu capacidad para conquistar ese desafío, ya sea a través de su apoyo, de acciones útiles o de información compartida. Quizás fueron su fe constante en ti o su ejemplo lo que te mostró cómo debías pasar el desafío de manera efectiva. Si bien los niños, debido a su vulnerabilidad, pueden tener una mayor necesidad de relaciones de apoyo, los adultos también confían plenamente en los sistemas de apoyo que los rodean. Cuánto más consciente estés de esta verdad, más resuelto serás a la hora de aceptar las relaciones positivas en tu vida, edificarlas y sacar provecho de ellas. Serás más deliberado en lo que respecta a buscar consejos sabios, entrenamiento y guía, y usar esa sabiduría para proteger, construir y mejorar tu vida, así como para identificar posibles puntos ciegos que podrían descarrilar tus planes.

A continuación, encontrarás un ejemplo de lo que quiero significar. Cuando mi padre tenía cincuenta y cuatro años, después de mudarse de Colorado al norte de Virginia buscó un nuevo médico de cuidado primario. Durante un control físico de rutina, su nuevo médico notó que el latido del corazón de mi papá era irregular. No era la primera vez que le decían esto. Durante los chequeos anuales a lo largo de su carrera militar le habían informado que tenía esta condición, pero nunca le habían sugerido que se hiciera otros estudios. A pesar de esta condición, mi padre era bastante saludable y sus médicos no parecían estar preocupados. En ocasiones, un profesional médico le decía que algunas personas normalmente tienen latidos irregulares o soplos.

Pero la respuesta de este médico fue diferente. Estaba interesado y deseaba entender por qué sus latidos eran irregulares.

—Solo deseo descubrir la razón que subyace a su condición, para asegurarme de que no haya nada de qué preocuparse —le dijo a mi papá.

El médico le prescribió un angiograma: imágenes médicas que se utilizan para visualizar las arterias, venas y cámaras del corazón. Por lo general, el estudio se realiza para detectar bloqueos arteriales causados por la acumulación de colesterol, grasas y otras sustancias. Acompañé a mi padre al hospital para que se realizara el procedimiento, y nunca olvidaré las palabras del cardiólogo después de que lo llevaron en una silla de ruedas a una habitación privada, una vez finalizado el angiograma.

—Veamos, tengo buenas y malas noticias —comenzó a decir el cardiólogo. Papá y yo miramos al médico con los ojos muy abiertos y luego nos miramos el uno al otro, preparándonos con ansiedad para escuchar las malas noticias—. ¡La buena noticia es que sus arterias están en perfectas condiciones! No hay ninguna clase de bloqueo —nos explicó.

Sonreímos con indecisión, aliviados por la buena noticia pero desconcertados por lo que podrían ser las malas noticias si sus arterias estaban saludables.

—La mala noticia es que una de sus arterias se dirige al lugar equivocado —señaló el cardiólogo—. Tiene un raro defecto de nacimiento. La mayoría de las personas que nacen con esta condición fallecen alrededor de los seis meses, pero con certeza no pasan de los diez años.

No podíamos creer lo que estábamos escuchando.

—Todos los médicos del hospital en este piso van de un lado para el otro hablando acerca de su caso. No habíamos visto a nadie vivir tanto con una condición como la suya. Necesita una operación a corazón abierto lo antes posible para corregir el defecto —agregó.

Estábamos estupefactos.

—Uno podría caminar por las calles de Manhattan durante todo el día y no encontraría otra persona con este problema —continuó diciendo el médico.

Aunque mi papá se veía pensativo, a la vez tenía una sonrisa en su rostro mientras procesaba lo que el cardiólogo acababa de decir.

Más tarde supe que su sonrisa era un signo de gratitud. «Soy bendito por estar vivo», me comentó.

A pesar de que había tenido esa condición durante toda su vida, nadie le había dicho que se hiciera más estudios. Según el cardiólogo, es posible que la preocupación y el apoyo de su nuevo médico de familia hayan prolongado la vida de mi padre entre diez y quince años. Ese médico de familia fue un recurso protector en su vida, al proveerle información crucial. También lo hizo más fuerte y saludable. Una vez que se recuperó, me comentó que podía sentir que su cuerpo estaba recibiendo mucho más oxígeno. Además, su energía y su resistencia aumentaron de manera notable durante la ejercitación.

Además de este recurso protector, mi papá también se benefició de las medidas preventivas que había implementado mucho tiempo atrás. Antes de que el cardiólogo saliera de la habitación, papá le preguntó: «¿Por qué piensa que vencí las probabilidades y viví bien todos estos años? Nunca ni siquiera sospeché que tenía un defecto en el corazón. Hice deportes mientras crecía. Me retiré de la Fuerza Aérea después de veinticuatro años sin problemas físicos».

El cardiólogo nos explicó que es posible que mi papá haya sobrevivido *gracias* a esos factores. «Es probable que su estilo de vida saludable sea lo que lo salvó —respondió el doctor—. De otro modo, hubiera tenido un ataque cardíaco siendo niño y nadie hubiera sabido acerca de su defecto en el corazón. Podrían haber dicho que era una casualidad».

En otras palabras, las medidas preventivas para una salud fuerte, tales como el ejercicio, no fumar y tener un peso saludable, pudieron haber inclinado la balanza de la resiliencia a favor de mi padre. También se valió de algunos aspectos fuertes de la habilidad de adaptación: una actitud optimista, fe, buen sentido del humor y otras estrategias saludables de superación. Las investigaciones muestran que las emociones positivas y la creencia en un poder superior a uno mismo son predictores de resiliencia y longevidad[7].

Por supuesto que mi padre no se pasó la vida fortaleciendo estos tres pilares porque sabía que una actitud positiva, la buena salud y un médico meticuloso podían prevenir que tuviera un paro cardíaco debido a un defecto del corazón no diagnosticado. Controlar los factores que pudo finalmente lo ayudó a soportar una inesperada tormenta silenciosa. Construyó un sistema de resiliencia que durante años resistió un estresor físico grave.

¿Cuál es tu nivel de resiliencia?

¿Cómo sabes si eres resiliente en un área en particular? La resiliencia solo se puede medir en verdad cuando estás consciente de cómo manejas un estresor bajo presión. Aunque es fácil categorizar a las personas y a los grupos como resilientes o no, también es útil pensar en niveles de resiliencia. Considera estos cuatro niveles mientras evalúas tu propia resiliencia. Piensa ahora mismo en un área en la cual necesitas más resiliencia. Quizás sea en tu carrera o en tu empresa, en una relación o en una situación de salud. Luego observa la siguiente ilustración.

La resiliencia solo se puede medir en verdad cuando estás consciente de cómo manejas un estresor bajo presión.

1—Floreciente

2—Funcionando (sobreviviendo pero no floreciente)

3—Funcionando mal (luchando)

4—No funcionando (quebrado, fallando permanentemente)

Todo lo que se encuentra por encima de la línea representa cierto grado de resiliencia, la cual varía desde el nivel funcionando o sobreviviendo hasta el nivel floreciente. Cuando enfrentas un desafío y estás funcionando, eso simplemente significa que estás sobreviviendo o recuperándote de un contratiempo y manteniendo tu nivel de bienestar, productividad o efectividad. Floreciente significa que te va mejor que antes, tal vez mostrando pequeñas evidencias del impacto del estresor en tu bienestar, productividad o efectividad. En el nivel más alto de floreciente, el revés pudo haber impactado positivamente, abriendo nuevas y favorables puertas de oportunidades o acelerando tu crecimiento, bienestar y éxito.

Cualquier valor por debajo de la línea representa falta de resiliencia o «irresiliencia». Y sí, sé que técnicamente esa no es una palabra, pero como es la forma más directa de describir la falta de resiliencia, hagamos que sea una palabra válida. *Irresiliente* es lo opuesto a resiliente. Es un término simple y claro que describe a una persona que no puede adaptarse con éxito a las experiencias difíciles de la vida, a quien le falta un sistema personal que le permita soportar, adaptarse y recuperarse de los estresores.

Cuando eres irresiliente, el estresor tuvo un impacto muy negativo. Tal vez te estás esforzando para adaptarte, para asumir responsabilidades de manera proactiva o para crecer de formas que te ayuden a ser resiliente. En el nivel más bajo, quizás falles por completo en una situación y no puedas recuperarte. La situación parece irreparable. Es la amistad que nunca se arregla o el matrimonio que termina en divorcio. Es la situación financiera que desemboca en quiebra total o la carrera que se hace humo. Es la persona que se rinde y languidece, la que nunca se da cuenta de su verdadero potencial.

La buena noticia es esta: no importa cuál sea tu nivel de resiliencia hoy, puedes fortalecerla.

Con demasiada frecuencia, cuando dudamos de nuestra capacidad para superar un desafío, no nos esforzamos lo suficiente. Cuando surge una pregunta que parece retórica, no la respondemos. Dicho eso, es imposible alcanzar éxito —en las relaciones, los negocios, la salud o las finanzas— sin la capacidad para superar los obstáculos y desafíos inevitables que se presentan. Es más, vencer las dudas significa responder a las preguntas que disparan nuestros mayores temores y sospechas de que no podemos hacerlo, no podemos lograrlo o no tenemos lo que se requiere para lograrlo.

Recuerda que las cosas que vale la pena hacer suelen ser *difíciles*. Eso se debe a que cambiar es difícil. Salir de nuestra zona de comodidad es difícil. Enfrentar lo inesperado y la decepción es difícil. Las decepciones pueden quitarnos la esperanza de algo mejor. Incluso los cambios que anhelamos pueden ser difíciles. Y aunque a veces tenemos que lidiar con desafíos grandes y devastadores, casi a diario nos enfrentamos con desafíos pequeños pero persistentes: la necesidad de ser los mejores en el trabajo y en el hogar, gestionar nuestros hábitos alimentarios y de gastos, y lidiar con personas difíciles, con el tráfico y con el mundo en general sin estresarnos ni sentirnos demasiado agobiados. Estos desafíos se acumulan con el tiempo y ponen a prueba nuestra capacidad para superar dificultades.

Con solo leer este libro estás dando un primer paso importante. Las reglas de la resiliencia ofrecen un enfoque para manejar tus dificultades y oportunidades de modo que te encuentres en la mejor posición para conquistar cualquier obstáculo que se presente. Estas reglas también te ayudarán a construir un fundamento sólido que te brinda la mejor oportunidad para prosperar tanto a nivel personal como profesional.

Entrénate a ti mismo

- Si eres completamente honesto en este momento, ¿cuál es tu nivel de actual en cada una de estas áreas? (Recuerda, 1 = floreciente, 2 = funcionando/sobreviviendo, 3 = funcionando mal, y 4 = no funcionando).

    _____ relaciones

    _____ finanzas

    _____ trabajo/empresa

    _____ salud

    _____ vida espiritual

    _____ otras áreas

- Identifica un desafío específico en tu vida actual que te gustaría enfrentar con mayor resiliencia.

- En el desafío que más requiere tu resiliencia ahora mismo, ¿cuál te gustaría que sea tu nivel de resiliencia? (Nota: ¡Tienes permiso para aspirar a salir ileso de tu desafío!).

- ► Considera por un momento los tres pilares de la resiliencia: habilidades de adaptación, recursos protectores y medidas preventivas.

  En cada pilar, ten en cuenta qué atributos ya posees.

  ¿Cuál es tu pilar más fuerte?

  ¿Cuál es tu pilar más débil y, por lo tanto, te ofrece la mayor oportunidad de fortalecer tu resiliencia?

Intenta lo siguiente

- ☐ Revisa los tres pilares e identifica el paso que debes dar para fortalecer tu pilar más débil.
- ☐ Decide cuándo darás el paso, cómo avanzarás y quién puede ayudarte a cumplirlo.
- ☐ Considera tu nivel actual de resiliencia. ¿Qué necesitas hacer para subir un nivel?

DI CONMIGO:

«La resiliencia me capacita para vencer obstáculos y optimizar las oportunidades».

REGLA DE RESILIENCIA N.º 1

ESPERA LO INESPERADO

Una pequeña dosis de pesimismo puede ayudarte a construir un fundamento personal de resiliencia que te empodere para superar tus desafíos.

MENSAJES CLAVES

- No pienses solo positivamente. Piensa con precisión.
- Acepta que los cambios y los desafíos son parte de la vida.
- Busca formas de fortalecer tus pilares de modo que estés listo para las oportunidades inesperadas.

Desde mi hogar en Annapolis, Maryland, conduje hacia el sur por la I-95 en mi BMW Z3 convertible rojo siena con el techo abierto. Devastada porque mi matrimonio estaba al borde del divorcio, viajaba hacia Anderson, Carolina del Sur, de regreso a mi lugar seguro, el hogar de mi madre. Necesitaba tiempo y espacio para pensar. Dos meses antes había cumplido treinta y seis años, y aunque mi carrera como autora, entrenadora y conferencista se estaba desarrollando tal como esperaba, mi vida personal se estaba derrumbando. La historia que había imaginado para mí incluía estar felizmente casada y criando hijos. Pero esa no era mi realidad, sino todo lo contrario. Estaba *infelizmente* casada y *sin* hijos. No era así exactamente como había esperado que fuera mi vida.

Si dependiera de ti y de mí, no necesitaríamos resiliencia. El éxito sería un destino fácil, y lo lograríamos sin tener que pasar por obstáculos molestos como decepción, personas difíciles y dificultades diarias. Todavía mejor, nunca experimentaríamos eventos negativos, pérdida de personas y de cosas que amamos ni sueños incumplidos. Por el contrario, el éxito llegaría a nuestra vida tal como lo imaginamos. Y en el mapa de rutas, el camino para llegar a nuestro trabajo, nuestro cuerpo, cuenta bancaria y relación ideal sería una línea corta y recta desde el punto A al punto B. Pero todos sabemos que las cosas no funcionan así. Esa es la razón por la cual tú y yo nos encontramos en las páginas de este libro.

Llegar a las cosas buenas casi siempre significa tener que soportar algunas cosas no tan buenas; cosas con las cuales preferirías no tener que lidiar y circunstancias que desearías que no existieran. Y si no solo deseas sobrevivir, sino incluso prosperar a pesar de ello, necesitas algunas reglas con las cuales vivir: fáciles de recordar, de impacto inmediato, y eternas. Estas reglas tienen el propósito de asegurar tu bienestar y tu éxito mientras enfrentas tanto las oportunidades como los desafíos.

«Espera lo inesperado» es la regla fundamental de la resiliencia porque es inevitable que los desafíos se presenten. La primera regla de resiliencia es esperar esos desafíos y prepararse para (1) prevenirlos (2) apaciguar el golpe que traen los estresores, y (3) recuperarse de los estresores de la manera más completa y eficiente posible. Esta primera regla de resiliencia es un compromiso a recordar que el cambio y las dificultades son una constante. Por lo tanto, es sabio prepararse, sabiendo que interrumpirán tus mejores planes.

Un famoso fracaso del mundo de la aviación ilumina el poder de la primera regla de resiliencia. En 1949, la Fuerza Aérea de los Estados Unidos trató de entender las posibilidades y los límites de la nueva tecnología aeronáutica. El Dr. John Stapp, un oficial de la Fuerza Aérea estadounidense y cirujano de vuelo y biofísico, supervisó gran parte de la investigación, incluyendo el experimento de usar un trineo cohete capaz de alcanzar una velocidad supersónica. A menudo, él era el piloto de prueba de estos experimentos de la fuerza G debido al riesgo que involucraban. Antes de una de las pruebas, el capitán Edward Murphy pidió a un ayudante que conectara cuatro medidores electrónicos a las correas del hombro que Stapp usaría en un experimento designado para medir el impacto de la velocidad del vuelo supersónico y los accidentes en el cuerpo humano. El ayudante hizo lo que le indicaron, pero cuando terminó la prueba, los sensores no proveyeron ningún dato. Cada uno de ellos había fallado.

Confundido por el problema, el capitán Murphy pronto descubrió que los cuatro sensores habían sido conectados al revés cuando los armaron. Frustrado porque no era la primera vez que algo salía ridículamente mal en el proyecto, e indignado por la falta de atención a los detalles, se dice que el capitán Murphy comentó de manera pesimista: «Si hubiera otra manera en que estos muchachos pudieran hacer la cosas mal, las harían»[1].

Poco después, el Dr. Stapp fue entrevistado por un periodista que quería saber cómo había hecho la Fuerza Aérea para evitar heridas y fatalidades en experimentos tan peligrosos como esos. Stapp le explicó que preveían muchas de las posibles fallas y las peores posibilidades, y se preparaban para evitar que alguien saliera herido. Explicó al reportero que su equipo operaba bajo la ley de Murphy: «Si algo puede salir mal, saldrá mal». En la actualidad, con frecuencia escuchamos que se describe a la ley de Murphy con una advertencia expandida: «Si algo puede salir mal, saldrá mal, y en el peor momento posible».

Esta máxima puede sonar pesimista, y lo es. Las investigaciones muestran que esta clase de pesimismo es exactamente la clase de actitud que impulsa el éxito, en especial ante lo improbable. Cuando esperas obstáculos, haces una evaluación más realista de lo que se necesita para alcanzar tu meta. Las personas más exitosas utilizan el pesimismo para evaluar y planear de manera efectiva, pero luego sacan provecho del optimismo porque saben que la acción positiva y la perseverancia llevan a resultados favorables. De hecho, esta combinación de pensamiento positivo pero preciso es el fundamento de esta primera regla de resiliencia: «Espera lo inesperado».

Quizás la ley de Murphy suene exagerada. ¿Es verdad que si algo puede salir mal, saldrá mal? La realidad es que a veces nada sale mal. Pero también es verdad que, incluso en mis viajes mejor planeados, es probable que me encuentre en un embotellamiento, una tormenta o que necesite más paradas técnicas de lo esperado. El viaje de tu vida se parece a un viaje terrestre. Es de sabios encarar la vida asumiendo que es posible que algo no salga conforme a lo planeado y que la mejor política es estar preparado o al menos no sorprenderse cuando suceda lo imprevisto. Esperar que todo salga conforme a lo planeado es predisponerse al fracaso.

Si tus planes alguna vez han sido interrumpidos por eventos que no esperabas, conoces la frustración que causan los obstáculos inesperados e inoportunos. En ocasiones, sin embargo, ni siquiera es lo inesperado lo que nos desvía del curso. Si somos honestos, a veces los obstáculos que debemos sortear son predecibles, pero aun así no estamos listos para enfrentarlos. La expectativa de que no haya obstáculos es una de las más grandes amenazas para la resiliencia. Esto se debe a que si no anticipas complicaciones, no te prepararás ni tratarás de prevenirlas.

Esperar que todo salga conforme a lo planeado es predisponerse al fracaso.

Si esperas lo inesperado, te preparas como si fuera inevitable. Te pones en la mejor posición para soportar una tormenta, te repones con rapidez, e incluso mejoras y creces cuando es posible y llegas más lejos de lo que hubieras llegado si el desvío no hubiera sido necesario.

Para ser clara, la resiliencia es necesaria no solo para los eventos y los estresores negativos, sino también para los positivos. Es posible que te entusiasmes cuando consigues un ascenso o comienzas un nuevo emprendimiento, aunque también es un cambio importante que puede generar estrés y riesgo de cometer errores o fracasar. Lo mismo sucede cuando te casas, tienes un hijo o te trasladas al otro lado del mundo para perseguir un sueño de toda la vida. Unos de los ejemplos más notorios de la necesidad de resiliencia después de un evento positivo es recibir una gran suma de dinero de manera inesperada. Aproximadamente un tercio de quienes ganan la lotería se declaran en bancarrota en un periodo de tres a cinco años[2]. En comparación, solo el 12 % de las personas se declaran en bancarrota en algún punto de su vida[3]. La riqueza repentina requiere resiliencia para vivir porque puede ser un cambio importante que exija tomar buenas decisiones, planeación, autocontrol y, tal vez, mentores que apoyen con consejos sabios para preservar la nueva riqueza a lo largo del tiempo. Requiere un sistema que apoye el éxito.

¿Para qué deseas estar listo?

Si pudiera abrirte una puerta de oportunidades en este momento, ¿en cuál entrarías? Ya sea un ascenso, un emprendimiento comercial, la relación que esperas o cualquier otra cosa con la que sueñas, la resiliencia significa estar listo para aprovechar la oportunidad cuando se presente. A veces puede presentarse una oportunidad positiva repentina que exige resiliencia para cambiar tu enfoque al instante porque no hay tiempo para prepararse. Necesitas estar listo de antemano.

Un ejemplo asombroso de alguien que estaba preparada para una oportunidad inesperada e increíble es Tenitra Michelle Williams, quien se incorporó al exitoso grupo musical Destiny's Child en el 2000, tras la repentina y triste salida de dos de sus integrantes originales. Michelle y yo nos conocimos hace algunos años, cuando nos conectamos en torno a nuestro trabajo de escribir y dar conferencias sobre salud mental y crecimiento personal, y nos hicimos amigas. También se graduó del instituto CaPP, donde obtuvo su designación como entrenadora personal y ejecutiva certificada ¡mientras ensayaba y actuaba en un musical de Broadway! Hablando de enfoque, ella lo tiene. La primera vez que almorzamos juntas, de inmediato percibí su inteligencia, humildad y auténtica confianza. Su sentido de humor y su transparencia son evidentes cuando comparte sus luchas y triunfos llenos de fe, en un esfuerzo por inspirar a los demás.

Lo que llevó a su repentino ascenso al escenario comenzó a finales de los noventa. Después de dos años en la Universidad Estatal de Illinois, decidió poner en pausa sus estudios para aprovechar la oportunidad de ir de gira como corista de Monica, la estrella de R&B ganadora del Grammy.

«Estuvimos de gira y fuimos a Japón con TLC», recuerda. La gira fue muy importante, pero Michelle lo tomó con calma. Un dueto del segundo álbum de Monica había batido el récord, ocupando durante trece semanas el primer lugar en las listas de Billboard[4]. Fue una experiencia dinámica para una estudiante de Justicia Criminal de diecinueve años que pudo cantar un poco cuando le dieron la oportunidad.

Cuando la gira terminó, Michelle esperaba regresar a la universidad, agradecida por lo que consideraba había sido «una pequeña oportunidad». En lo profundo, sin embargo, percibía que quizás debía mantenerse abierta a la posibilidad de un concierto más. No estaba en sus planes tener una carrera musical, pero confiaba en su habilidad para cantar y había disfrutado la experiencia de la gira.

«En ese momento, tenía el propósito de ser una excelente fiscal o psicóloga forense —comenta—. La música era un pasatiempo para mí porque simplemente no me veía a mí misma haciendo música a ese nivel. Estaba consciente de que tenía talento, pero mi madre estaba a favor de la educación, del ahorro para la jubilación, de la salud y el cuidado dental, ¡y de un salario quincenal! ¿Por qué razón escogerías una carrera donde puedes cobrar hoy pero no vuelves a recibir una paga? —añade, con el fin de explicar el consejo profesional de su madre. Tenía sentido, y ella planeaba seguir ese consejo; pero tal vez, si tenía suerte, tuviera antes una última oportunidad divertida como corista.

»Mamá —le dije—, si me dejas hacer una gira más, te voy a comprar ese Chrysler 300M que tanto te gusta —recuerda de la conversación que tuvieron, riéndose de su estrategia para conseguir la aprobación de su madre—. En ese entonces ella amaba esos autos».

En lugar del compromiso que esperaba, recibió una llamada de un conocido que le sugirió que hablara con Tina Knowles, la madre de Beyoncé, por el posible reemplazo de una integrante de Destiny's Child, quien dejaba el grupo. Michelle cuenta que habló con la señora Knowles por teléfono y luego tomó un vuelo para hacer una audición con el grupo. Cantó uno de sus himnos favoritos: «Blessed

Assurance». Eligió una canción auténtica y osada para una audición que podría llevarla a formar parte de un grupo cuyo éxito número uno, «Bills, Bills, Bills», había alcanzado recientemente el primer lugar en el Billboard Hot 100; fue una elección que tenía que ver con sus raíces góspel. El resto es historia.

A Beyoncé Knowles y a Kelly Rowland, fundadoras de Destiny´s Child, les encantó la canción e invitaron a Michelle a unirse al grupo a principios del 2000. Fue un cambio estratégico y notorio para un grupo de cuatro miembros, cuyo segundo álbum mejor vendido había sido lanzado solo unos meses antes. Dos integrantes acababan de abandonar el grupo después de mucha agitación divulgada en los medios.

Todo cambió de inmediato en la vida de Michelle. Pasó de ser corista y estudiante universitaria a ser integrante de uno de los grupos más conocidos de la época. Tuvo que confiar en la preparación que había comenzado en su niñez, la cual, según dice, le dio madurez más allá de su edad. Además de cantar desde que tiene memoria, Michelle también dirigió el coro de adultos en la iglesia desde los doce años, escogiendo las canciones y los textos bíblicos que las acompañaban, aprendiendo las tres partes y enseñando la suya a cada sección del coro. Sabía música. Y por supuesto, había sido parte de una importante gira internacional como corista.

«Ellas sabían que no tenían tiempo para preparar a otra persona. Ya había grabaciones de videos agendadas y giras en marcha. No era un grupo en formación. Habían vendido millones de discos», explica sobre la inusual oportunidad.

Estaba lista, y el grupo arrancó incluso con más éxitos que encabezaron la lista de los mejores vendidos, como «Survivor» e «Independent Women Part 1», la canción principal de la película *Los ángeles de Charlie*, cimentando su lugar icónico en la música. Destiny's Child se convirtió en uno de los grupos femeninos más vendidos de los Estados Unidos de todos los tiempos, superado solo por TLC. El éxito del grupo abrió la puerta para que Michelle ganara el premio a mejor solista como artista góspel e iniciara una prolífica carrera actoral que se extendió por más de dos décadas, principalmente en Broadway con *Aida*, *Chicago*, y *Once on This Island* (Una vez en esta isla), y en la gira nacional de *El color púrpura*. También interpretó el papel de Viola Van Horn en la comedia *La muerte le sienta bien*.

El tema con las oportunidades inesperadas es que, a veces, traen consigo nuevos desafíos. La emocionante oportunidad que lo cambió todo para Michelle también vino con estresores y críticas inesperadas. «A veces es mejor no saber todo. Es mejor solo saber que tienes lo que se necesita para lograr algo», comenta sobre sus comienzos con Destiny's Child. Hizo lo mejor que pudo para mantenerse enfocada en ese pensamiento mientras encontraba su posición en el grupo con seguidores escépticos al cambio.

«Las otras integrantes ya tenían seguidores que las amaban, y entonces llegué yo al grupo y dije: "¡Hola! ¡Soy el reemplazo!". Esas personas no me conocían en nada: fui una sorpresa para ellas y para las otras dos cantantes que dejaron el grupo. Fue como: "¿Qué? ¿Quién la conoce?"», recuerda.

A pesar de lo apasionante que fue su nueva y vertiginosa carrera, Michelle estuvo llena de inseguridades desde el principio. Tenía que encontrar el camino para lidiar con ellas, o esta oportunidad podría haberse escapado de las manos. Pero no era la única nueva reemplazante. La otra cantante se fue luego de estar cinco meses con el grupo. Destiny's Child, que había tenido cuatro miembros por años, decidió convertirse en un trío con Michelle como la única integrante nueva. Ella dice que le llevó tiempo sentirse aceptada, y que tuvo que hacer las paces con eso. A veces, era difícil tener confianza cuando entraba a un lugar con Kelly y Beyoncé, porque sabía que no todos la aceptarían. Finalmente, las dos mujeres que la habían escogido le dieron el voto de confianza que necesitaba mientras trabajaba en sus sentimientos. «B y Kelly me dijeron: "¡Te queremos en este grupo! ¡Vamos!"».

Afirma que estaban unidas en una misión. Trasladar el enfoque a la hermandad que formaban y a la visión que compartían la ayudó. «Estábamos enfocadas en el éxito, no solo en una canción bonita.

No. Queríamos ser uno de los grupos más grandiosos de todos los tiempos».

Cuando consideramos la necesidad de resiliencia que tenía Michelle Williams ante tal oportunidad inesperada y asombrosa, queda claro que su historia refleja los tres pilares de la resiliencia, ya que siguió la regla fundamental: «Espera lo inesperado». Al hacer la audición usó habilidades de adaptación, como la autenticidad, reflejando sus fortalezas y su fe. No trató de ser la persona que creía que necesitaban, sino que escogió presentarse como era. Una vez en el grupo, estuvo consciente de sus pensamientos y se dio cuenta de que lo que se estaba diciendo a sí misma acerca de la crítica no la ayudaba. Entonces, de manera intencional, se enfocó en recibir el apoyo de sus compañeras, Kelly Rowland y Beyoncé, en lugar de escuchar a las variadas reacciones iniciales que produjo cuando se incorporó al grupo. Usó la humildad y la autenticidad para empatizar con los seguidores que ya tenían sus favoritas en Destiny's Child, reconociendo que no era personal. Entendió que a los seguidores del grupo les llevaría tiempo aceptarla. Y, finalmente, lo hicieron. Sus recursos protectores, los cuales incluían una relación cercana y de apoyo con su mamá, y años de experiencia en música y liderazgo en el coro de su iglesia, proveyeron una plataforma de lanzamiento segura que la ayudó a aprovechar al máximo la oportunidad y tener una carrera larga y satisfactoria. Ese es un nivel alto de resiliencia para triunfar en una profesión: no solo sobrevivir un desafío, sino prosperar en él.

Cualquiera sea el desafío que enfrentes, sea un dilema inesperado y desagradable o una sorpresa inesperada y oportuna, puedes establecer o mejorar estos tres pilares para construir tu sistema personal de resiliencia. Estas son algunas maneras prácticas de prepararse para lo inesperado:

- **Cambia tus expectativas.** Si no esperas que las cosas siempre se desarrollen de la forma en que las planeaste, es más fácil adaptarte cuando llega lo inesperado. Espera que pasen cosas buenas, pero sé realista acerca de la posibilidad de lo inesperado y decide de antemano que, pase lo que pase, puedes adaptarte y te adaptarás, confiando en la creatividad, las relaciones y los recursos que cultivaste.

- **Haz una pausa y luego planea.** Cuando la vida te desvía del curso, es posible que te sientas un poco confundido al principio. Date espacio y tiempo para procesar el cambio y recuperar la orientación. Respira profundo, evalúa la situación, luego comienza a planear la forma en que te adaptarás, reunirás tus recursos y enfrentarás el desafío.
- **Piensa con anticipación.** Piensa siempre en formas de edificar tu vida de modo que sea más resiliente frente a los desafíos. Desde las relaciones fuertes y los ahorros para emergencias hasta cuidar tu salud y el equiparte con habilidades que te den opciones de trabajo, construyen un sistema sólido de recursos que te protegerán de los desafíos inesperados que la vida puede presentarte.
- **Gestiona tus pensamientos.** Una de las habilidades más importantes de la resiliencia es la consciencia de pensamiento. Ten en cuenta lo que te estás diciendo a ti mismo acerca de tu dificultad y considera si tus pensamientos te ayudan a avanzar o hacen que te estanques. Sé intencional al escoger pensamientos que se alineen con tu visión y te ayuden a avanzar en una dirección positiva.

Entrénate a ti mismo

- ► Cuando piensas en la primera regla de resiliencia: «Espera lo inesperado», ¿en qué áreas de tu vida deseas incrementar más tu resiliencia y por qué?
- ► ¿En qué área(s) podrías no estar preparado para lo inesperado? Considera tus relaciones, tu trabajo, tus finanzas y tu salud.
- ► Si esperaras lo inesperado, ¿qué harías de manera diferente para prepararte o para reducir la probabilidad de que efectivamente suceda lo inesperado?

- Al considerar tu visión para tu trabajo o tu vida personal, ¿qué medidas tomarías ahora a fin de estar preparado para una oportunidad que podría presentarse de manera inesperada?

Intenta lo siguiente

- ☐ Establece una meta para el área de resiliencia que te gustaría fortalecer primero.
- ☐ Determina una a tres medidas que podrías tomar para prepararte o para reducir el impacto de los desafíos en esa área.
- ☐ Identifica una oportunidad inesperada que te gustaría que se presente.
- ☐ Imagínate cómo manejarías y maximizarías la oportunidad si esa puerta se abriera.

DI CONMIGO:

«Espero lo inesperado y me preparo para afrontarlo».

REGLA DE RESILIENCIA N.º 2

ESCOGE LOS PENSAMIENTOS QUE TE FORTALECEN

Por qué la consciencia del pensamiento es la habilidad más importante de la resiliencia y cómo puedes dominarla.

MENSAJES CLAVES

- Lo que más importa no es lo que sucede, sino lo que piensas sobre lo que sucede.
- Puedes entrenarte a ti mismo para tener interpretaciones más útiles de los eventos estresantes.
- Con la práctica, puedes cambiar los patrones en tu cerebro para tener mayor resiliencia.

El sol de la mañana se asomaba a través del hueco de las cortinas de mi habitación, lo suficiente como para obligarme a despertar. Abrí los ojos a regañadientes: quería mantenerlos cerrados, pero la idea me hacía sentir culpable. Después de todo, tenía trabajo para terminar. Ya que era viernes y el día siguiente a un feriado, sin embargo, en realidad no era un día laboral. ¿O sí lo era? No había decidido tomarme el día libre, a pesar de que lo había pensado. Debido a que no había terminado todo lo que quería hacer durante los tres días laborales de la semana, tenía una lista de tareas pendientes que estaban interrumpiendo mi descanso.

Tomé mi reloj de la mesa de noche y miré la hora: 8:02 a. m. Era mucho más tarde que la hora habitual en que solía despertarme. La noche anterior había ignorado mi propia regla de no llevar el teléfono a la cama. Como resultado, el teléfono estaba al alcance de mis manos. Sin siquiera mirar o pensar, extendí mi mano izquierda para tocar el teléfono en la mesa de noche. Abrí la pantalla. Una vecina me había mandado un mensaje de texto. Habían hecho planes de último momento para ir al lago y querían saber si nuestro hijo querría pasar el día con su familia. Era una invitación para divertirse, pero mi preocupación hizo efecto de inmediato. Siempre que tengo que autorizar que mi hijo vaya a algún lado comienzo a catastrofizar, como si algo malo fuera a suceder. La catastrofización es cuando tus pensamientos se descontrolan porque te imaginas irracionalmente el peor de los casos, todo lo que podría salir mal. ¿Alguna vez te sucedió? No puedo explicar de dónde viene este miedo irracional, pero los sentimientos que produce son reales y estresantes. En lugar de responder el mensaje, me di vuelta en la cama e intenté volver a dormir. Este era un día liberado para las emociones. La culpa, la ansiedad y el cansancio mental me estaban ganando, ¡y mis pies todavía no habían tocado el piso!

No se trataba de que hubiera sucedido algo traumático en esos primeros minutos de consciencia ese viernes. Eran los pequeños pensamientos hilvanados los que creaban una cadena de emociones negativas que amenazaban cambiar de forma drástica lo que de otra manera hubiera sido un día grandioso. Sin una visión clara de lo que haría ese día, estaba en conflicto respecto a decidir levantarme y comenzar el día o quedarme en cama para disfrutar de más descanso. Debido a los pensamientos ansiosos e irracionales que inundaban mi mente, un texto urgente quedó sin respuesta mientras yo procrastinaba. ¿Te sucedió lo mismo alguna vez? ¿Es decir, que tus pensamientos te produjeran ansiedad y te dejaran con una sensación extraña?

Luego de reconocer mis pensamientos irracionales, decidí despertar a mi esposo, Jeff, y contarle acerca de la invitación. A él no le producen ansiedad cosas como esas. Antes de siquiera poder preguntarle: «¿Qué les respondemos?», me dijo con alegría: «¡Eso es grandioso!». Luego saltó de la cama, despertó a Alex y lo preparó para que tuviera un día divertido con su amigo y su familia. Yo todavía estaba pensando en catástrofes mientras Jeff y Alex estaban abajo preparando el desayuno.

Lo que calma mi ansiedad cuando Alex va a algún lugar sin nosotros es asegurarme de que lleve nuestro teléfono extra. De alguna manera, sin embargo, en el apuro para que saliera de la casa, se nos olvidó dárselo.

Cuando Jeff y yo volvimos a casa después de dejarlo en la casa del vecino, me di cuenta de que había dejado el teléfono sobre la isla de la cocina. Entonces eché un vistazo al pequeño almanaque rotatorio que tenemos en la mesada: 5 de julio. Es el aniversario de mis padres. Después de su divorcio, solía llorar todos los años en esta fecha, pero no me había molestado durante casi quince años. Sin embargo, sentí un dejo de tristeza, como si una nube gris estuviera merodeando sobre mí. ¿Era posible que el comienzo negativo del día tuviera algo que ver con esto? La nube merodeaba y más pensamientos negativos lloviznaban sobre mi mente. De repente, recordé que la asistente que había tenido durante cuatro años se iba la próxima semana y que todavía no había buscado a alguien que la reemplazara. Otra decisión que debía tomar. *Estoy cansada de tomar decisiones*, pensé. Sin mencionar que todavía no había alcanzado la meta de escritura para la semana. Me dije a mí misma: *Un momento, ¿puse una meta de cuánto debía escribir esta semana? Uf...*

Ningunos de estos pensamientos negativos eran catastróficos. Nada de lo que tenía que resolver era cuestión de vida o muerte. No estaba en peligro. Aun así, mis pensamientos aumentaban como una bola de nieve hasta que me acosté en el sofá y me distraje con juegos, pasando la pantalla sin prestar atención, e hice un par de llamadas a unas amigas. No estoy diciendo que esas acciones fueran malas: conectarse con una amiga es algo bueno incluso si se hace para posponer las cosas, pero no era la forma en que había esperado pasar el día.

La resiliencia no se relaciona solo con los grandes reveses y desafíos. Siempre hay oportunidades para usar las reglas de resiliencia para enfrentar los desafíos cotidianos que amenazan con desestabilizar tus días perfectos y transformarlos en situaciones deprimentes. Si acumulas demasiados días como esos, tienes un mal hábito. En definitiva, son los hábitos los que crean el fracaso o el éxito, la felicidad o la tristeza.

Recién cerca del mediodía del sábado me di cuenta de que, si mi actitud negativa se extendía a lo largo del fin de semana, desencadenaría en lamento y frustración el lunes. Supe que debía aprovechar la oportunidad para poner en práctica la regla de resiliencia que dice: «Escoge los pensamientos que te fortalecen».

No era lo que estaba sucediendo lo que arruinaba mi estado de ánimo, sino lo que me estaba diciendo a mí misma acerca de las cosas que estaban sucediendo:

> *Algo malo va a suceder.*
>
> *Cosas malas sucedieron.*
>
> *Más cosas malas sucederán si no te comportas como es debido.*
>
> *Tienes demasiadas cosas que hacer para tomarte un descanso. Todo es culpa tuya. Asumes demasiados compromisos y ahora estás atascada.*
>
> *¿Qué te pasa? ¿Por qué eres siempre optimista sobre el tiempo? ¿No escribiste un libro sobre cómo dejar de hacer eso? ¡Y ahora estás aquí sentada, perdiendo el tiempo al pensar en cómo lo estás perdiendo!*

Sí, los pensamientos que daban vueltas en mi cabeza me tenían atascada y comenzaban a hacerme sentir derrotada. Nada horrible había sucedido, pero me estaba diciendo a mí misma que todo estaba terrible, que incluso empeoraría y que además yo era la culpable de todo. Es decir, hasta que mi consciencia interrumpió mis pensamientos. *Eso es ansiedad*, me dije a mí misma.

Estaba poniendo en práctica una técnica sencilla llamada «etiquetado emocional», que consiste en nombrar la emoción que uno siente y observa[1]. Al detenerme para etiquetarla, interrumpí los pensamientos rápidos y automáticos que ocupaban mi mente. El descanso me dio tiempo para tomar un respiro y darme cuenta de lo que me decía a mí misma. No eran pensamientos conscientes, sino especulaciones mecánicas sin examinar y fundamentadas en el temor. Lejos de ayudarme, me estaban atascando.

Decidí crear algunos pensamientos nuevos y útiles. Lo hice recurriendo a algunas preguntas sencillas que me impulsaran a la resiliencia en ese momento. Al estar consciente de mis pensamientos y escogerlos de manera intencional, pude entrenarme para tener una actitud diferente. Entonces me hice las siguientes preguntas:

¿Cómo sería hacerme responsable de mis pensamientos en este momento?

¿Cómo me sentiría por asumir la responsabilidad?

¿Cómo deseo sentirme?

¿Qué tendría que hacer para sentirme así?

Con solo hacerme estas preguntas cambió casi de inmediato la forma en que me sentía. Un dejo de esperanza se encendió en mi pecho, como esa clase de sensación que se siente cuando algo te emociona. No era agobiante pero era palpable. Y me gustó. A medida que me afirmaba en las preguntas, fue como si un destello de luz de sol atravesara la nube que había estado sobre mí. Pensé en mis respuestas una a una. Sonaban algo así:

¿Cómo sería hacerme responsable de mis pensamientos en este momento? *Hacerme responsable en este momento sería como elaborar un plan para seguir adelante, con una meta clara; tal vez salir de la casa e ir a la cafetería cercana para escribir por un par de horas. También sería reconocer mis bendiciones, en lugar de estancarme en las cosas que me deprimen. Todo lo que me preocupa es real. También es manejable. Es la vida. No quiero seguir dándole tanta importancia. El camino hacia adelante es seguir avanzando, de manera imperfecta.*

¿Cómo me sentiría por asumir la responsabilidad? *Asumir la responsabilidad me haría sentir bien. Me daría confianza. Me haría sentir feliz y agradecida. No puedo culpar a nadie ni a nada cuando asumo la responsabilidad; entonces, casi de inmediato, dejo de sentir pena por mí misma. El viernes, una parte de mí quería ahogarse en remordimientos y permití que lo lograra. Pero eso pasa muy rápido. Creo que ya fue suficiente.*

¿Cómo deseo sentirme? *Bien. Deseo sentirme bien. Capaz. Feliz. Relajada. Con propósito. Útil.*

¿Qué tendría que hacer para sentirme así? *Tendría que tener pensamientos diferentes a los que tuve durante los dos últimos días. Y quizás tener un poco de autocompasión. Esperaba tener unas vacaciones de verano después de cuatro veranos consecutivos de no tenerlas, pero no estaba siendo razonable sobre los proyectos y las fechas de entrega. Odio admitir que necesito aceptar esa realidad y planear mejor el próximo año. Estoy decepcionada por el hecho de haber sido demasiado optimista. Es difícil, pero no es el fin del mundo. Solo necesito ajustar mis expectativas.*

Cuando cambias lo que piensas

Keandra es cirujana, esposa y madre de tres hijos. Cuando está en el trabajo, se siente culpable por no estar en la fila de vehículos para recoger a sus hijos de la escuela. Cuando está en casa, se siente culpable por no estar investigando para avanzar en su carrera. ¡Keandra se siente entre la espada y la pared! Cualquiera sea tu circunstancia, tal vez puedas sentirte identificado.

No es una sorpresa que las mujeres sean mucho más propensas que los hombres a sentirse culpables: ¡culpa verdadera *y* culpa falsa! Si eres mujer, deseo que sepas que no tienes que dejarte intimidar por esos pensamientos que insisten en hacerte creer que estás fracasando en todo. Cuando eres capaz de identificar esa clase de pensamientos y etiquetarlos, puedes interrumpirlos y hacer algo al respecto.

Keandra tomó la decisión de hacer precisamente eso. Leyendo un artículo sobre los beneficios que experimentan los hijos de madres que trabajan, Keandra aprendió que esos niños tienen más confianza en sí mismos. Los varones son más propensos a convertirse en hombres que respetan a sus compañeras en las relaciones. Y más. Por lo tanto, cuando Keandra comenzó a identificar esos pensamientos, tomó la decisión de reemplazarlos con nuevos pensamientos que la fortalecieran.

Estoy bendiciendo a mi familia financieramente.

Mi trabajo es un trampolín para hablar con mis hijos acerca de su *propósito.*

Puedo ayudar a mis hijos a reconocer sus talentos únicos y alentarlos a que comiencen a soñar.

Keandra encontró la libertad cuando escogió cambiar su forma de pensar.

Quizás la regla de la resiliencia más transformadora es que cuando cambias tus pensamientos, cambias la forma en que te sientes y lo que haces. Muchas de las experiencias de nuestra vida no radican en lo que nos sucede y ocurre a nuestro alrededor, sino *en lo que nos decimos a nosotros mismos* acerca de lo que está sucediendo en nosotros y a nuestro alrededor. Si aceptas esta verdad, puedes usarla para transformar tu vida. Tanto la psicología como la fe lo confirman. «Porque cual es su pensamiento en su corazón, tal es él», nos dice Proverbios 23:7, afirmando que nuestros pensamientos se vuelven nuestra realidad[2].

Nuestros pensamientos se vuelven nuestra realidad.

El poder de lo que nos decimos a nosotros mismos se convirtió en un tema central de la psicología a partir de mediados del siglo xx. En ese entonces, la mayoría de los psiquiatras estaban de acuerdo con la teoría de Freud acerca del psicoanálisis. Creían que analizar el pasado de la persona explicaba su respuesta a los desafíos actuales. Esta teoría afirma que las personas tienen recuerdos, sentimientos, deseos y pensamientos inconscientes y reprimidos. Por lo tanto, el psicoanálisis debía usarse para identificar estas emociones y experiencias, lo cual llevaría a la catarsis y a la sanidad. Esta es la clase de terapia que a menudo asociamos con el paciente acostado en un sofá mientras el terapeuta le hace preguntas acerca de su niñez.

Siendo un joven psiquiatra, el Dr. Aaron T. Beck supuso que la teoría de Freud era correcta, pero creía que había que investigar más para validarla. Esperaba que su investigación con pacientes que luchaban con la depresión pudiera confirmar el entendimiento psicoanalista de que esta condición era la expresión de ira volcada al interior de los pacientes que tenían una necesidad innata de sufrir.

La investigación del Dr. Beck, sin embargo, refutó estas suposiciones. Notó que los pacientes, cuando hablaban acerca de sí mismos y de sus situaciones, a menudo compartían creencias negativas espontáneas, a las cuales denominó «pensamientos automáticos»[3]. Luego observó que estos pensamientos, incluso más que las situaciones de los pacientes, eran los que impulsaban sus respuestas a los desafíos que enfrentaban. Trabajó para que los pacientes cambiaran sus pensamientos y escogieran comportamientos más saludables en respuesta a sus situaciones. Por ejemplo, trató con pacientes que recurrían demasiado a la comida o al alcohol como intentos disfuncionales para lidiar con el estrés y la tristeza.

Estudios más profundos con el enfoque del Dr. Beck demostraron que este enfoque cambió la percepción de los pacientes en relación con sus circunstancias. Finalmente, sus descubrimientos llevaron al Dr. Beck a desarrollar la teoría cognitiva, la cual con el tiempo se hizo conocida como terapia cognitivo conductual (CBT por su sigla en inglés). *Cognitivo* simplemente se refiere a lo que sabes, aprendes y entiendes. En otras palabras, a lo que piensas. El proceso cognitivo conductual conecta tus pensamientos con tu comportamiento. En términos prácticos, puedes decidir si tus pensamientos son útiles o no y luego decidir si los mantienes o no.

Para la década del 70, las pruebas clínicas que validaron la efectividad de la terapia cognitivo conductual catapultaron la teoría a la práctica internacional. En la actualidad, Beck, quien sirvió como profesor de Psiquiatría en la Universidad de Pensilvania por casi setenta años, es considerado como el pionero en promover los beneficios prácticos de aprender a cambiar los pensamientos contraproducentes[4].

Consciencia de pensamiento: Aprender a pensar a propósito

La mayoría de las personas no prestan mucha atención a sus pensamientos. E incluso cuando lo hacen, no se dan cuenta de que no tienen que simplemente aceptar todos los pensamientos que surjan. En el centro de la resiliencia se encuentra la capacidad de examinar tus pensamientos, decidir si son útiles y escoger de manera intencional los pensamientos que te fortalezcan en lugar de debilitarte. Enfocarse en cambiar la manera de pensar es un ejemplo de la habilidad de adaptación.

Miremos ahora una poderosa estructura y herramienta para la resiliencia. Te invito a memorizar esto y a ponerlo en práctica hasta que se convierta en hábito. La primera parte de esta estructura es la habilidad para construir la consciencia de tus pensamientos. Luego ampliaré la estructura estresor-pensamiento-reacción (STR por su sigla en inglés) para mostrarte cómo conectar tus pensamientos con tu visión y tus acciones, de modo que puedas hacer cambios poderosos que transformen tu capacidad para perseverar y desarrollarte ante los desafíos y la adversidad.

CONSCIENCIA DE PENSAMIENTO

Estresor → Pensamientos → Reacciones

Tendemos a creer que vamos directamente del estresor que nos provoca a la reacción que tenemos ante la dificultad. Entonces, por ejemplo, una discusión entre dos conductores quizás se podría explicar de esta manera: alguien a quien le cortan el paso en el tráfico, se enoja y persigue al otro conductor para comenzar un altercado. Lo cierto es que a muchos de nosotros nos cortaron el paso en el tráfico y no reaccionamos persiguiendo al ofensor para iniciar una pelea. ¿Cuál es la diferencia? Entre el estresor (que nos corten el paso en el tráfico) y la reacción (perseguir airado a alguien para comenzar un altercado), hubo un pensamiento.

Cuando me cortan el paso en el tráfico puedo estar airada por un momento, pero no me digo a mí misma: *Nadie me corta el paso. Eso es irrespetuoso. ¡Les voy a hacer pagar!* Mis pensamientos se parecen más bien a: *¡Eso fue muy desconsiderado! Bueno, tal vez sea solo un idiota o quizás esté apurado por una emergencia.* Entonces respiro profundo, bajo los decibeles y lo dejo seguir. El pensamiento: *Tal vez sea solo un idiota* me enoja, pero acepto que hay muchas personas desconsideradas en el mundo y hago lo mejor para no involucrarme con ellas. Tales personas son una molestia, y hasta a veces peligrosas, así que limito mi interacción con ellas. El pensamiento: *Quizás esté apurado por una emergencia* me hace sentir empática, no con ganas de tomar represalias. Es posible que sea totalmente erróneo, pero no me importa. A la larga, me hace bien y me mantiene a salvo.

El punto es que dos personas pueden tener estresores similares y una reacción completamente diferente porque sus pensamientos acerca del estresor difieren. El elemento interesante de esto es que aun cuando no controlamos los pensamientos que se presentan, podemos decidir si esos pensamientos nos hacen bien. Si no lo hacen, podemos escoger pensamientos nuevos.

La consciencia de pensamiento es especialmente importante cuando reaccionas ante las circunstancias de una forma que es contraproducente para el resultado que deseas.

Ahora usemos la habilidad de la consciencia de pensamiento y la estructura STR para evaluar un evento reciente[5]. Considera una situación vívida cercana y específica en la cual tuviste una reacción contraproducente. Tal vez perdiste los estribos con un representante grosero de atención al cliente, te equivocaste en una presentación porque perdiste la confianza o dejaste las cosas para más tarde y no cumpliste con una fecha de entrega. Podría ser cualquier situación, pero escoge algo específico y reciente.

Comienza prestando atención al estresor y a tu reacción, los dos elementos que son más fáciles de identificar.

Estresor: ¿Qué sucedió? Detalla solo lo que sucedió, no tus interpretaciones ni opiniones al respecto. Identifica el estresor de una forma neutral y haz una lista de quién, qué, cuándo y dónde ocurrió, pero no *por qué* ocurrió. No escribas el por qué, ya que esa es tu interpretación del evento. Por lo tanto, es un pensamiento sobre el estresor, no el estresor mismo.

Reacción: ¿Cómo respondiste? Luego, identifica lo que sentiste, dijiste o hiciste cuando enfrentaste al estresor. Las reacciones son tus emociones y acciones.

A continuación, tómate un tiempo para considerar lo que sucede en el medio: la forma en que tu interpretación del estresor desencadenó tu reacción.

Pensamiento: ¿Por qué sucedió? Tu interpretación es tu explicación de por qué algo sucedió. La interpretación es una opinión filtrada por tus experiencias e influencias previas, así como por tus temores, esperanzas u otros factores actuales. En esencia, son tu(s) pensamiento(s) sobre lo que sucedió, y esos pensamientos son los que crean tu reacción. Al describir de manera neutral el estresor, quitas del medio las descripciones llenas de emociones y opiniones. Recuerda: el mismo estresor lleva a diferentes reacciones *debido* a tu interpretación.

¿Cómo interpretaste eso?

La resiliencia no se prueba hasta que enfrentas un estresor. La forma en que reaccionas a ese desafío determina lo resiliente que eres *en ese momento*. Digo «en ese momento» porque la resiliencia no es un resultado fijo. Cambia con el tiempo. A veces parece desordenada, como si no fueras nada resiliente. «Cae siete veces, pero levántate ocho» es un dicho japonés que resume una perspectiva saludable de la resiliencia.

Cuando se trata de la consciencia del pensamiento, la clave está en observar cómo interpretas los eventos adversos cuando ocurren. No es lo que sucede lo que más importa, sino lo que te dices a ti mismo acerca de lo que sucede. Tus pensamientos acerca de los eventos de tu vida son más poderosos que los eventos mismos. ¿Por qué? Porque son tus pensamientos los que crean tus reacciones (emociones y acciones). Para ser resiliente, debes ser intencional acerca de tu interpretación de los eventos.

Entonces, si la clave para cambiar tus reacciones es cambiar tus pensamientos, ¿cómo puedes hacerlo? Por ejemplo, si estás preparado para desempeñarte en algo, tal como una presentación de venta, un encuentro deportivo o una conversación intimidante, pero te sientes ansioso e indeciso antes de hacerlo, es probable que la consciencia de pensamiento revele los pensamientos que se alinean con lo que sientes. *No estoy seguro de poder hacer esto*, *No va a salir bien* o *Las condiciones son desfavorables* son algunos de los pensamientos que podrían debilitar tu confianza. Si respiras profundo y tomas consciencia de esos pensamientos, puedes enfocarte de forma intencional en un pensamiento nuevo. Las dos preguntas que te pueden dirigir hacia el nuevo pensamiento correcto son:

- ¿Qué te gustaría sentir en lugar de duda o ansiedad?
- Cualquiera sea tu respuesta a la pregunta anterior, ¿qué pensamiento puede llevarte a ese sentimiento?

Si tu respuesta a la primera pregunta es: «Deseo sentirme seguro y fuerte», tu respuesta a la segunda pregunta tal vez debería ser: «Estoy listo. Estoy preparado. Puedo hacerlo». A veces simplemente necesitamos recordarnos a nosotros mismos lo que ya sabemos y lo que es verdadero.

INVENTARIO DE PENSAMIENTOS

Tómate un momento para pensar en un desafío que te cuesta superar y en cómo te sientes acerca de ello. Trae a la mente las acciones, o la falta de ellas, que son contraproducentes para tener éxito ante este desafío. Hacer un inventario de pensamientos es el primer paso para darte cuenta de lo que te dices a ti mismo y de cómo interpretas las circunstancias presentes.

Identifica la dificultad actual que te tiene atascado:

¿Qué te dices a ti mismo acerca de ese desafío? Haz una lista aquí. Este es tu inventario de pensamientos para ese desafío.

1. ______________________________________

   ____

2. ______________________________________

   ____

3. ______________________________________

   ____

4. ______________________________________

   ____

5. ______________________________________

   ____

REEMPLAZO DE PENSAMIENTOS

Pregúntate si cada pensamiento es útil o, por el contrario, contraproducente; si te ayuda a seguir adelante o te mantiene atascado. Un pensamiento contraproducente es aquel que te impide llegar a la meta o al resultado que deseas. Para cada pensamiento contraproducente, identifica un pensamiento nuevo y productivo con el cual reemplazarlo. Por ejemplo, el pensamiento: *No creo que pueda hacerlo* se puede reemplazar con: *Sí puedo hacerlo*. El pensamiento *No merezco más* se puede reemplazar con: *Merezco cosas buenas en la vida.* El pensamiento: *Este error arruinará mi carrera* se puede reemplazar con: *Estoy decidido a aprender de este error y a no rendirme.*

El mejor momento para identificar reemplazos de pensamientos es cuando estás en un estado mental positivo. Las personas más resilientes tienen estos pensamientos listos con el fin de reemplazar sus pensamientos contraproducentes más pertinaz. Recuerda, las emociones positivas amplían el rango de tus pensamientos y facilitan la creación de nuevos y mejores pensamientos. Esto no significa que no puedas hacerlo en el ardor del momento cuando tengas un pensamiento contraproducente. Sí puedes. Pero es más fácil cuando tu mente está en calma y llena de confianza.

Tómate un momento para considerar algunos reemplazos de pensamientos para el inventario que acabas de hacer. Comienza con el pensamiento más pertinaz y contraproducente de tu lista. Luego, contraataca cada uno de esos pensamientos con aquel que te lleve a la emoción o a la acción que en realidad deseas.

1. ______________________________
   ____

2. ______________________________
   ____

3. ______________________________
   ____

4. ______________________________
   ____

5. ______________________________
   ____

¿CUÁL SERÍA LA INTERPRETACIÓN MÁS ÚTIL?

La buena noticia acerca de los pensamientos es que podemos cambiarlos. Tu interpretación de los eventos es fundamental para tu resiliencia. Por interpretación me refiero a la historia que te cuentas a ti mismo, la cual responde a estas preguntas:

- ¿Qué sucedió?
- ¿Qué está sucediendo ahora?
- ¿Qué sucederá en el futuro?
- ¿Por qué sucede, sucedió o sucederá esto ahora, en el pasado o en el futuro?

Tus respuestas a estas preguntas revelan tus pensamientos. Esos pensamientos crean tus reacciones: lo que sientes, dices y haces. Por lo tanto, tu capacidad para poner en práctica la consciencia de pensamiento y hacer la conexión entre tus pensamientos con las emociones y acciones que desencadenan es crucial. Cuando reconoces que tu interpretación de los eventos es contraproducente, tu tarea es buscar una interpretación más útil. Esto requiere de práctica. Cuánto mejor interpretas los eventos y las circunstancias que se presentan, más resiliente te vuelves.

Nadie lo hace bien todo el tiempo. Desalentarse forma parte del ser humano. Las dudas entran a hurtadillas. El temor es natural. El desánimo es a veces inevitable. Pero pregúntate: *¿Qué me estoy diciendo a mí mismo que me hace sentir así? ¿Cuál sería una interpretación más útil?* Toma aire y responde con sinceridad.

¿QUÉ HACES CUANDO TU INTERPRETACIÓN ES NEGATIVA Y PRECISA?

A veces el pensamiento que tienes es negativo y de poca ayuda, pero en realidad es cierto. Quizás cometiste un gran error. Arruinaste el proyecto. Fallaste en el examen. Dañaste la relación. Tal vez todo lo que sucedió es culpa tuya. En tales instancias, reemplazar el pensamiento: *Me equivoqué en esto y soy un fracaso total* con: *¡Estuve sensacional! ¡No* *entiendo por qué el cliente no puede ver lo bueno que somos!* sería falso y errado y, por lo tanto, contraproducente. ¿Qué haces entonces?

Cuando la verdad es tanto negativa como precisa, debes preguntarte: *A la luz de la realidad, ¿cómo me gustaría actuar en esta situación?* Cuando cambias tu enfoque de este modo, tienes la oportunidad de trabajar en tu crecimiento personal o en el desarrollo del carácter. Es aquí donde la Regla de resiliencia n.º 2: «Escoge los pensamientos que te fortalecen» converge con la Regla de resiliencia n.º 7: «No finjas y no te defiendas». Al reconocer la verdad no deseada, te armas de valor para enfrentarla. Puedes conquistar lo que estás dispuesto a enfrentar. Tu reemplazo de pensamientos debe reconocer la verdad para poder encontrar un pensamiento alternativo que refleje cómo quieres actuar, de una forma que te ayude a enfrentar el problema en el futuro.

Puedes conquistar lo que estás dispuesto a enfrentar.

Por ejemplo, podrías reemplazar el pensamiento: *¡Fracasé en esto porque soy un fracaso total!* con *Fracasé porque tengo algo que aprender y estoy tomando las medidas necesarias para comenzar a estudiar la próxima semana y tener éxito en este proyecto la próxima vez.*

Hablar vida ante la muerte

La campeona internacional de pista Chaunté Lowe hizo lo que la mayoría de los atletas solo sueñan hacer: competir en cuatro juegos olímpicos de verano. Había una gran probabilidad de que pudiera haber participado en cinco olimpiadas consecutivas si no le hubieran diagnosticado un serio problema de salud en el 2019. Un día de ese año, notó que tenía un pequeño nódulo en su pecho. Poco tiempo después le diagnosticaron cáncer de mama triple negativo, uno de los tipos más agresivos de cáncer[6]. Su primera reacción fue un temor tremendo de que su vida llegara a su fin. Cuenta que no fue su vida la que pasó delante de sus ojos, sino la vida de sus hijos. Recuerda estar de pie en su habitación, totalmente abatida, diciéndole a su esposo que lamentaba mucho partir y dejarlo solo para criar a sus hijos.

Su esposo, quien también es un atleta de pista y de salto triple, rehusó seguir en esa línea de pensamiento. Le recordó: «Has sido una luchadora toda tu vida. ¡Ahora es el tiempo de luchar!». Las palabras sencillas pero poderosas de su esposo hicieron efecto y cambiaron su perspectiva por completo.

Ella recuerda: «Estuve devastada por unos diez minutos, y entonces entendí: ¡Tiene razón! Es tiempo de luchar. Comencé a hablarme a mí misma. En mi cabeza, dije: *Puedes hacerlo* —y añade—: Tenemos el poder de hablar vida o muerte en una situación determinada. Tenía una meta, y esa meta era vivir. Lo que dijera en mi mente acerca de mi situación haría toda la diferencia entre vivir o morir.

»Algunos días, los pensamientos eran agobiantes y me resultaba difícil mantener el enfoque y la esperanza», reconoce con sinceridad.

Entonces, en un día bueno, cuando se sentía optimista, decidió grabarse mientras se hablaba a sí misma. De esa manera, en los días especialmente difíciles que seguirían a la doble mastectomía y las rondas de quimioterapia, podría recordarse a sí misma que debía luchar y mantener la esperanza. En esos días, cuando sentía que no estaba perseverando en la lucha, escuchaba la grabación para redirigir sus pensamientos:

> Chaunté, tienes que recordar que debes seguir adelante, seguir esforzándote. Incluso si tuvieras que salir a caminar o trotar, cada pequeño paso es importante para llevarte a la meta. ¡Chaunté, levántate de la cama! Entiendo que en ocasiones vas a necesitar descanso, pero si puedes salir de la cama, ¡levántate! Tienes muchas razones por las cuales vivir. ¡Chaunté, puedes hacerlo! ¡Levántate de la cama! ¡Ve a jugar con tus niños! ¡Levántate!

Chaunté permitió que esas palabras la inspiraran. Hoy en día está sana del cáncer y habla a audiencias en todo el mundo sobre cómo perseverar ante los desafíos escogiendo los pensamientos que te fortalecen, te mantienen enfocado y te preparan para superar grandes obstáculos. Aunque los obstáculos que enfrentamos no siempre son una cuestión de vida o muerte, como el diagnóstico de cáncer de Chaunté, el principio sigue siendo el mismo. De hecho, hay una práctica que puedes adoptar, la cual combina el poder de la visión y el proceso STR (estresor, pensamientos, reacciones) para lograr cualquier meta.

Visión → STR → Resultado

PASO 1: VISIÓN

Comienza con tu visión, específicamente con la meta que quisieras lograr en este momento. Una visión puede estar compuesta por muchas metas, así que escoge una para este proceso. Eso te ayudará a ser específico al identificar los obstáculos que debes superar.

Aunque estés atravesando una dificultad, comienza con la visión que responde a una pregunta de entrenamiento: ¿Qué es lo que quieres? Esto te capacita para enfocarte en la visión en lugar del obstáculo. ¡La meta de Chaunté era vivir! Tu meta podría ser un ascenso para el próximo año, jubilarte a una cierta edad o recuperarte por completo de un revés financiero o problemas de relación de pareja. Describe con exactitud qué es lo que quieres que suceda.

PASO 2: IDENTIFICA EL ESTRESOR QUE AMENAZA CON HACERTE DESCARRILAR DE TU META

Identifica el obstáculo que probablemente te impida llegar a la meta. En el caso de Chaunté, era el cáncer que tenía un índice de mortalidad muy alto. Si tu meta es un ascenso, el obstáculo podría ser la competencia entre tus compañeros de trabajo. Si la meta es recuperarte de un revés financiero, el obstáculo podría ser la falta de ingresos suficientes para pagar la deuda.

PASO 3: IDENTIFICA LAS INTERPRETACIONES DE PENSAMIENTOS CONTRAPRODUCENTES Y REEMPLÁZALOS CON PENSAMIENTOS PRODUCTIVOS

Expresa con claridad los pensamientos que tienes acerca del estresor y de cómo podría estar causando reacciones que no favorecen a tu meta. Por ejemplo, el pensamiento de Chaunté: *No estaré aquí para ver crecer a mis hijos* era desalentador, lo cual producía la reacción de quedarse en la cama en lugar levantarse y hacer algo, acciones que la ayudarían a recuperarse. Si tu meta es un ascenso y te enfrentas con una competencia difícil, el pensamiento: *No soy capaz; por lo tanto, debería dejar de intentarlo* podría llevarte a la reacción de renunciar a la meta. Una vez que estás consciente de ese pensamiento, sin embargo, puedes optar por ver la necesidad de un pensamiento nuevo, tal como: *Si afianzo mis capacidades, podría hacer una contribución más impactante al equipo, y quizás superar a mi competencia.* Ese pensamiento tiene el potencial de motivarte a ser honesto acerca de las áreas donde necesitas crecer y de cómo hacerlo, lo cual te ayudará a desarrollar habilidades que incrementarán tus posibilidades de conseguir un ascenso.

PASO 4: SIGUE LAS REACCIONES QUE TE LLEVEN HACIA LA META

Presta atención a las reacciones —lo que sientes, dices y haces— que te llevan en la dirección correcta, y presta atención a los pensamientos que empoderan esas reacciones. Practica tener pensamientos productivos hasta que se vuelvan automáticos y generen acciones consistentes y positivas hacia tu meta.

PASO 5: CONSIGUE LOS RESULTADOS QUE VISUALIZASTE EN EL PASO 1

Si eres resiliente en cada uno de estos pasos, verás resultados. ¡Este proceso requiere práctica, pero funciona!

Atención plena

Atención plena es simplemente prestar atención de manera intencional. Cuando se trata de nuestros pensamientos, la atención plena puede ser la llave que abre la puerta para cambiar lo que sientes y lo que haces: es decir, tus reacciones ante las cosas que suceden en tu vida.

Recientemente, Sandra hizo uso de la atención plena para evitar la caída en un espiral negativo. Sandra es contadora y dirige su propia firma. Un miembro del equipo remoto le dijo la semana anterior que renunciaba para aceptar otro trabajo. Se sintió dividida. Por un lado, Chad no siempre era confiable. Sin notificar por adelantado, a veces se tomaba un tiempo libre para manejar asuntos personales durante las horas de trabajo.

Por otro lado, era la época de mayor trabajo y había escogido el peor momento para irse. Aun así, Sandra entendía y sabía que a Chad le habían ofrecido una gran oportunidad. También valoraba el hecho de que tuvo la cortesía de notificarla con dos semanas de anticipación. Al final de la primera semana, Sandra terminó el plan para la última semana de Chad con el propósito de asegurar que la transición fuera tranquila. Cuando llegó a la oficina el lunes siguiente por la mañana, María, una integrante de rango superior del equipo, le mencionó que Chad ya se había integrado a su nuevo empleo. La noticia tomó por sorpresa a Sandra. Había esperado aprovechar esa semana para atar los cabos sueltos con el fin de asegurarse de que no estuvieran pasando nada por alto cuando él se fuera.

Cuando Sandra regresó a su oficina y miró los correos electrónicos que tenía, vio que Chad le había enviado un mensaje similar. Le decía que su nuevo empleador le pidió que cambiara su fecha de inicio a una semana antes. Aun así, intentaría hacer algunas cosas para Sandra esa semana, pero que no estaría completamente disponible. El tono del correo la irritó y le recordó otras ocasiones en las que él no se había comunicado de manera correcta.

Una ráfaga de pensamientos automáticos inundó la mente de Sandra, y cada pensamiento negativo la perturbaba más que el anterior. Era una caída cuesta abajo.

¡Le estamos pagando para que trabaje esta semana y está trabajando en otro lado!

Como dueña de la firma, me esfuerzo por tratar bien a las personas, pero no puedo esperar lo mismo a cambio. ¡Parece que cada uno se preocupa por sus propios intereses!

¡Nadie se preocupa por mantener su palabra o por no quemar las naves!

¡Estoy harta de dirigir personas! Esto solo confirma lo que estuve pensando: ¡Debo vender este negocio y jubilarme!

Sandra había empezado ese día animada por el plan de transición que había creado con Chad la semana anterior, y ahora todo había cambiado de manera dramática. En cuestión de segundos, pudo sentir que todo su cuerpo se tensaba. Su respiración se había vuelto superficial, sus hombros estaban tensos y sus labios fruncidos al levantarse de prisa de su escritorio y caminar hacia la ventana. Miró fijamente hacia afuera mientras la suave llovizna, la cual había persistido toda la mañana, se transformaba en grandes gotas de lluvia. Puso la mano sobre su frente y dejó escapar un fuerte suspiro mientras meditaba en la ráfaga de pensamientos frustrados. A la distancia, pudo distinguir un destello de la luz del sol que atravesaba las nubes. Era una señal, tal vez, y una invitación a tomar aire y a hacer una pausa.

Para cuando esto sucedió, Sandra y yo llevábamos casi un año entrenando, y el tema de nuestro entrenamiento giraba en torno a construir resiliencia para vadear los desafíos y las oportunidades que enfrentaba como directora de una firma exitosa. Recordó eso mientras hacía una pausa.

¿Me gusta cómo me siento ahora?, se preguntó a sí misma, consciente de que estaba cayendo en picada a un pantano de estrés y ansiedad.

No, fue la respuesta clara.

Los pensamientos que inundaban su mente eran honestos. Eran los pensamientos por defecto que surgieron cuando fue sorprendida por la noticia de que el último día de trabajo de Chad había sido en realidad la semana anterior, y que no había nada que pudiera hacer al respecto. En ese momento, decidió redirigir sus pensamientos. ¿La razón? No quería sentirse estresada. No quería sentirse enojada. Y no quería perder tiempo y energía repasando en su mente algo que no podía cambiar. Necesitaba enfocarse en seguir adelante. Por lo tanto, escogió una nueva forma de pensar.

Hiciste un buen trabajo la semana pasada trabajando con Chad para preparar la transición.

Chad ya ha hecho bastante para dejar las cosas en orden para su reemplazo.

Tienes un equipo y todos se unirán para seguir adelante de manera positiva... si te mantienes positiva.

Tienes el poder para escoger tu respuesta a este correo de una manera auténtica, que se adapte a tu visión y estado de ánimo.

Después de ese último pensamiento, Sandra respondió al correo de Chad de una manera muy sencilla: «¿En qué horario trabajarás esta semana?». Reconoció que no podía controlar la forma en que Chad escogió dejar la compañía. Su pensamiento generalizado sobre cómo ya nadie cumple con su palabra le causaba enojo, impotencia y estrés. Estos pensamientos la debilitaban y no la ayudaban a enfocarse en superar el desafío con resiliencia. A menos que escogiera pensamientos que la fortalecieran, desperdiciaría el tiempo que Chad le había ofrecido y posiblemente crearía animosidad entre ellos, lo cual socavaría su meta final: asegurarse de que la transición fuera tranquila y reunir toda la información que necesitaba antes de que Chad ya no estuviera. Decidió controlar lo controlable: trabajar dentro de las horas que Chad tenía disponibles. Se concentró en su meta más importante: minimizar la interrupción del trabajo causada por su cambio de empleo. Estos pensamientos nuevos lograron que le hiciera algunas preguntas proactivas. «¿Cuál será tu horario de trabajo esta semana?». Era la primera pregunta que necesitaba hacer para desarrollar la estrategia.

Chad respondió de inmediato con horarios específicos y aclaró cómo planeaba terminar las tareas en la oficina.

Sandra reflexionó sobre la situación en una de las sesiones de entrenamiento. «Sentía que me estaba alterando —recuerda—. Cuando María mencionó que Chad estaba haciendo la transición una semana antes, los pensamientos negativos se agolparon en mi mente con rapidez. Fue instantáneo. Estaba molesta. De inmediato, verbalicé lo que estaba pensando. Y María, en cierto modo, hizo eco de lo que yo estaba diciendo porque había entendido la situación.

»Cuando regresé a mi oficina, estaba irritada y desanimada. En cuestión de minutos, mis pensamientos automáticos se habían apropiado de la motivación y la energía con las cuales había comenzado el día. Mientras estaba de pie junto a la ventana, me di cuenta de que mis pensamientos no me estaban ayudando. Me estaban drenando la energía y paralizándome con emociones negativas».

La respuesta inicial de Sandra fue normal. Lo que ella hizo en ese momento es lo que todos necesitamos hacer cuando somos desviados de nuestro objetivo. Podemos estar conscientes de lo que nos decimos a nosotros mismos. En esencia, no controlamos los pensamientos que se presentan. Si estamos conscientes de ellos, sin embargo, en lugar de permitirles apoderarse de todo nuestro proceso de pensamiento, podemos decidir si vale la pena mantenerlos o si es necesario reemplazarlos.

Cómo sacar nuestros pensamientos de piloto automático

¿Cuándo te encuentras con pensamientos automáticos que drenan tu energía o te atascan?

Las personas más resilientes se dicen algo diferente a sí mismas cuando enfrentan dificultades. Su pensamiento no está en piloto automático. Cuando sus pensamientos producen reacciones que son contraproducentes para el resultado que desean, se dan cuenta y los cambian conscientemente. Esto requiere práctica e intención. La neurociencia demuestra que los hábitos de pensamiento que se mantienen por mucho tiempo, en especial los que producen temor, se convierten en un patrón integrado a nuestro cerebro.

La Dra. Ebony Glover acababa de completar su doctorado en Neurociencia en la Universidad Emory cuando se unió a la primera cohorte de graduados del CaPP Institute's Coach Training Intensive (Formación Intensiva de Entrenadores del Instituto CaPP) en el 2010. Me fascinaron sus estudios y despertaron mi interés por lo que la Neurociencia dice acerca de la resiliencia y el poder del entrenamiento. Ahora, como profesora adjunta de Neurociencia de la Universidad Estatal de Kennesaw, la Dra. Glover conduce investigaciones diseñadas para entender mejor los factores biológicos y ambientales asociados con el temor y la ansiedad, como un medio para ayudar a reducir las disparidades de la salud mental. Es un campo de estudio fascinante. Cuando tus experiencias crean pensamientos y emociones tales como temor y ansiedad, el impacto es grave.

«El temor, en su esencia, es un constructo biológico —me dijo la Dra. Glover cuando la entrevisté acerca de la resiliencia y la neurociencia en el pódcast *Coaching and Positive Psychology*—. Es una cosa física y no solo una emoción fantasma. En realidad, existe en forma de moléculas, aminoácidos, proteínas, células y químicos en el cuerpo. Aunque el temor a menudo se dispara debido a eventos externos a la persona, eventos en el mundo, en realidad vive en tu cerebro»[7].

El proceso repetido de STR (estresor-pensamiento-reacción) elabora patrones en el cerebro similares a la forma en que el agua hace surcos en la tierra. Pronto el surco se vuelve más profundo y más ancho y se convierte en arroyos. El agua fluye de manera natural hacia ellos. Tus pensamientos actúan de manera similar. Entras en un patrón. Cuando aparece un estresor, tu patrón de pensamiento puede ser automático. Para crear un patrón nuevo, necesitas pensar de manera intencional en algo nuevo, un pensamiento a la vez, que cave surcos nuevos y lentamente agote el viejo patrón de pensamientos.

No te desanimes si al principio te cuesta o si un día escoges pensamientos que te fortalecen, pero al otro día eres víctima de pensamientos contraproducentes y sientes que quieres abandonar. Eso es normal. Estuve enseñando esta estructura por años, ¡y todavía la sigo practicando! Mientras sigas reemplazando las interpretaciones de pensamientos contraproducentes con pensamientos útiles, tus nuevas interpretaciones se convertirán en tu norma. Practicar es como tonificar los músculos. Con la repetición, con el tiempo te vuelves más fuerte.

Entrénate a ti mismo

- ¿Cuál es la meta o resultado con el que quieres practicar la estructura STR?
- ¿Cuál es el estresor (temor/hábito/distracción) que interfiere con tus planes?
- ¿Qué pensamientos tienes cuando aparece ese estresor?
- ¿Qué reacción (en forma de sentimientos, palabras o acciones) ocurre como resultado de ese pensamiento?
- ¿Qué sucede como resultado de esa reacción?
- Ahora, volvamos al principio y reestructuremos esta situación. Tus respuestas a las dos primeras preguntas arriba serán las mismas que antes, pero reemplacemos las otras con una nueva lista de preguntas que te permitan escoger nuevos pensamientos.
- ¿Qué pensamiento consciente escogerías cuando se manifieste tu estresor?
- ¿Qué reacción generaría ese pensamiento consciente?
- ¿Cuál será el resultado cuando reacciones al pensamiento consciente de esa manera?
- ¿Cuándo aplicarás esto en tu situación?
- ¿En qué otra situación(es) necesitas transitar por este proceso?
- ¿Cuándo lo harás?

Intenta lo siguiente

- ☐ Identifica una meta que represente un desafío porque continúas atascado.
- ☐ Completa un inventario de pensamientos mediante una lista de todos los pensamientos que tienes acerca de esta meta, en especial los que sean contraproducentes y de poca ayuda.
- ☐ Usa las preguntas de la sección «Entrénate a ti mismo» para transitar cada etapa de la estructura de cinco pasos Visión → STR → Resultado.

DI CONMIGO:

«Cuando cambio mis pensamientos, cambio lo que siento y lo que hago».

REGLA DE RESILIENCIA N.º 3

ENFÓCATE EN LA VISIÓN, NO EN EL OBSTÁCULO

Un manifiesto de visión personal te impulsará hacia adelante, en especial cuando quedas atascado.

MENSAJES CLAVES

- Enfócate en la visión. Trabaja en el obstáculo.
- Crea tu manifiesto de visión y utilízalo como una herramienta para salir del atascamiento.
- Conocer las cinco etapas del éxito mejorará tu paciencia, tu resistencia y tus resultados.

A los veinticinco años de edad, tuve la audaz idea de firmar un acuerdo con una editorial importante para la publicación de un libro. Muchas personas tienen ese sueño, y muchas de ellas te contarán todas las razones por las cuales es poco probable cumplir ese sueño. Considerando que el 99 % de las propuestas de publicación de libros son rechazadas por las editoriales tradicionales, estadísticamente esas personas están acertadas[1].

Hay pocos campos laborales con tan pocas probabilidades de éxito. Pero era profundamente importante para mí. Puedo recordar la primera vez que el pensamiento de ser escritora cruzó por mi mente. Durante mi primer semestre en periodismo, tuve un destello de inspiración: *¡Quiero escribir libros!* Hacerlo me permitiría tener una carrera y una familia. De algún modo, incluso a los veinte años, sabía que quería tener libertad y flexibilidad. En ese tiempo era solo una visión, sin el respaldo de un propósito claro. Los obstáculos eran muchos: llegar a ser una buena escritora, tener algo sobre lo cual valiera la pena escribir y, por supuesto, buscar la forma de vencer las probabilidades y lograr que lo publicaran, ni qué hablar de ganarme la vida con eso. Mi primer intento de escribir un libro tuvo lugar apenas dos años más tarde. Tenía mucho entusiasmo pero nada de contenido. Después de unas diez mil palabras, no tenía absolutamente nada más que decir. ¡Quizás fue la única vez en mi vida que me quedé sin palabras!

Pasaron tres años para volver a intentarlo. Esta vez, estudié antes un libro sobre editoriales[2]. Seguí las instrucciones sobre cómo escribir una carta de presentación para conseguir un agente literario. Mi temor central es el rechazo, pero me armé de valor para contactar a seis agentes con la idea de mi libro. Dos dijeron que no, tres nunca respondieron ¡y uno dijo sí! Había investigado cuáles eran los intereses de los agentes y resultó que el agente que aceptó representarme hablaba un poco de alemán y le gustaban los aviones. Yo había vivido en Alemania cuando niña y en alguna ocasión quise ser piloto: dos hechos que incluí en mi carta de presentación.

Con las conexiones de mi agente, logramos el interés de una de las editoriales de Random House. ¡No podía creer mi buena suerte! Me pidieron que les presentara un capítulo de muestra, el cual escribí con muchos nervios. Pensé que era bueno. Por desgracia, no lo aceptaron. *Uy*. Estaba decepcionada pero a la vez motivada. Por lo menos había llamado su atención.

Mi agente no tardó en lograr un acuerdo con una pequeña editorial. A los pocos meses, sin embargo, la editorial se encontró con algunos problemas financieros y el acuerdo se vino abajo. Volví a sentirme desilusionada. Mi agente siguió con otros proyectos y yo me enfoqué en mi trabajo de todos los días como directora de mi empresa en relaciones públicas.

Aunque no había alcanzado mi visión de ser autora, consideré estos obstáculos como oportunidades de crecimiento. El editor de Random House que rechazó mi libro tuvo la amabilidad de darme algunas sugerencias específicas sobre mi escritura. Buscaban historias más elaboradas y esperaban que mi estilo personal brillara más en el libro. Después de reflexionar sobre las sugerencias, me di cuenta de que había estado escribiendo para obtener la aprobación de la editorial en lugar de escribir con pasión y propósito. Eso hizo que me preguntara: *¿Cuál es mi propósito? Además de querer una carrera que me dé flexibilidad y libertad a través de mi talento como escritora, ¿cuál es mi propósito para escribir un libro?*

No tuve claridad hasta el año siguiente, cuando tuve una epifanía: mi propósito es inspirar a los demás a vivir plenamente, utilizando la escritura y las conferencias como vehículos para hacerlo. Dos veces en los últimos cuatro años había intentado escribir un libro. Ahora que conocía mi propósito, ¿podría lograr un libro impreso en mi tercer intento?

Todavía me sentía intimidada por las probabilidades, pero la posibilidad de tener éxito despertó una chispa de esperanza en mi interior. Y esa esperanza encendió una llama de curiosidad. *¿Cómo puedo lograr un acuerdo sólido por un libro? ¿Qué tengo que hacer para que sea una verdadera posibilidad?* La curiosidad fue la llave que desbloqueó preguntas cruciales cuyas respuestas revelaron un plan ganador para mí. Fue un ejemplo de una importante regla de resiliencia: «Enfócate en la visión, no en el obstáculo».

Cuando te enfrentas con un obstáculo, esta regla puede cambiar tu perspectiva e inspirar la perseverancia tenaz y el enfoque estratégico —la resiliencia— que te llevarán a tu meta. Para ser clara, no sugiero que ignores tus obstáculos, sino todo lo opuesto. Ves el obstáculo con claridad, incluso podrías sentirte intimidado por él, pero rehúsas permitir que te agobie hasta el punto de hacerte abandonar tu visión. Recuerda, no es solo el pensamiento positivo, sino también la reflexión precisa acerca de tus dificultades lo que te ayuda a elaborar una estrategia para vencerlas. Mi primer intento de escribir un libro se desvaneció porque me quedé sin palabras; el segundo intento terminó porque el interés de una editorial importante en mi libro quedó en nada y luego una editorial pequeña se quedó sin dinero. Aun así, no podía renunciar a la visión de publicar mi libro con una editorial importante. Es necesario que tengas una visión tan convincente que sea como un imán que te impulse hacia adelante, incluso cuando los obstáculos amenacen desanimarte.

¿Qué hacen diferente las personas exitosas?

Una vez que decidí que quería conseguir un contrato por un libro, mi atención no se enfocó en el 99 % de quienes aspiran a ser autores pero nunca firman con una editorial. Esa realidad apuntaba hacia el mayor obstáculo de mi visión: muchos autores quieren conseguir un contrato, pero son pocos los contratos que se ofrecen. En cambio, en lugar de enfocarme en el obstáculo, volqué todo mi interés en una pregunta: *¿Qué hace diferente el 1 % de personas que lo logran?* Deben tener algo o un conjunto de cosas en común. *¿Cuál es su fórmula secreta?* Esto es lo que anhelaba descubrir. No conocía a ningún autor o autora que hubiera logrado un acuerdo editorial por un libro. Por lo tanto, ¿cómo podría saber qué hacen para lograrlo? ¿Habría un manual? ¿Habría alguna forma de conocer y hablar con un autor exitoso?

Comencé a hablar sobre mi meta en círculos personales y profesionales. En esa época, vivía en Dallas, y numerosas fuentes me guiaron a dos nombres: autores locales que habían comenzado autopublicando libros de ficción y luego lograron contratos con editoriales importantes. Hasta entonces, no había considerado publicar yo sola mi propio libro.

Cuando descubrí que esos dos autores locales habían contratado al mismo diseñador gráfico local para crear las tapas de sus libros, lo contraté para que diseñara la mía. Le pregunté si esos escritores estarían dispuestos a charlar conmigo. Ambos lo estuvieron. Después de reunirme con ellos, seguí sus consejos. También leí todo lo que pude encontrar sobre cómo escribir, promocionar y publicar un libro. Con esa información, elaboré una estrategia. Escribir y autopublicar un libro sería una tarea y un compromiso importante, en especial mientras dirigía otra empresa a tiempo completo.

Tenía deudas con mi tarjeta de crédito, con el préstamo del automóvil y con el préstamo estudiantil, sin mencionar la hipoteca de la casa. Aun así, sentía que la falta de dinero era un problema superable si me enfocaba en la visión de autopublicar y luego conseguir un contrato por un libro. Mi plan era usar una de mis tarjetas de crédito para conseguir un préstamo de 6000 dólares para imprimir 3000 libros... ¡y estaba consciente de las consecuencias si no lograba recuperar la inversión con las ventas! Calculé que, para no tener pérdidas, tendría que vender un poco más de 400 copias al precio de 14,95 dólares. Mi plan funcionó. Con el libro *Rich Minds, Rich Rewards* (Mentes ricas, recompensas ricas) recién salido de la imprenta local el día antes del Día de Acción de Gracias de 1999, vendí 400 copias en las primeras tres semanas, con la promesa de autografiarlos a quienes quisieran usarlo como regalo de Navidad.

Yo misma era la autora, la editora, directora editorial, publicista, equipo de ventas, representante de servicio al cliente, contadora y distribuidora. A los tres meses, Barnes & Noble escogió el libro autopublicado y abrió la puerta para que un distribuidor transportara los libros y para que más tiendas hicieran pedidos. Lancé el libro en los medios locales, lo cual resultó en entrevistas en las estaciones locales de radio y televisión. *The Dallas Morning News* escribió una historia completa en la portada de su sección sobre estilo de vida. Entré en librerías independientes en Dallas y les pregunté si tomarían el libro en consignación. Todas lo hicieron. Una vendedora me invitó a regalar libros el verano siguiente en la recepción de la BookExpo America de Chicago que ella ayudaba a organizar. Tomé un vuelo hacia allí para llevar personalmente doscientas copias de mi libro a la recepción. Mientras firmaba las copias, una mujer joven entró en la fila. Resulta que esta mujer estaba al frente de una nueva sucursal de la editorial Random House que tenía el objetivo de alcanzar con libros de ficción a la nueva audiencia de lectores afroamericanos. Aunque mi libro no era de ficción y estaba diseñado para beneficiar a un público general, lo leyó en el avión de regreso a Nueva York, y el lunes siguiente me llamó ¡para ofrecerme un contrato de publicación![3]

Si en algún punto de mi extenso recorrido me hubiera enfocado en las probabilidades extremadamente bajas de que una autora principiante consiguiera un contrato editorial, no hubiera perdido mi tiempo intentándolo. Sabía que lo único que me ayudaría a tener esperanza suficiente para perseguir mi sueño era enfocarme en lo que los autores exitosos hacían de manera diferente al resto.

Tener éxito a pesar de los obstáculos

Siendo una joven veinteañera de ojos brillantes que acababa de graduarse en periodismo, trabajé en el departamento de publicidad de una firma de contadores. En ese tiempo, entre más de cien empleados en la compañía, había solo otra persona de color, quien pronto me informó que una persona de color nunca había sido directora en los cuarenta y cinco años de historia de la compañía.

Aun así, cuando el director de mercadeo fue despedido, pensé: *Yo puedo hacer este trabajo*. ¿Tenía solo veintidós años de edad? Bueno, claro. ¿Había trabajado a tiempo completo por apenas tres meses? También, sí. No estaba interesada en enfocarme en los obstáculos. Por el contrario, me concentré en la visión. Les concedí el beneficio de la duda para que me dieran una oportunidad, y así lo hicieron. Fui promovida a directora de mercadeo.

Más adelante en este capítulo, te guiaré en cómo definir tu propia visión y en los pasos que debes dar para llegar allí. Muchas personas, aun antes de definir su propósito y sus metas, sabotean su éxito futuro al poner la atención en todo lo que podría impedirles su logro. Con esto en mente, te desafío a que consideres esta pregunta: ¿Qué tienen en común las personas que superan sus obstáculos? En lugar de permitir que el obstáculo las agobie, se mantienen enfocadas en la visión. No solo en el propósito que impulsa esa visión, sino también en las acciones, hábitos y actitudes claves para alcanzar su meta.

Las personas más resilientes tienen un estilo de pensamiento optimista. Eso significa que no solo piensan de manera positiva, sino de manera precisa. No son pensadores ingenuos que no pueden ver lo difícil que es una situación. Ven la realidad. Buscan opciones y planean de acuerdo con ellas a la vez que son realistas respecto a los recursos, el tiempo y la energía que se requieren para lograr su meta. Ven con claridad los problemas potenciales al mismo tiempo que creen que pueden encontrar la forma de evitarlos o superarlos. Esperan que el viaje sea difícil; por eso, los desafíos no los sorprenden tanto ni se sienten frustrados a causa de ellos.

Las investigaciones sobre la teoría de establecer metas dicen que cuanto mayor sea la meta, mayor debe ser el compromiso para alcanzarla[4]. Si las probabilidades de éxito son bajas —sea una meta vocacional, financiera, relacional o física—, no te enfoques en lo improbable. Por el contrario, trabaja para tener claridad acerca de lo que se necesita para alcanzarla. Mira con sobriedad la barrera y considera seriamente la necesidad de elaborar una estrategia realista para superarla. Si te enfocas demasiado en la dificultad, comenzarás a sentir que es invencible. Si te enfocas en la visión, mantendrás los obstáculos en perspectiva.

Lo que hace que este enfoque sea más poderoso no es simplemente que esperas dificultades, sino que te aseguras de que no se conviertan en tu enfoque. El poder de esta regla se encuentra en sacar la mirada de los obstáculos y recordar cómo se sentirá y se verá alcanzar tu visión una vez al otro lado.

Los tiempos oscuros pueden hacer que la luz sea más radiante

En nuestros momentos más oscuros, la luz se vuelve más evidente. Incluso la luz más pequeña se ve más brillante cuando una habitación está completamente oscura. Una visión fuerte es como esa luz, aunque los obstáculos hagan todo lo posible para extinguirla. Si mantienes la visión dentro de tu campo visual, el obstáculo nunca la bloqueará por completo.

Cuando conocí a mi amiga Tara-Leigh Cobble en un retiro en Lake Austin en el 2017, no tenía ni idea de que tres meses antes había pasado por una cirugía a corazón abierto. Sí supe casi al instante de conocerla que tenía una fortaleza interna profunda. Era muy segura de sí misma y tenía claridad acerca de su misión en la vida. Su voz y su sonrisa estaban llenas de calidez y simpatía, lo cual me hizo sentir a gusto de inmediato.

Ella recuerda acerca del retiro donde nos conocimos en el 2017: «Tenía una quemadura en mi espalda del tamaño de un pomelo. Había sido causada por la electrocauterización de la cirugía a corazón abierto. La herida estuvo abierta en mi espalda por cerca de cuatro meses, y era producto de mi segunda cirugía de corazón en un periodo de dos meses». No solo había estado lidiando con adversidades físicas. Hasta ese momento, se había dedicado a la música a tiempo completo, pero la electrocauterización también había dañado sus pulmones, y ya no tenía capacidad pulmonar para ser vocalista.

«Estaba pasando por esta transición laboral, y mi hermana acababa de fallecer de cáncer cerebral. Por lo tanto, era un tiempo de golpes muy duros que parecían venir desde todas las direcciones», hace memoria sobre esa época.

Expresa que, cuando piensa en la resiliencia, dos cosas se le vienen a la mente: «A veces, cuando pensamos en algo que es fuerte, pensamos en algo que es sencillamente inflexible. Pero recuerdo que, cuando era niña, a un miembro de mi familia le encantaba la música country; una de las canciones que tocaba una y otra vez era una canción de Tanya Tucker que describía un árbol en el patio al que el viento no podía voltear: "La razón por la que todavía está en pie / Era demasiado fuerte para doblarse"[5].

»Para mí, esa es como la imagen de la resiliencia —explica Tara-Leigh—. La forma de mantenerte en pie es por medio de raíces firmes y profundas, pero puedes adaptarte. La fortaleza y la adaptabilidad son los dos componentes que evitan que te derrumbes».

Tara-Leigh tenía muchas razones para derrumbarse: la pérdida simultánea de su hermana, de su carrera y de su salud. Pero no lo hizo. Atribuye su resiliencia a su fe inquebrantable y a la visión que surgió de ella. Quizás sea esa combinación de características lo que la ayudó a propulsar su visión de un pódcast diario de 365 episodios, de ocho minutos cada uno, para ayudar a las personas a leer la Biblia cronológicamente en un año.

Con todo lo que había pasado, le pregunté de cuál ejemplo de resiliencia en su vida se siente más orgullosa. Su respuesta fue: *La sinopsis de la Biblia*. Según ella, cuando comenzó, no tenía idea en lo que se estaba involucrando ni del proyecto monumental en el cual se convertiría ni de los obstáculos que tendría que superar. Recibió la idea del pódcast mientras estaba orando. Cuando comenzó a planear, separó trece meses para crear el pódcast de doce meses. Antes de lanzarlo, Tara-Leigh pasó cerca de 100 horas por mes preparándose para el pódcast y grabó los primeros episodios en diciembre del 2018. Cuando el pódcast fue puesto al aire el día de Año Nuevo del 2019, esperaba atraer a 300 oyentes por semana. En ese entonces, estaba a cargo de un estudio bíblico para casi 1200 personas en todo el mundo y su objetivo era conseguir que cerca de una cuarta parte de ellos se unieran a ella en esta travesía, leyendo y escuchando el pódcast. Para cuando se despertó a las 10 a. m. ese primer día, encontró más de 300 correos electrónicos de los oyentes en su bandeja de entrada. Estaba deslumbrada. Decir que *La sinopsis de la Biblia* fue un éxito es una sutileza. Para febrero, el pódcast había conseguido la enorme cantidad de un millón de descargas, y para la primavera, la revista *Forbes* lo incluyó en su lista de los 50 mejores pódcast de los Estados Unidos. Mientras escribo estas líneas, *La sinopsis de la Biblia* ha superado 400 millones de descargas y seguimos contando.

El compromiso incansable de Tara-Leigh con su visión le dio el enfoque que permitió que el propósito alimentara la perseverancia. Lo inesperado sucedió mientras despegaba; ella estaba lista para afrontarlo, pero «manejarlo» exigió más tiempo y energía de lo que había imaginado al principio. Los obstáculos aparecieron, pero ella siempre puso esos desafíos en perspectiva y se enfocó en la visión.

«Había leído la Biblia completa diez veces y tenía una pila de cuadernos que alcanzaba medio metro de altura, llenos de notas que había escrito en mis años de estudio bíblico. Y entonces pensé: *Bueno, sí, conozco este libro, puedo hacerlo y me llevará aproximadamente una hora por día*. ¡Estaba tan pero tan equivocada! El proyecto se apoderó de mi vida». Para mediados de enero del 2019, algunas editoriales comenzaron a escribirle a Tara-Leigh, pidiéndole que convirtiera su pódcast en un libro. Pero ella estaba tan ocupada tratando de escribir el pódcast, al punto de que a veces completaba los episodios solo un día y medio antes de que fueran cargados.

La visión de Tara-Leigh para su pódcast era clara y emocionante. Sabía exactamente lo que quería hacer. De hecho, así es como su texto publicitario describe su pódcast y la audiencia a la que se dirigía:

> Si alguna vez cerraste tu Biblia y pensaste *¿Qué acabo de leer?*, ¡este pódcast es para ti! En ocho minutos por día, te daremos un resumen y una compilación de la lectura bíblica de cada día de nuestro plan cronológico de un año (gratis en la aplicación de la Biblia). Puedes comenzar cuando quieras... ¡siempre es un buen momento para leer la Biblia![6]

Antes de siquiera comenzar, Tara-Leigh tuvo una visión de a quiénes se dirigía (personas que querían leer la Biblia), por qué les hablaría (el texto bíblico les resultaba confuso o impersonal), cuál era su punto débil (no tenían mucho tiempo) y qué era lo que estaban buscando (que fuera fácil, informal y placentero, de modo que realmente amaran leer la Biblia). Gracias a su visión tan específica, su estrategia fue clara.

Cuando tu visión es clara, prepárate para deleitarte

Una cosa que Tara-Leigh no incluyó en su visión fue la meta de alcanzar a millones de personas. Comenta con una sonrisa: «Sueño en pequeño. Soy muy fácil de complacer». Con una visión tan clara, ejecutada con tanta pasión, energía y consistencia, el pódcast despegó en formas que ella nunca hubiera esperado ni imaginado.

No necesariamente controlamos el resultado final de nuestra visión, pero podemos ser intencionales al asegurarnos de que la visión sea clara. Esa parte es controlable. La visión de Tara-Leigh tenía un propósito claro: hacer que la lectura de la Biblia fuera fácil, constante y agradable. El propósito era el por qué, y la visión era el cómo. ¿Cómo lo hizo? Pódcast diarios, breves e informales que abarcaban unas dos páginas por día.

Se enfocó incansablemente en la visión, y ni los obstáculos ni las oportunidades inesperadas que surgieron gracias a su éxito pudieron eclipsarla. De hecho, varias editoriales se ofrecieron para publicar un libro con el mismo nombre antes de que hubiera completado el pódcast de 365 días. Una vez que superó ese primer año, estaba lista para encarar este proyecto nuevo y comenzó a escribir el libro a principios del 2020. Cuando llegó la pandemia, estaba aislada en su departamento, limitada por problemas de salud que la pondrían en riesgo de muerte si contraía el virus. Mirando atrás, el encierro pudo haber parecido un obstáculo para otros emprendedores, pero ella escogió redefinirlo como una oportunidad para tener un enfoque más intenso y el tiempo de quietud que necesitaba para estudiar y orar.

En los primeros años, el libro *La sinopsis de la Biblia* vendió más de medio millón de copias. Ahora, Tara-Leigh está trabajando en un importante acuerdo editorial que se extenderá hasta la próxima década. Los libros también tienen el objetivo de hacer que las historias y la sabiduría de las Escrituras sean más accesibles, entendibles y agradables para los adultos. También está trabajando en una serie para niños. El sueño de Tara- Leigh era pequeño, pero su visión era nítida.

Una visión convincente es como un imán que te impulsa hacia adelante a través de los obstáculos más obstinados.

Una visión convincente es como un imán que te impulsa hacia adelante a través de los obstáculos más obstinados. Tu visión es una imagen vívida de lo que quieres ver desplegándose en algún punto determinado en el futuro: sea la forma en que te saldrá la presentación la próxima semana o cómo quieres que tu vida se desarrolle dentro de diez años. La visión es esencial para la resiliencia porque te impulsa hacia adelante cuando, de otra manera, quizás abandonarías o te quedarías atascado.

Dos herramientas inspiradoras: El tablero de visión y el manifiesto de visión

Encontré un par de herramientas increíblemente útiles cuando estaba definiendo mi propia visión y ayudando a otros a hacer lo mismo.

EL TABLERO DE VISIÓN

Un tablero de visión es un *collage* de imágenes y palabras que reflejan tu visión y te inspiran a actuar para darle vida. Puedes crear un tablero de visión digital o uno en papel, o ambos.

Unos diez años después de la publicación de mi primer libro, decidí crear mi primer tablero de visión. Llené un lienzo con imágenes que representaban mis aspiraciones de lograr un matrimonio feliz y ser madre; ser invitada al programa *Today* de NBC; viajar y disfrutar de las playas de Italia, de Francia y del sur de Florida; y hacer crecer mi empresa hasta alcanzar los siete dígitos, por mencionar algunas. Una a una, las metas personales y profesionales en mi tablero de visión fueron dando frutos. Me conecté con Jeff, con quien había asistido a la escuela primaria y secundaria en Colorado. Vivía en la zona metropolitana de Atlanta, como yo, y nos casamos un poco más de un año después. Primero fui mamá adoptiva y luego mamá. En el 2013, me invitaron al programa *Today* por primera vez y desde entonces fui invitada más de cuarenta veces. La meta para mi empresa se convirtió en mi nueva normalidad, y ya he viajado a los lugares que soñé.

Sean grandes o pequeños, tus sueños pueden ser muy diferentes a los míos. Quizás anhelaste comenzar un negocio de servicio de postres los fines de semana. Tal vez decidiste volver a estudiar para conseguir el título que siempre quisiste. ¡O podrías querer viajar en avión por primera vez! Tus metas son *tus* metas. Cuando pongas los ojos en el premio, tal vez te sorprendas por la forma en que tu visión puede ayudarte a superar los obstáculos que se presenten en el camino.

Tu tablero de visión no tiene que ser muy complicado. Este es el proceso que recomiendo porque sé que funciona bien tanto para mí, como para mis clientes y miembros de mi programa de crecimiento personal, Successful Women's Academy (Academia de Mujeres Exitosas):

1. Identifica los elementos de la visión que te gustaría ver cumplidos.
2. Escribe un manifiesto de visión, una declaración en tiempo presente de cómo te gustaría que sea tu vida en algún punto del futuro.
3. Reúne imágenes que reflejen tu visión.
4. Arma un *collage* con esas imágenes y luego colócalo en un lugar visible para que te recuerde a diario tu visión. Podrías ponerlo en un cuadro y colgarlo en la pared, o puedes digitalizarlo y usarlo como fondo de pantalla en tu computadora o dispositivos electrónicos.

EL MANIFIESTO DE VISIÓN

La primera vez que desafié a mi comunidad en las redes sociales a hacer un tablero de visión, les pedí que pusieran en práctica un segundo ejercicio importante antes de crearlo. Lo llamé manifiesto de visión, y no tenía idea de lo poderoso que sería este paso para lograr que la visión de las personas cobrara vida. En cuestión de meses, quienes participaron en el desafío del tablero de visión comenzaron a contarme acerca de las casas soñadas que habían comprado y a las cuales se habían mudado, los libros que habían escrito, las deudas que habían pagado, las metas de salud que habían alcanzado y los nuevos empleos que habían conseguido. Todos atribuían al manifiesto de visión el impulso para finalmente hacer realidad sus sueños de tanto tiempo. Me fascinó porque había hablado acerca de la visión por años, pero escribir sobre ella antes de crear una representación visual parecía que le daba más efectividad al tablero.

Un manifiesto de visión es una declaración en tiempo presente de cómo te gustaría que fuera tu vida en cinco áreas clave: relaciones, trabajo, finanzas, salud y espiritualidad. Si tuvieras que describir en tiempo presente cómo te gustaría vivir, trabajar y sentirte todos los días, ¿qué palabras usarías? El manifiesto de visión es una herramienta de entrenamiento que desarrollé inspirada en el trabajo de investigación sobre psicología realizado por la Dra. Laura King, cuyo ejercicio para lograr el mejor futuro posible demostró tener beneficios mentales y físicos positivos.

> La actividad de El Mejor Yo Posible (BPS, por su sigla en inglés) es una intervención escrita en la cual los participantes escriben acerca de sí mismos en el futuro, imaginando que todo resultó de la mejor manera posible. Las instrucciones que se utilizan para la intervención BPS son:
>
> Piensa acerca de tu vida en el futuro. Imagínate que todo ha salido lo mejor posible. Te esforzaste y tuviste éxito en conseguir todas las metas de tu vida. Piensa en esto como el cumplimiento de todos tus sueños. Ahora escribe acerca de lo que imaginaste[7].

Para crear tu propio manifiesto de visión, guíate con las siguientes preguntas:

- *Relaciones*. En tu visión, ¿cómo piensas, actúas y/o te sientes en tus relaciones? ¿Cómo impactas a los demás, y cómo te impactan ellos?
- *Trabajo*. En tu visión, ¿cómo te sientes en tu trabajo? ¿Qué valores se reflejan en tu trabajo? ¿Dónde te encuentras, qué estás

haciendo y de qué manera tu vida es mejor gracias a eso? ¿Cuál es el impacto de tu trabajo en los demás?

- *Finanzas.* En tu visión, ¿cómo piensas, actúas y/o te sientes acerca de tus finanzas? ¿Cómo manejas tus finanzas? ¿Qué valores se reflejan en la forma en que manejas tus finanzas? ¿Qué puedes hacer con tu dinero según tu visión?
- *Salud.* En tu visión, ¿cómo te sientes físicamente y cuál es tu actitud acerca de tu salud? ¿Qué haces para mantener o mejorar tu salud? ¿Qué te permite hacer tu salud?
- *Espiritual/mental/emocional.* En tu visión, ¿cómo te ves mental, emocional y/o espiritualmente? ¿Qué haces ante el temor o las dificultades? ¿Cómo piensas y actúas cuando se presentan oportunidades? ¿Cuál es el principio que siempre guía tu enfoque de la vida?

Algunas personas de mi comunidad de crecimiento personal incluso incorporaron la imagen de su manifiesto de visión en el *collage* del tablero de visión.

Una vez que hayas escrito tu manifiesto de visión, léelo a diario como un recordatorio de quién quieres ser y de cómo deseas verte. Colócalo en un lugar donde puedas verlo. Programa un recordatorio diario para leerlo. Presta atención al cambio en tu energía cuando lo hagas. La Dra. Laura King expresa que escribir en tiempo presente sobre «El Mejor Yo Posible» a futuro incrementa la felicidad y las emociones positivas, y te ayuda a desarrollar un panorama positivo para el futuro[8]. Esto, a su vez, aumenta tu motivación para proceder hacia tu futuro. Muchos participantes del desafío del tablero de visión incluyeron un hermoso manifiesto impreso en su tablero de visión como un recordatorio escrito de hacia dónde se dirigen, lo cual parece añadir energía a sus planes.

Mi manifiesto de visión es sencillo y lo leo casi todos los días. Mantengo una copia al lado de mi máquina elíptica para leerlo cuando hago ejercicio. Guardo otra copia en mi tocador, donde me peino y me maquillo todas las mañanas. También tengo uno en mi escritorio. La repetición nos ayuda a recordar hacia dónde nos dirigimos. Con demasiada frecuencia, las personas se ponen metas a principio de año, luego las guardan en un cajón o en un archivo que nunca abren, y entonces se olvidan de esas metas hasta el año siguiente. Al leer tu manifiesto de visión a diario, pintas el cuadro de dónde deseas estar en un punto particular del futuro. Tu visión te impulsa hacia adelante y, cuando aparezcan los obstáculos, tu visión los pondrá en perspectiva para que sea más fácil superarlos.

¿Y tú? ¿Cuál es tu manifiesto de visión? Usa la plantilla de estas páginas o, mejor aún, descarga el PDF para completar que te permitirá escribir, guardar e imprimir tu manifiesto de visión[9]. No te preocupes por hacerlo bien. Simplemente escribe las palabras que vengan a tu mente. Puedes editarlo después, ¡pero primero necesitas escribir algo en la página para poder editarlo!

Ahora que escribiste un borrador de tu manifiesto de visión, busca las imágenes que lo reflejen. La primera vez que elaboré un tablero de visión, era de la vieja guardia; en ese momento, recorté imágenes de revistas. En la actualidad, la opción más fácil es hacer una búsqueda en línea de lo que deseas utilizar. Por ejemplo, si tu visión incluye viajar a un país específico, busca imágenes del lugar que quieres visitar. Si tu visión incluye comprar una casa nueva, busca imágenes que se parezcan a la casa de tus sueños. Si tu visión se trata de un negocio con ciertos ingresos o de un ascenso a determinado puesto, busca imágenes o incluso palabras que reflejen esa visión. Luego imprime las imágenes y acomódalas en un *collage* sobre cartulina. O diseña un tablero de visión digital, usando recursos como Canva o incluso tu aplicación favorita de presentación. Solía amar el tablero de visión físico, pero ahora hago el mío de manera digital, lo cual me facilita la actualización e impresión.

Revisa tu manifiesto de visión y tablero de visión al menos una vez al año. Actualízalo a medida que vayas logrando partes de la visión u obteniendo nuevas perspectivas que quisieras que se reflejen en estas herramientas.

VALORIE BURTON

DECLARACIÓN DE MISIÓN

Crear y disfrutar una vida plena, próspera y generosa, e inspirar a otros a hacer lo mismo

MANIFESTO DE LA VISIÓN

Relaciones

Soy amable. Soy agradable. Soy amada y amorosa. Tengo apoyo. La vida de las personas mejora cuando su camino se cruza con el mío. Permito que los demás sean responsables por sus decisiones, y solo yo por las mías. Mi enfoque sobre las relaciones es saludable, pacífico y recíproco. Mi matrimonio es alegre, unido y romántico.

Trabajo

Mi trabajo refleja mi misión personal. Mi trabajo mejora la vida de las personas. Tengo abundantes oportunidades valiosas y con propósito. Mi trabajo me motiva y me sustenta, tanto a mí como a mi familia. Todos los días mejoro en lo que hago. La excelencia, la integridad y la fe se ven reflejadas en la forma en que hago lo que hago.

Finanzas

Soy próspera y generosa. Recibo las bendiciones con gratitud y las comparto con humildad. No trabajo en exceso para hacerme rica (Proverbios 23:4). Gano dinero con facilidad. Acepto la abundancia y soy una administradora impecable de ella. Mi familia y yo estamos libres de deudas. Vivimos con menos de lo que tenemos. Usamos el dinero para crear experiencias significativas, ingresos pasivos y un entorno de amor, aventura y propósito.

Salud

Me siento bien a diario. Nutro mi cuerpo con alimentos saludables y deliciosos. Hago ejercicios todos los días. Duermo toda la noche. Disfruto sin culpa los momentos de descanso. Respeto los límites de mi tiempo, no prometo lo que no puedo cumplir y vivo a un ritmo tranquilo. Tomo mucha agua y disfruto la forma en que me refresca. Disfruto cuidarme como una forma de expresar mi gratitud a Dios por el templo con el cual me bendijo.

Vida espiritual

Soy una vasija del amor de Dios. Su Palabra me guía. Soy amada de manera incondicional. Soy perdonada. Soy una embajadora de Cristo que esparce luz y amor en el mundo. ¡Estoy creciendo en la fe y viviendo fuera de mi área de comodidad! Escucho a Dios cuando oro y soy lo suficientemente valiente para seguir lo que escucho. Recuerdo que mi fe es mayor que mis temores y que la sabiduría que necesito está a una oración de distancia. Estoy en paz.

Llegar a la visión: Las cinco etapas del éxito

Hay una herramienta más que me gustaría compartir contigo para ayudarte a mantener tu enfoque en la visión, sin abandonar. Este proceso poderoso comienza entendiendo que, sin importar la meta o la visión general que persigas, debes pasar por las cinco etapas para poder alcanzarla. Desarrollé estas cinco etapas mientras creaba una membresía para crecimiento personal llamada Successful Women's Academy, o su sigla SWA. Esta herramienta puede ayudarte a entender en qué punto del camino hacia tu visión te encuentras y qué debes hacer a continuación para ser resiliente y llegar allí. En la actualidad, enseñamos a los entrenadores a trabajar con sus clientes para que recorran estas cinco etapas con resiliencia y lleguen a cualquier meta con éxito.

La mayoría de las personas piensa en una meta y de inmediato se lanza de lleno a hablar acerca de las medidas que deben tomar. Muchas sentirán casi de inmediato que se están atrasando si no ven ningún progreso. Luego, una vez que comienzan a avanzar, se sienten frustradas porque la idea no está funcionando como habían planeado. Cuando entiendes las cinco etapas, sin embargo, comprendes que cada etapa es esencial. Si tu plan inicial no funciona a la perfección y sientes que te estás quedando atrás, no es señal de que necesitas volver al punto de partida.

Recuerda: no solo se necesita resiliencia para afrontar las dificultades, sino también para transitar por el camino al éxito. Si deseas perder peso, deberás ser resiliente cuando sientas la tentación de comer comida chatarra y omitir hacer ejercicios. Si quieres que crezca tu empresa, tendrás que ser resiliente cuando ningún cliente esté de acuerdo con tu gran idea y tengas que generar otras. ¡Necesitarás resiliencia cuando todo parezca salir como quieres, pero aun así todavía te sientes estresado, ansioso, como si no hubieras logrado lo suficiente! Estos momentos te ofrecen el empujón que necesitas para hacer un movimiento, un cambio o establecer una meta nueva que te lleve a un logro más satisfactorio y auténtico. Si comprendes las etapas, tienes la posibilidad de entrenarte a ti mismo con calma y resiliencia para lograr un nuevo nivel de éxito.

Piensa en tu visión o en una meta específica. A medida que leas sobre cada una de las etapas, presta atención a las preguntas de entrenamiento y luego respóndelas. Cuando leas las características de una persona en particular en cada etapa, determina en qué punto del proceso estás. Ten en cuenta cómo Tara-Leigh pasó por cada etapa del proceso mientras planeaba y ejecutaba su pódcast.

PRIMERA ETAPA: CONSCIENCIA

Preguntas: *¿Qué es posible para mí? ¿Cuál sería una meta significativa?*

Características: Te das cuenta de que el punto donde estás no es donde quieres quedarte. Comienzas a preguntarte cómo podrían ser diferentes las cosas. ¿Qué es posible? En esta fase, estás inspirado y comienzas a tener una visión para el futuro que se siente intrigante e interesante. A medida que expresas con claridad esa visión, estás pintando el cuadro de a dónde quieres ir. No tienes todas las respuestas todavía, pero a partir de tu visión comienzas a establecer las metas para alcanzarla.

Considera la visión de Tara-Leigh. Fue un empujón que recibió en oración. Comenzó a imaginarse cómo podría hacer para que la Biblia fuera más fácil de entender en un formato sencillo. *¿Tal vez un pódcast de 365 días? Mmm.*

SEGUNDA ETAPA: DESPERTAR

Preguntas: *¿Qué es lo que en realidad se necesita para lograr esta visión? ¿Qué temores, hábitos y distracciones amenazan mi éxito? ¿Qué necesito aprender para estar preparado para dar los pasos necesarios hacia mi meta? ¿Qué plan de acción me permitirá alcanzar esta visión? Dado el plan razonable que he elaborado, ¿deseo perseguir esta visión ahora, deseo perseguirla más adelante o debería abandonar esta visión porque no creo que valga la pena el esfuerzo y los recursos que exige?*

Características: Decidiste lo que quieres y ahora estás examinando con cuidado lo que se necesita para llegar allí. Estás considerando las circunstancias, los temores, los pensamientos, los recursos y cualquier otro obstáculo que podría impedirte lograr tu visión y tus metas. Sabes cuáles son esos obstáculos porque es probable que sean la razón por la cual todavía no estás en tu destino. Mientras que en la etapa de la consciencia usas el optimismo para explorar tus posibilidades y comprometerte con tu visión y metas, en la etapa del despertar utilizas una dosis de pesimismo para identificar los inconvenientes potenciales y las barreras que debes superar para que tu visión dé frutos.

Ahora que tu visión y tu meta están claras, te preguntas a ti mismo: *¿Qué es lo que me detiene?* Con todo, lo más importante es que estás trabajando en un plan de acción para abrirte camino a través de lo que sea que te haya detenido en el pasado. Reconoces el cambio de actitud que podría ser necesario. Estás investigando sobre quienes lograron la visión antes que tú y lo que les costó lograrlo. Debido a que estás decidido a lograr tu visión, te comprometes con la planeación práctica y con la reorganización reflexiva necesarias para configurarte para el éxito.

En la segunda etapa, Tara-Leigh bosquejó un plan de acción y un cronograma que eran bastante exigentes. Consiguió el equipo que necesitaba para el pódcast y un contratista independiente que la ayudara a producir y subir los episodios. Luego elaboró un bosquejo semanal de lo que enseñaría en sus segmentos diarios de seis a ocho minutos. En esta etapa diagramó el formato, el cual resultó ser brillante: un recorrido cronológico de 365 días por toda la Biblia.

TERCERA ETAPA: ACCIÓN

Preguntas: *¿Cuál es el próximo paso(s) que daré de mi plan y cuándo lo haré? ¿Qué haré para mantenerme motivado?*

Características: Sientes nervios y euforia en esta etapa. Podrías sentirte tentado a repensar, cuestionar o incluso a cambiar tus planes.

Ignora todo eso. Es solo el resultado del temor y, ahora que pasaste por la etapa del despertar, sabes qué hacer ante el temor: actuar. Por lo tanto, en esta etapa, abandonas el análisis exhaustivo y la demora. ¡La planeación ha llegado a su fin y comienza la acción!

Ahora sigues el plan de acción que creaste en la segunda etapa, utilizando las herramientas que escogiste para superar tus obstáculos. Te das permiso para ser imperfecto. Tu eslogan en la etapa de la acción es: «¡Progreso, no perfección!». Aprendes haciendo. A estas alturas, tienes conversaciones importantes, haces cambios cruciales y tomas las medidas necesarias para llegar a tu destino.

En esta etapa, te sientes vivo porque experimentas la energía y la aventura que conlleva intentarlo. Otros están prestando atención. Quizás incluso estén siendo inspirados. Algunos pueden sentirse incómodos, pero no permites que eso te detenga. Sabes que, si sigues adelante a pesar de tus miedos, tus dudas e incluso tus opositores, llegarás a la meta. ¡Simplemente sigue adelante!

En la tercera etapa, Tara-Leigh comenzó a poner en práctica el plan que había desarrollado en la segunda etapa. Estudió y tomó bastantes notas. Luego redujo cada mensaje a algo sucinto y significativo. Quería proveer en cada episodio una enseñanza que diera al oyente un mejor entendimiento de su fe. No era una proeza menor, pero estaba superenfocada en el desafío.

CUARTA ETAPA: AJUSTES

Preguntas: *¿Qué está funcionando? ¿Qué no? ¿Qué modificaciones necesito hacer para llegar a la meta?*

Características: Uno de los principios más poderosos del entrenamiento es que aprendes al actuar. Para la etapa del ajuste, actuaste y viste resultados, pero todavía no alcanzaste tu visión. Eso significa que necesitas algunos ajustes finales para llegar allí. Observas algunas de las cosas que no funcionan y decides cómo cambiarlas o afinarlas. Y tal vez veas cosas que están funcionando tan bien que necesitas poner más énfasis en hacerlas. En esta etapa, intencionadamente cosechas lecciones a partir de lo que haces y decides qué seguir haciendo y qué debes ajustar.

Llegar a la meta siempre requiere corregir el rumbo, y esto solo se puede hacer con la sabiduría que obtuviste por haberlo intentado durante un tiempo. No hay un lapso específico para la etapa de ajuste. Puede llevarte bastante tiempo o puede ser muy rápido. De alguna manera, es como la fase de un segundo despertar, en la cual tomas consciencia de los obstáculos y de las dificultades que no pudiste ver antes en tu viaje. Revisa las herramientas que obtuviste en la segunda etapa para que te ayuden a ser resiliente y a ajustar tu estrategia según sea necesario.

La meta aquí es llegar a la visión. ¿Cuáles son esos pasos finales que debes dar? ¿Qué temores persistentes te hicieron perder tiempo o impidieron que hicieras algo clave? Es el momento de sentirte orgulloso por haber llegado a la fase del ajuste, porque significa que perseveraste. Con un empujón más, llegarás a tu visión.

Tara-Leigh tuvo muchas oportunidades para hacer ajustes ese año mientras completaba los 365 episodios. Yo la fastidiaba diciéndole que compartimos el rasgo del optimismo del tiempo: subestimar el que se necesita para hacer algo. Tara-Leigh pensaba que invertiría cerca de veinte horas por mes en el pódcast. Una vez que comenzó a hacerlo, no tardó en entrar a la cuarta etapa porque tuvo que ajustar sus expectativas. El tiempo que calculó que le llevaría estaba muy errado. Invirtió en la serie casi cinco veces más tiempo del que esperaba. Su discreta meta de trescientos oyentes por semana fue ampliamente superada desde el primer día, y apenas seis semanas después el pódcast alcanzó un millón de descargas. Por lo tanto, necesitó más ayuda de la que había estimado.

También se mantuvo enfocada en su visión central. Cuando recibió propuestas de las editoriales que suponían que había terminado los 365 episodios antes de lanzarlos, les dijo que no podía responder hasta fin de ese año y se mantuvo enfocada en su pódcast. Tenía muy poco tiempo para sí misma, pero se hacía tiempo para un pequeño número de amigos cercanos. Prometió a los demás que se volvería a conectar con ellos una vez que terminara el primer año del pódcast.

Sobre la marcha, tuvo que hacer ajustes. Luego se enfocó en la meta, permitiendo que la impulsara hacia adelante cuando estaba exhausta. Debido a que su fe era el valor principal de su vida, tenía una meta con un propósito y se sentía motivada al saber que estaba haciendo lo que sentía que había sido llamada a hacer.

QUINTA ETAPA: LOGRO

Preguntas: *¿Cómo vas a saborear tu visión? ¿Cómo vas a celebrar? ¿Obtuviste sabiduría en el camino hacia tu éxito?*

Características: Ya llegaste a la visión que describiste en la primera etapa. Controlaste las medidas que debías tomar para llegar a tu meta. Estás disfrutando los beneficios de haber llegado a tu destino. Tienes razón para estar orgulloso y no olvides mirar atrás y prestar atención a lo que te costó llegar hasta donde estás. Una vez que llegaste en un área de tu vida, puedes llegar en muchas otras áreas también. Celebra. Saborea tu victoria. Pero no te olvides de las reglas básicas que te llevaron a donde estás, porque te ayudarán a mantener tu éxito, y también te harán consciente de nuevas oportunidades, nuevas metas e incluso de una nueva visión.

Cuando a fines del 2019 Tara-Leigh terminó el episodio número 365 del pódcast *La sinopsis de la Biblia*, se tomó un descanso. Llamó a sus amigos para retomar la relación con ellos. Se maravilló por los millones de descargas que su pódcast había conseguido a lo largo del año.

Mientras celebraba y saboreaba su éxito, comenzó a meditar en cuál sería el siguiente paso. Dado el interés de las editoriales, supo que el proyecto del libro era la próxima visión. Cuando comenzó a escribir, comenzó a trabajar de nuevo con las cinco etapas del éxito.

Cuando decidas ser resiliente, observa dónde está puesta tu visión. ¿Qué estás viendo en tu imaginación? Si solo ves los obstáculos, ya estás en problemas. Pero si puedes mantener tu enfoque en la visión, creando un manifiesto de visión y luego navegando por las cinco etapas del éxito, estarás bien equipado para tener éxito a pesar de los obstáculos inevitables que enfrentarás.

Si mantienes los ojos en el premio, también estarás mejor equipado para navegar por la siguiente Regla de resiliencia: «Controla lo controlable y acepta el resto».

Entrénate a ti mismo

- ¿Cuál es tu visión?
- ¿Cuáles son los tres hitos o experiencias que te indican que estás en camino a lograr esa visión?
- ¿Cuál es el mayor obstáculo para alcanzar tu visión?
- ¿Cuáles son tus opciones para superar o minimizar el impacto de ese obstáculo?
- ¿Cuál es tu manifiesto de visión para este año, tu declaración en tiempo presente de tu visión en las cinco áreas claves de tu vida? (Entrénate con las preguntas del manifiesto de visión que se encuentran al principio de este capítulo).
- ¿Dónde pondrás tu tablero de visión y tu manifiesto de visión? ¿Cómo te recordarás usarlos como herramientas que te motiven y te ayuden a enfocar tu energía cuando te enfrentes con un obstáculo?

Intenta lo siguiente

- ☐ Escribe tu manifiesto de visión personal (y léelo todos los días).
- ☐ Crea un tablero de visión y ponlo donde puedas verlo a diario.
- ☐ Cuando quedes atascado, usa tu visión como herramienta para impulsarte hacia adelante y para ayudarte a poner los obstáculos en perspectiva.

☐ Mientras consideras tu visión principal, identifica en cuál de las cinco etapas del éxito estás y cuáles podrían ser las próximas medidas a tomar para navegar por las cinco etapas que te llevarán a tu destino.

DI CONMIGO:

«Cuando me enfoco en mi visión, pongo los obstáculos en perspectiva».

REGLA DE RESILIENCIA N.º 4

CONTROLA LO CONTROLABLE Y ACEPTA EL RESTO

Cómo asumir responsabilidades, cambiar a un locus de control interno y guardar tu energía para las cosas por la cuales puedes hacer algo.

MENSAJES CLAVES

- Acepta la responsabilidad para que puedas pasar de una mentalidad pasiva a una proactiva.
- Aprende a operar desde un locus de control interno.
- Decide «ser mejor, no amargarte» del otro lado de tu desafío.

Nunca le di mucha importancia a lo poderosa que es el agua hasta que obtuve mi licencia de navegación y aprendí a navegar una lancha a motor de más de diez metros de largo en la hermosa bahía de Chesapeake, con sus 17.700 kilómetros de costa. Mi mayor desafío fue la sensación incómoda de estar navegando un vehículo en un «camino» que cambia de manera constante. Cuando conduces un coche, cambiar de dirección es sencillo. Depende más que nada de tu decisión de hacer virar el vehículo usando el volante para dirigirlo hacia donde deseas ir. Es fácil porque el camino es constante y estable. Lo que me fascinó acerca de pasear en barco es que el «camino» siempre está en movimiento. Al principio, te desorienta. No es suficiente con enfocarte solo en lo que te rodea y en el vehículo. También debes prestar atención al agua que está cambiando constantemente debajo de ti.

Cuando escoges viajar por agua, tienes muy poco control sobre lo que sucede. En tus mejores días, el agua es como cristal, suave y quieta, lo que te permite deslizarte sin esfuerzo a través de su superficie. En tus peores días, esa misma agua puede estar agitada, con la corriente en contra, lo cual hace que el viaje sea turbulento, impredecible y peligroso. Los navegantes expertos están siempre pendientes de los indicadores de las condiciones: marea, olas, profundidad, velocidad y dirección del viento. Conocer el pronóstico del tiempo es crucial, a pesar de que no tienes ningún control sobre nada de eso. Lo que sí controlas es la decisión de salir con la embarcación, teniendo en cuenta las condiciones, precauciones y habilidades con las cuales operas, y a quién traes contigo para que te ayude. No controlas el agua, pero puedes controlar la barca: cuándo y hacia dónde ir, cuán rápido manejar y, por supuesto, mantener tu embarcación en perfectas condiciones.

Lo mismo aplica para las dificultades que enfrentas. Las condiciones que soportas cambian de manera constante; por lo tanto, debes ser hábil e intencional respecto a cómo navegas en tu entorno. Tienes la capacidad para conducir tu vida y darle dirección, pero debes analizar las condiciones y, luego, planear y prepararte en consecuencia para tener las mejores posibilidades de navegar con éxito. Si no lo haces, podrías ser víctima de circunstancias que se salen de control, enfrentar turbulencias predecibles y, finalmente, encallar o volcar por no planear con anticipación ni prestar atención a las advertencias. Lo que es peor, podrías terminar a la deriva, ir a donde sea que te lleve la corriente, la cual podría desembarcarte en cualquier lugar menos en aquel al cual realmente deseas ir. Muchos aspectos de tus desafíos están fuera de tu control: las acciones y las actitudes de los demás, las situaciones que no puedes influenciar y el tiempo. Dicho esto, muchos elementos sí están bajo tu control: el esfuerzo que inviertes, tus actitudes y decisiones, y la forma en que respondes.

Controla lo que puedes

Una de las reglas más poderosas de la resiliencia es esta: «Controla lo controlable y acepta el resto».

Cuando adoptas este enfoque, obtienes alivio y fortaleza. Incrementas tu resiliencia de inmediato porque enfocas tu energía en los elementos sobre los cuales puedes actuar. Dejas de perder energía y de hacer esfuerzos inútiles tratando de cambiar las cosas que no puedes o de quejarte y preocuparte por las cosas que no cambiarán. Comienzas a hacer preguntas como:

Si esta es la realidad, ¿qué necesito hacer para sobrevivir o progresar a pesar de ella?

¿Qué quiero hacer hasta que esta realidad no deseada cambie?

¿Qué puedo hacer para evitar esta verdad inoportuna?

¿Cómo puedo mantenerme sensato/a salvo/productivo mientras enfrento una situación que no puedo cambiar?

Vivimos en un mundo donde hay muchas cosas que no podemos controlar. Si te gusta tener el control de las cosas, si no te gusta la incertidumbre y, en especial, si alguna vez te llamaron obsesivo-compulsivo, escucha con mucha atención. Si no eres cuidadoso, esa actitud se puede transformar en un inmenso obstáculo para la resiliencia.

Una de las trampas es enfocarse demasiado en las cosas que no puedes controlar. Piensa en un tiempo en el cual intentaste controlar algo o a alguien sin éxito. Es probable que te hayas sentido estresado a medida que los sentimientos de temor, de frustración e incluso de impotencia se apoderaban de ti.

Quienes son más resilientes, por el contrario, buscan lo que pueden gestionar internamente, aunque sea algo pequeño, para encargarse de lo que en realidad pueden controlar en una situación dada. Esto alivia un poco el estrés y los hace sentir empoderados. Es un cambio sencillo pero profundo.

En el centro de mi trabajo reside mi constante curiosidad por saber qué hacen de manera diferente las personas exitosas y resilientes. Una cosa que tienen en común es que controlan lo controlable y aceptan el resto. No invierten demasiado tiempo ni energía en tratar de arreglar las cosas que no pueden arreglar. En lugar de eso, se enfocan en las cosas sobre las cuales pueden hacer algo para que mejoren sus circunstancias, sus opciones y sus posibilidades de éxito.

¿Qué está bajo tu control? ¿Qué cosas no?

Tu locus de control es el nivel de control que consideras que depende de ti, no de los factores externos, para determinar lo que sucede en una situación particular[1]. Las personas que tienen un fuerte locus de control interno creen que sus propias decisiones y acciones determinan en gran medida lo que sucede en sus vidas. Por lo tanto, buscan tomar decisiones y hacer cosas que puedan influenciar los resultados positivos. Quienes tienen un locus de control externo tienden a creer que los eventos de su vida son el resultado de fuerzas externas sobre las cuales no tienen ningún control. Como resultado, son menos propensos a ver que sus acciones y elecciones pueden tener un impacto positivo en los resultados que desean. Asumen menos responsabilidades por sus decisiones y a menudo culpan a los demás por los eventos negativos en su vida.

Actuar basado en un locus interno de control tiene el potencial de hacer que el viaje emocional sea más fácil y, a fin de cuentas, conducir a la claridad sobre los próximos pasos correctos. Las investigaciones demuestran que, al enfocarte en lo que puedes controlar, serás más resiliente, más feliz y exitoso, y serás más propenso a hacer cosas que realmente mejoren tu situación[2]. De hecho, quienes son más resilientes y exitosos hacen precisamente eso. En lugar de obsesionarse por las cosas sobre las cuales no tienen ningún control, como si una persona determinada cambiará o si la economía mejorará, se enfocan en lo que sí pueden controlar, incluyendo las decisiones cotidianas que pueden mejorar su situación.

La regla «Controla lo controlable y acepta el resto» se afirma en el poder de usar tu locus de control interno cada vez que sea posible.

Actúas a partir de la creencia de que tus propias acciones, capacidades y decisiones influyen e impactan en lo que sucede en tu vida. Asumes la responsabilidad de crear una visión, un plan y soluciones claras a los problemas. Eres menos propenso a culpar a los demás por tus dificultades y más propenso a ser dueño de tus acciones y decisiones en lugar de verte como víctima de las circunstancias. Tienes capacidad para enfrentar la verdad, en lugar de simular y defenderte.

PREGÚNTATE

¿QUÉ ESTÁ BAJO MI CONTROL?

Algunas preguntas que tener en cuenta:

- ¿Qué límites personales puedo establecer?
- ¿Cuál sería una mejor respuesta a esta situación?
- ¿Cómo podría cambiar mi proceso?
- ¿Qué cambios necesito hacer respecto a cómo pienso sobre esto?

¿Qué situación estás enfrentando en este momento cuyo resultado no depende de ti por completo? Quizás sea una oportunidad que te gustaría tener, pero la decisión de tenerla depende de los demás. Tal vez sea una relación que te gustaría mejorar, pero la otra persona no ve las cosas como tú o no está interesada en tener un acercamiento. Podría ser un problema de salud que parece tan injusto que te hace luchar para no desanimarte ni frustrarte.

Enfócate en lo que puedes controlar:

Puedes negarte a gastar energía preocupándote y resistiendo lo que no puedes cambiar.

Puedes poner límites para minimizar el impacto negativo de una persona que está fuera de tu alcance.

Puedes establecer una meta para cambiar un hábito que esté causando problemas.

Puedes dejar de reaccionar ante las situaciones que generan conflictos y tensión y, por el contrario, optar por responder con serenidad y paz.

> Puedes apagar la televisión o finalizar la sesión en las redes sociales para evitar que sigan recordándote temas que te estresan y sobre los cuales no tienes control.
>
> Puedes enfocarte en aquellas cosas por las cuales estás agradecido, trabajar para lograr el mejor resultado posible y confiar en que la situación resultará en tu beneficio.

El concepto de un locus de control interno, en contraste con el locus de control externo, se resume en la famosa Oración de la Serenidad, la cual Alcohólicos Anónimos distribuyó ampliamente como un recurso de ánimo para quienes avanzan paso a paso en la lucha contra la adicción: «Dios, concédeme la serenidad para aceptar las cosas que no puedo cambiar, el valor para cambiar las cosas que puedo cambiar y la sabiduría para conocer la diferencia».

Cuando te encuentres muy preocupado por las cosas que no puedes modificar y necesites cambiar a un locus de control interno, entrénate a ti mismo con estas preguntas:

> ¿Qué está bajo tu control en esta situación? ¿Qué decisiones, circunstancias o asuntos están fuera de tu control? Elabora una lista.
>
> ¿Cómo deseas actuar en este desafío? Reconoce el rasgo del carácter que quieres mostrar: valor, compasión, sabiduría o tenacidad.
>
> ¿Cómo sería para ti controlar lo controlable? Descríbelo con claridad.
>
> ¿Para qué necesitas coraje en esta situación? ¿Cuándo estarás dispuesto a hacerlo?
>
> En vista de las realidades no deseadas y de tu esperanza y visión de futuro, ¿qué es lo más sensato que podrías hacer? ¿Cuándo lo harás?

Aceptación no es aprobación

Recientemente, Sara, la diseñadora de mi plan de estudios, y yo trabajábamos en un programa de instrucción para la resiliencia basado en las diez reglas de este libro. Mientras debatíamos sobre esta regla, ella comentó: «No me gusta la idea de aceptar algo que no quiero. Prefiero trabajar para cambiar la situación».

Al escucharla, me di cuenta de que a menudo equiparamos aceptación con aprobación o con estar contentos con la situación. Pero no son lo mismo. Hay muchos elementos de la vida que no podemos cambiar e, incluso si pudiéramos hacerlo, ¿valdría la pena invertir energía, esfuerzo y recursos para hacerlo?

Aceptar la realidad de que algunas cosas están fuera de tu control o poder de decisión no significa que apruebas la situación ni el resultado. Simplemente significa que aceptas «lo que es». Reconoces tanto el problema como tus limitaciones para resolverlo, así que puedes elaborar un plan sobre cómo proceder teniendo en cuenta esa realidad. Puedes intentar influenciar a tus hijos adultos para que tomen decisiones diferentes, pero a fin de cuentas serán ellos quienes decidirán qué harán. Puedes votar, pero no decides quién gana las elecciones. Puedes presentar tu argumento e intentar influir en alguien para que tome una decisión, pero si no eres quien decide, no tienes control sobre el resultado.

Si bien la mayoría de las personas que entreno se identifica con la idea de controlar lo que pueden, la que con frecuencia genera el mayor desafío es la segunda parte de esta regla: «acepta el resto». Me sentía así cuando finalmente quedé embarazada de mellizos a través de fertilización in vitro (FIV), a los cuarenta y un años de edad. Tratar de concebir había sido una montaña rusa emocional. Millones de mujeres quedan embarazadas por accidente, muchas incluso mientras están usando métodos anticonceptivos. En mi caso, sin la intervención médica de FIV, me resultaba imposible concebir. Durante el agotador proceso, me resultó difícil mantenerme positiva teniendo en cuenta las muchas desilusiones y el desgaste físico de las constantes pruebas y citas médicas, además de las inyecciones que debía autoadministrarme en el abdomen o en el muslo todos los días.

Quedar embarazada era la meta. Y fue un sueño hecho realidad. Pero se sentía irreal cuando finalmente sucedió. Dos embriones saludables fueron transferidos con éxito. Mi esposo y yo estábamos encantados. Mis hijas adoptivas estaban entusiasmadas. Nuestros padres estaban emocionados. Nunca olvidaré cuando le contamos a papá que ambos embriones habían sido implantados exitosamente. «¿¡Son *dos*!?», me preguntó por teléfono, levantando la voz con mucha emoción ante la idea de nietos mellizos. Si todo salía bien, daría a luz en julio.

No todo salió bien. Sucedió lo inesperado. Nunca se me hubiera ocurrido que, después de finalmente haber llegado a la meta de quedar embarazada, el embarazo nos sería arrebatado. Pero eso fue lo que ocurrió.

Cuando me levanté ese sábado por la mañana, supe que algo estaba mal, pero me dije a mí misma que todo estaría bien. Cuando llamamos al consultorio del médico, nos pidió que fuéramos de inmediato. Sin tránsito, era un viaje de cincuenta minutos. Tan pronto como Jeff y yo llegamos allí, me hicieron un ultrasonido. Los resultados confirmaron las peores noticias: no había latidos cardíacos.

Me sentí entumecida. Traicionada. Sin palabras.

Nunca olvidaré que regresamos del consultorio del médico sin emitir palabra. Las únicas palabras que pronunciamos las dijimos tomados de la mano, apretando con fuerza la consola que había entre nosotros. Estábamos conmocionados.

Me llevó tiempo hacer duelo y procesar la pérdida. Y me di tiempo. «Aceptar el resto» puede ser desgarrador. No entendía por qué había sucedido esto, pero acepté la realidad. Descansé en mi fe. En verdad creía que, si estaba destinada a tener hijos biológicamente, los tendría. Por alguna razón, ese no era mi camino. Proverbios 3:5 aconseja: «No dependas de tu propio entendimiento», y a menudo meditaba en esas palabras.

La aceptación también me liberó para encontrar paz y un camino hacia adelante que me ofrecía bendiciones inesperadas. Sabía que no quería volver a pasar por la FIV. Había decidido, antes de siquiera comenzar el tratamiento, que lo intentaría una sola vez porque no quería mirar hacia atrás con remordimiento por no haberlo intentado. Pero simplemente no tenía el valor para volver a hacerlo. Acepté que la maternidad, en mi caso, no sucedería a través de dar a luz. Mi esposo y yo acordamos antes de casarnos que también queríamos adoptar. Al año siguiente, se abrió la puerta y nos convertimos en padres de un hijo varón. Aceptar el resto puede significar reconocer las realidades que preferiríamos no reconocer. Cuando lo hacemos, sin embargo, podemos abrir la mente a las oportunidades que vienen por un camino diferente. Al dejarlo ir, encontré paz. Encontré amor y al niño que creo, con todo mi corazón, estábamos destinados a criar.

Quizás para ti «aceptar el resto» involucra un desafío en el trabajo o en una relación, una realidad financiera o de salud. Por ejemplo, si alguna vez te despidieron por reducción de personal, es probable que no hayas tenido ningún control sobre la decisión de tu empleador de eliminar tu puesto ni sobre las condiciones económicas que causaron esa decisión. Podrías cuestionar por qué fue eliminado tu puesto de trabajo y no el de tu colega. Tal vez no quieras aceptarlo, pero si enfocas tu energía en la ira o te castigas a ti mismo por no haber tomado las medidas necesarias que podrían haber salvado tu trabajo, le robas energía a tu esfuerzo para recuperarte, reenfocarte y dar un giro hacia el futuro.

Si estás lidiando con una persona difícil que siempre esperas que cambie, podrías darle consejos sobre cómo hacerlo y todas las razones por las cuales hacerlo. Al final, es probable que descubras que tus esfuerzos son en vano. Si esperas que las personas hagan lo que no pueden o no quieren hacer, te decepcionarás. Si implementas la regla «controla lo controlable», decidirás aceptar sus limitaciones o hacer ajustes para poder manejarlas. Eso podría significar establecer límites, cambiar lo que haces o no haces con ellos, o salir de esa situación. No tienes que aprobar su comportamiento para aceptar la realidad que no puedes cambiar. Se necesita valor para aceptar una realidad que no quieres aceptar, pero al hacerlo, abrirás la puerta a soluciones nuevas y auténticas.

Después de la aceptación, ¿qué sigue?

A menudo comparto una historia sobre resiliencia que fue de inspiración para mí: la experiencia de mi propia madre. Incluye dificultades deprimentes que la llevaron a tomar una decisión desgarradora pero resiliente. Su decisión es un ejemplo del poder de la regla «Controla lo controlable y acepta el resto».

Cuando mi mamá tenía cuarenta y nueve años, una noche sufrió un aneurisma en el cerebro mientras hablábamos por teléfono. Fue devastador. Tras una cirugía de cerebro de urgencia y dos meses en el hospital, regresó a casa y pasó cada día tratando de recuperar las capacidades físicas más básicas: caminar, hablar, ver con claridad y tragar. Los médicos me dijeron que había un 90 % de probabilidades de que no volviera a tragar y que debería ser alimentada a través de una sonda gástrica. Además, añadieron que, si llegaba a caminar, siempre tendría una cojera. ¿Y su visión? Bueno, era demasiado difícil de predecir. Técnicamente podía ver, pero lo que veía era a la vez doble o triple y todo daba vueltas. Peor que no poder hablar, caminar ni tragar, dijo, era abrir los ojos y ver solo caos.

Con tenacidad y persistencia como nunca antes había visto de cerca, mi madre poco a poco recuperó la mayoría de sus capacidades en los años que siguieron. Por ejemplo, pasó de no poder incorporarse por sí sola a desplazarse en una silla de ruedas cuando cumplió cincuenta años. A partir de allí, aprendió a caminar arrastrando los pies un paso a la vez, dando varios pasos con la ayuda de un andador y, finalmente, ¡con un bastón! Poco después, siempre y cuando prestara atención, podía caminar sola.

El progreso, sin embargo, duró solo algunos años debido a que algo desconcertante comenzó a suceder. Caminar volvió a ser difícil. Los músculos de su muslo derecho comenzaron a endurecerse. Le costaba muchísimo doblar la rodilla. Luego, comenzó a tropezar de manera constante, lo cual se convirtió en un problema. Trató de valerse de un bastón de nuevo, pero le resultaba difícil coordinar sus movimientos y, en consecuencia, tropezaba todavía más. Pronto volvió a usar un andador, y regresamos a las frecuentes citas con los médicos en un intento de descubrir por qué su movilidad estaba haciendo regresión.

Nadie parecía tener una respuesta y el problema empeoraba. Viajamos a clínicas lejanas, de renombre, buscando ayuda. ¿La respuesta después de múltiples estudios?: «Es un misterio médico». El consenso parecía ser que, debido a que tenía solo cuarenta y nueve años cuando se reventó el aneurisma, su cuerpo había podido compensar ese problema. Pero, a medida que envejecía, el cerebro y el cuerpo no eran capaces de continuar haciéndolo. Esa explicación parecía creíble aunque mi madre sentía en lo profundo de su ser que esa no era la razón de su deterioro. Creía que algo más sucedía. Pero ¿qué era?

Después de casi una década de consultar a varios especialistas, descubrimos un neurólogo que insistía en que había una respuesta y que él la encontraría. La probabilidad de una explicación que no tuviera nada que ver con el aneurisma parecía bastante improbable. Para ponerlo en contexto, sufrir un aneurisma cerebral es un evento muy raro. Resulta que una persona de cada cinco en los Estados Unidos tiene un aneurisma cerebral que no revienta, lo cual significa que tienen vasos sanguíneos que se dilataron como se infla un globito pero sin causar ningún síntoma[3]. Pueden permanecer así por décadas sin tener ningún problema. Solo el 0.01 % de la población sufre una rotura al año. Mi mamá era parte de ese 0.01 %. La mitad de las personas a quienes se les revienta el aneurisma fallecen dentro de los tres meses, y la otra mitad fallece en cuestión de horas[4].

Al principio, el neurólogo le diagnosticó una condición muy rara, paraplejia espástica, y durante más de cinco años, mamá recibió tratamiento para esa enfermedad. Pero recientemente, los estudios revelaron que había sido un diagnóstico equivocado. La búsqueda de respuestas continúa, y desde que comencé a escribir este libro, ella lucha cada día por seguir caminando. Es muy difícil. Se ha caído. Sus piernas se doblan de manera inesperada. No puede caminar por la casa sin aferrarse a algo. Se cansa pronto. Siente la lengua pesada, y hablar le resulta cansador y difícil. Entonces, tendemos a tener conversaciones más cortas de lo que solíamos.

Una noche de verano, mi madre y yo charlábamos en nuestra cocina mientras mi esposo, Jeff, cocinaba uno de sus platos *gourmet*. «Está cocinando algo llamado Coquilles St. Jacques —le expliqué a mi madre—. Tiene vieiras y es cremoso, cubierto con pan rallado crujiente encima».

A Jeff le encanta cocinar. Preparar una comida para otros es su forma de demostrar amor. Y a mi mamá le encanta la buena comida, pero no le gusta cocinar. «Bueno, tú sabes, siempre que Jeff prepare algo especial como eso —dijo mamá—, guárdame un poquito y vendré más tarde a buscarlo».

¿La respuesta inmediata de mi esposo? «En realidad, si vivieras con nosotros, solo tendrías que venir a la cocina y comer un poco».

Jeff lo dijo medio en broma, sabiendo que era una idea sensata, pero también conocía la respuesta de mi madre a la sugerencia. Como siempre, de inmediato hizo oídos sordos a la idea. La conversación alegre de repente adquirió un tono serio. «No, no me voy a mudar. Me gusta vivir sola y no voy a venir a vivir con ustedes».

Mi madre había sido firme durante años en que *nunca* viviría con nosotros. Me compartía sus planes bien pensados sobre la forma en que podría hacerse cargo para vivir sola en su casa cuando ya no pudiera caminar más. Por lo tanto, no me sorprendía que, después de que Jeff hiciera ese comentario, ella dejara en claro que venir a vivir con nosotros no era una opción que ella consideraría.

Al día siguiente, pasé por su casa para dejarle la comida. Cuando me iba, me sentí guiada a repetir el punto de vista de Jeff. Me aseguró que no se movería de allí, pero esta vez algo acerca de la idea parecía haberle quedado. En su tiempo de quietud durante los días siguientes, oró acerca de nuestra propuesta. Algo en su espíritu la impulsaba a suavizar su inflexible postura. Como es una mujer de fe, es probable que un mensaje de parte de Dios fuera lo único que podría hacerla cambiar de opinión. Luego de años de insistir en que nunca renunciaría a la independencia de vivir sola en su propia casa, surgió una respuesta diferente.

Unos días después, abrí mi correo electrónico y me encontré con un mensaje de mi mamá con el título: «Siendo realista». En el mensaje me decía que, debido a lo rápido que progresaba su condición, no tenía sentido rechazar nuestra oferta de venir a vivir con nosotros. Me dijo que tenía que ser razonable acerca de su situación y cambiar su actitud.

Hizo falta mucho valor ante tal vulnerabilidad para enfrentar la realidad de que su condición estaba empeorando y que vivir sola podía ser perjudicial e incluso peligroso. Aceptar la realidad de una circunstancia no deseada es difícil. En algunas instancias, se puede sentir demoledor. No conozco todos los pensamientos que pasaron por la cabeza de mi mamá, pero sí sé los pensamientos que cruzaron por mi mente. Me duele imaginarla sin poder caminar.

Es tan injusto. Sé que a menudo la vida se presenta de esta manera, pero parece especialmente injusto cuando una persona con un corazón de oro, llena de fe y que ha sido tan generosa con tantas personas, tiene que lidiar con dos problemas de salud raros e incurables después de haber soportado de todo. Como hija, siento una tristeza profunda y la clase de confusión que me hace preguntar: *¿Por qué mi mamá?* Pero la realidad es que nunca se obtiene una respuesta satisfactoria a esa pregunta. La vida es injusta. Nuestra tarea es aceptar esa realidad y luego enfrentarla para poder sobrevivir e incluso crecer a pesar de ello. Negar la verdad podría transformar una situación mala en otra peor.

Una vez que mi mamá aceptó la verdad, fue empoderada para asumir la responsabilidad y tomar una decisión que garantizara más apoyo y un lugar más seguro con su familia en caso de una caída u otro problema. Aunque ella no controla los síntomas ni su progresión, tuvo la fortaleza para tomar una decisión que la puso en una posición mejor para manejar los riesgos de esos síntomas.

Controló lo controlable y aceptó el resto. Como una navegante que evalúa el pronóstico del tiempo y las condiciones del agua, mi mamá se dio cuenta de que su enfermedad progresiva significaba que las aguas estarían más picadas y que estaba lejos de la costa en el caso de que necesitara ayuda. Mudarse a vivir con nosotros era como trasladarse a un barco más grande y más fuerte con la compañía de una tripulación que podía ayudarla. No significaba que no habría peligros, significaba que tendría más recursos protectores para navegar por los desafíos inevitables. Utilizó sus habilidades de adaptación, incluyendo la consciencia de pensamiento, la flexibilidad, la fe y la oración, para armarse del valor necesario para elaborar una estrategia para su futuro que la ayudaría a vadear sus desafíos físicos.

Indefensión aprendida

¿Qué sucede cuando no adoptas un locus de control interno? ¿Cómo impacta eso en tu resiliencia? Cuando operas desde un locus de control externo, creyendo que tu destino depende por completo de los demás, estás desvalido e indefenso. ¿De qué sirve intentarlo o planear? ¿Buscar opciones que pueden mejorar tu situación o llevarte a la meta? Cuando tienes un locus de control externo, sientes que tus resultados están a merced de lo que hagan los demás y que tienes poco control sobre ellos. Cuando aceptas esta forma de pensar, nada realmente importa porque los demás y las circunstancias controlan lo que sucede en tu vida: eres una víctima de sus decisiones y elecciones.

Este sistema de creencias puede deslizarse hacia el extremo y convertirse en indefensión aprendida, un término acuñado por el Dr. Martin E. P. Seligman e investigadores de la Universidad de Pensilvania en 1967[5]. Según la American Psychological Association, la indefensión aprendida ocurre cuando «La exposición repetida a los estresores incontrolables resulta en que la persona no use ninguna opción de control que esté disponible posteriormente»[6]. Las experiencias pasadas de incapacidad para cambiar una situación han cimentado la creencia de que sus esfuerzos no son importantes, por lo que las personas no intentan mejorar sus circunstancias, ni siquiera cuando el cambio es posible. Estas experiencias no tienen que ser personales; suponen que las experiencias de los demás también aplican para ellos o escogen adoptar las creencias negativas de los demás, sean padres, amigos o colegas.

Cuando operas a partir de un locus de control externo, es posible que a menudo te sientas desvalido o victimizado, o que pierdas una gran cantidad de energía haciendo cosas que no cambiarán tus circunstancias aunque creas que pueden hacerlo. Terminas sintiéndote atascado.

Como resultado, culpas a quienes crees que tienen poder sobre las circunstancias de tu vida. Crees que no eres nada responsable por la impresión que das. Lo que sea que pase es culpa de los demás. Por supuesto que a veces sí suceden cosas de las cuales no eres culpable, pero cuando la respuesta normal a tu comportamiento es culpar a los demás, es probable que estés usando eso para absolverte de cualquier responsabilidad.

¿Mostrarte con una buena actitud? No es tu responsabilidad. ¿Hacer lo que está dentro de tus posibilidades? No, tampoco es tu responsabilidad. ¿Tener *algún* avance, incluso si no puedes lograr toda la meta? No vale la pena. Cuando todos los problemas son culpa de alguien o de algo, corres el riesgo de caer en la trampa de compadecerte y de culpar a los demás en lugar de asumir la responsabilidad de lo que puedes controlar.

Finalmente, debido a los sentimientos de impotencia que genera la incapacidad de hacer algo ante las dificultades que están fuera de tu control, te rindes. Llegas a la conclusión de que nada de lo que hagas importa.

El resultado de la indefensión aprendida es la indiferencia. Se agota la motivación. Es más probable que esto suceda cuando has atravesado una serie de eventos, decepciones o circunstancias negativas. Las múltiples adversidades pueden desgastar tus recursos y pensamientos, haciendo difícil que te mantengas resiliente. Presta atención si esto sucede. Habla con alguien que tenga experiencia en resiliencia y un espíritu de ánimo para obtener una perspectiva diferente. O trata de conseguir consejería si está dentro de tus posibilidades. Con intención y práctica, puedes desaprender el hábito de la impotencia y aprender a adoptar un locus de control interno.

Aprende a discernir lo que puedes controlar

El problema del locus de control externo no radica solo en rehusarse a asumir toda responsabilidad. También se puede hacer evidente al enfocar inútilmente tu energía en tratar de cambiar a las personas o circunstancias que no van a cambiar. Es como trotar frenéticamente en la cinta de correr, incrementando la velocidad a 13 kph y creer que, si continúas, ¡habrás recorrido 13 km! Elaboras una estrategia y planeas, pruebas diferentes enfoques y ángulos, todavía seguro de que llegarás a tu destino 13 km después. Pero no lo harás. Es más, nunca lo harás. Eso se debe a que la cinta de correr no es un medio de transporte. Además, no hay nada que puedas hacer para convertirla en uno. Es crucial que tengas una visión realista de lo que en verdad puedes controlar. Enfocarte demasiado en aquello sobre lo cual no tienes control saboteará tu resiliencia.

Enfocarte demasiado en aquello sobre lo cual no tienes control saboteará tu resiliencia.

Hay algunas cosas en la vida que simplemente no puedes controlar. Por ejemplo:

- decisiones que no te corresponde tomar (pero puedes intentar influenciar en ellas y escoger tu mejor curso de acción una vez que se hayan tomado)
- el crecimiento personal de los demás (pero puedes alentarlos para que se esfuercen)
- que los demás te quieran o te amen (pero puedes controlar si te aprecias y te quieres a ti mismo y a los demás)
- el comportamiento y las reacciones de los demás (pero puedes controlar cómo reaccionas ante ellos)

- lo que los demás piensan, sienten o creen (pero puedes controlar cómo escuchas y respondes)
- los pensamientos que surgen (pero puedes escoger cuáles mantener)
- el resultado de tus metas (pero puedes controlar el esfuerzo y la constancia para lograrlas)
- envejecer (pero puedes cuidarte)
- la existencia del dolor y el sufrimiento (pero puedes contribuir a aliviarlos)
- cómo te tratan los demás (pero puedes controlar la forma en que respondes)
- lo que hacen los demás (pero puedes decidir imitar su ejemplo o poner límites)
- lo que ya sucedió (aunque el pasado es un hecho, puedes escoger qué hacer en el presente)

Una clave para ser más resiliente es tomar el control de lo que puedes. Eso podría significar que aceptes que tienes menos control sobre los demás del que quisieras. Aun así, tus relaciones cercanas son extremadamente valiosas; de hecho, son uno de tus recursos protectores clave. ¿Hay más? Reconocer *todas* las herramientas que tienes a tu disposición, ya sea que te enfrentes a una dificultad inesperada o a una oportunidad apasionante, es clave para ser más resiliente.

Entrénate a ti mismo

- ► En este momento, ¿en qué situación o situaciones necesitas aplicar el concepto: «Controla lo controlable y acepta el resto»?
- ► ¿Qué está bajo tu control?
- ► ¿Cómo sería «controlar lo controlable» en este momento?
- ► ¿Qué está fuera de tu control?

- ¿En qué se traduciría aceptar esa realidad y recuperar tu energía?
- ¿Cuál necesita cambiar: tu visión o solo tu enfoque?

Intenta lo siguiente

- ☐ Escoge entre una y tres situaciones apremiantes donde las decisiones o comportamiento de los demás afecten tu resiliencia.
- ☐ Usa las preguntas de entrenamiento para asumir responsabilidades y enfocarte en lo que sí puedes controlar. Luego elabora un plan de acción.
- ☐ Decide cuándo avanzarás en tu plan de acción.

DI CONMIGO:

«Obtengo alivio y fortaleza cuando controlo lo controlable y acepto el resto».

REGLA DE RESILIENCIA N.º 5

REÚNE TUS RECURSOS

Cultiva recursos y relaciones antes de que los necesites, con el fin de recurrir a ellos para salir del atascamiento.

MENSAJES CLAVES

- Los recursos personales facilitan la resiliencia; por lo tanto, evalúa y construye los correctos.
- Las relaciones fuertes son un recurso fundamental para tu resiliencia personal.
- Debes estar dispuesto a pedir ayuda.

Varios años después de que Michelle Williams apareciera en escena como la nueva integrante del superexitoso Destiny's Child, el grupo se disolvió. Ella había encontrado éxito como cantante solista de góspel y como actriz de Broadway cuando el grupo todavía estaba unido, y siguió en ese camino; protagonizó *El color púrpura*, *Aida* y *Chicago*, entre otras producciones. Michelle comenta, sin embargo, que el momento de resiliencia del cual está más orgullosa tuvo lugar durante un tiempo de oscuridad.

A fines del 2017, Michelle comenzó a sentir síntomas de depresión, algo con lo que había luchado anteriormente. Para el año siguiente, supo que lo que estaba experimentando esta vez era diferente y más intenso. Se sentía desesperada y los pensamientos de muerte eran frecuentes.

«Supe que necesitaba ayuda cuando me sentí demasiado cómoda con la idea de la muerte —explica Michelle—. Jugaba con Dios a *Hagamos un trato*, pensando: *Ya viví la vida, puedo irme ahora. ¿Hay algo detrás de la puerta n.º 4? ¿Hay algo más para que yo haga aquí?»*. Los pensamientos eran persistentes.

A pesar del éxito en su carrera góspel y de sus aclamadas actuaciones en Broadway y en televisión, Michelle reconocía que las esperanzas y expectativas que tenía para su vida personal no estaban siendo satisfechas. Tuvo una ruptura pública. Se sentía incomprendida. Sabía que no podría salir de este pozo oscuro con sus propias fuerzas. Decidió buscar ayuda e ingresó como paciente en un centro de salud mental.

«Era resiliente cuando entré al hospital», nos dice con convicción, señalando que la resiliencia vino cuando admitió que tenía un problema y decidió buscar ayuda. Su actitud y sus acciones ejemplifican la Regla de resiliencia n.º 5: «Reúne tus recursos».

Cuando comencé a estudiar acerca de la resiliencia, la idea de que nuestro sistema de apoyo puede crear o quebrar nuestra capacidad de perseverar fue uno de los conceptos más intrigantes para mí. Por lo general, pensamos en nuestro sistema de apoyo en términos de relaciones en las cuales podemos confiar cuando enfrentamos un desafío, sea para ayudarnos a conseguir un trabajo después de un despido o para que nos escuchen cuando estamos agobiados por una pérdida o por el estrés. Y si bien es probable que las relaciones sean el elemento más importante de nuestro sistema de apoyo, por lo general no tenemos en cuenta recursos tales como acceso a dinero, educación, experiencia e incluso salud física.

Aunque la capacidad de adaptar tu manera de pensar, planear y hacer ajustes mentales sea interna, tu sistema de apoyo está compuesto por recursos externos de relaciones y circunstancias que afectan la posibilidad de superar estos desafíos y con cuánta rapidez. Los recursos se refieren a cualquier cosa tangible que te proteja del impacto negativo de las dificultades o de la adversidad y que te facilite la superación de los mismos.

Nuestro sistema de apoyo puede crear o quebrar nuestra capacidad de perseverar.

Los desafíos más grandes requieren sistemas de apoyo más grandes

Las investigaciones muestran que, cuanto mayor sea el desafío, mayor será el sistema de apoyo necesario para superarlo con éxito o alcanzar la meta[1]. Es probable que tengas más recursos de lo que piensas y muchas oportunidades para cultivarlos con el propósito de estar mejor equipado para ser resiliente en las dificultades futuras. Ya sea que necesites buscar ayuda porque tu salud mental está resentida (como hizo Michelle) o porque tengas una gran meta profesional o financiera que requiera acompañamiento de un mentor, capacitación y nuevas conexiones, necesitas un sistema de apoyo para ser resiliente. ¿Cómo sería reunir tus recursos en tu situación actual? Sea cual sea el desafío que estés enfrentando hoy, puedes incrementar de manera drástica tu resiliencia haciendo tres cosas:

1. **Cultiva y construye un sistema de apoyo fuerte de recursos protectores.** Construir recursos que te protejan o al menos reduzcan el impacto de las tormentas es fundamental para la resiliencia. Muchos son generados por las decisiones preventivas que tomas: ahorrar dinero, invertir en tu educación y capacidades, poner límites y evitar relaciones tóxicas, nutrir relaciones fuertes y cuidar apropiadamente tu salud. Estas decisiones preventivas te ayudan a cultivar un sistema de apoyo fuerte de recursos protectores a los cuales puedes acceder cuando surja la necesidad.

2. **Presta atención a los recursos adicionales externos que puedes aprovechar.** No es efectivo tener recursos si no te das cuenta de que los tienes ni los usas cuando los necesitas. Además, a veces tienes que ser proactivo y buscar apoyo adicional. Por lo general, no aparecen en el umbral de tu casa. Abre los ojos a los recursos potenciales en tu comunidad que quizás no reconociste hasta ahora. Además, debes estar dispuesto a buscar

ayuda cuando la necesites. Eso es lo que Michelle hizo ante la depresión debilitante que amenazaba cambiar dramáticamente su vida y su carrera.

3. **Expande y diversifica tu red de relaciones.** Sabemos que las personas tienden a ayudar a quienes están dentro de sus redes existentes. También sabemos que, con mayor frecuencia, las personas forman sus redes de relaciones con quienes comparten sus intereses en términos de cultura, género, edad y situación económica. Aunque las personas de manera natural se comportan de ese modo, tienes la libertad de ir más allá de tus redes naturales de relaciones. Y esto puede ser de particular importancia cuando se trata de reunir tus recursos.

Cuando las cosas salen mal, tu recurso más importante son las relaciones. Necesitas personas en tu vida que se preocupen por ti, con quienes puedas ser quién eres en realidad, imperfecto y honesto acerca de cómo te encuentras. Michelle buscó una amiga cercana a quien contarle acerca de sus luchas y su intensa necesidad de ayuda profesional. Esta amiga estuvo de acuerdo y animó a Michelle a buscar un tratamiento de salud mental. Michelle sabía que necesitaba ese nivel de apoyo para mejorar, y se internó en un lugar donde podrían proveérselo. Al aprovechar el recurso protector de una amistad fuerte y su consejo sabio, y luego acceder a la experiencia y al apoyo de nivel profesional, Michelle pudo reunir los recursos que necesitaba para recuperarse.

La autenticidad te da permiso para buscar ayuda

A pesar de que la imagen de resiliencia de Hollywood es representada por los superhéroes que se valen de sí mismos para superar desafíos agobiantes y vencer a una legión de villanos —piensa en James Bond, la Mujer Maravilla o Superman—, la verdad es que las personas más resilientes no lo logran solas. Cultivan a propósito relaciones y recursos a los cuales acudir cuando enfrentan una dificultad. Por supuesto, eso requiere una pizca de humildad. Si temes el rechazo o la desaprobación de los demás, es posible que te resistas a esta regla al principio. Lo sé. Yo lo hice. Es casi como admitir que el problema hace que todo sea más real, y eso puede ser aterrador. Por otro lado, si no permites que el temor te intimide, la cruda realidad puede sacudirte para que comiences a buscar soluciones. Cuando «no finges, no te defiendes» (ver la Regla de resiliencia n.º 7), y puedes reunir recursos que de otra manera insistirías en que no los necesitas.

El primer paso es decirte la verdad, admitir que el desafío que enfrentas es serio y, por lo tanto, es importante superarlo. Luego resuelves cuáles son los recursos que pueden ayudarte.

Cuando Michelle se dio cuenta de que necesitaba ayuda profesional, supo que su situación no quedaría en privado. Por el contrario, se volvería de público conocimiento, y tal vez incluso se convertiría en una fuente de chismes. Debido a que era una celebridad, no solo sabrían sus amigos y familiares, sino que la prensa amarilla también se interesaría. Se preguntaba: *¿Qué dirán? ¿Qué pensarán mis seguidores?* Estaba a punto de participar en un espectáculo de Broadway, por eso también se preguntaba: *¿Será esto el fin de mi carrera?* En síntesis: *¿Me rechazarán a partir de ahora?* Las respuestas a esas preguntas persistentes que le generaban temor fueron las mismas para ella que para ti y para mí: *Quizás*. Michelle estuvo dispuesta a enfrentar los efectos colaterales.

Decidió que conseguir ayuda superaba las amenazas de las historias sensacionalistas o los chismes de la prensa amarilla. Ella bromea respecto a que su madre le dice que comparte demasiada información importante (TMI, por su sigla en inglés). Pero, como ella misma afirma: «¡La información demasiado importante me salvó la vida! —Su transparencia en admitir que no estaba bien de salud fue un punto de inflexión—. Fue liberador», explica. Fingir que estaba bien no la sanaría.

»Fui resiliente cuando no me importó que alguien me viera —comenta—. Me decía a mí misma: *Necesito ayuda. Voy a salir mejor de esta situación*».

Michelle reunió varios recursos. Recurrió a la familia y a los amigos por apoyo emocional. Recurrió a terapeutas profesionales. Usó recursos financieros para conseguir tratamiento como paciente interno. Se apoyó firmemente en la fe, creyendo que todas las cosas ayudan para bien. Su fe le dio esperanza para enfrentar el problema sin rodeos: había algo mejor en el horizonte. Un propósito más profundo podría surgir de todo esto.

Al superar la depresión, Michelle encontró un nuevo propósito: hablar sobre salud mental para animar a la gente a ser valiente y honesta respecto a sus luchas y buscar la ayuda que puede cambiarlo todo. Escribió el libro *Checking In: How Getting Real about Depression Saved My Life—and Can Save Yours* (Reportándose: Tomar en serio la depresión me salvó la vida... y puede salvar la tuya)[2]. Incluso podríamos decir que Michelle reunió sus recursos cuando me contactó, en busca de comentarios e ideas acerca de hablar en público.

Resulta que vivimos cerca la una de la otra y nos hicimos amigas. Como resultado de nuestra amistad, Michelle se dio cuenta de que el entrenamiento podría ser una habilidad poderosa en el trabajo que lleva adelante en defensa de la salud mental. Se recibió de entrenadora certificada del instituto CaPP, además de dar conferencias, hacer pódcast y escribir. Este trabajo convirtió su dolor en propósito, lo cual le permitió utilizar su influencia como celebridad de una manera efectiva. Reunir tus recursos multiplica tus opciones para resolver las dificultades y, a menudo, abre puertas a oportunidades de las que no te enterarías de otro modo.

Los recursos pueden surgir de manera inesperada

Cuando tienes amigos y familiares que pueden ayudarte, dinero para resolver los problemas, capacidad para contratar ayuda externa o acceso a información para resolver dificultades resulta más fácil y más rápido recuperarse de los reveses y aprovechar las oportunidades.

Por ejemplo, cuando necesitas determinar el mejor enfoque para esa propuesta que estás escribiendo, que alguien que estuvo en tu lugar te provea retroalimentación puede significar la diferencia entre conseguir el cliente o no. Si eres padre o madre soltero/a, puedes gestionar mejor los cambios de agenda inesperados si cuentas con el respaldo de un familiar adulto los días en que no puedes buscar a tu hijo de la escuela. Cuando sucede lo inesperado y terminas en el hospital y tu seguro de salud cubre todos los gastos, experimentas la comodidad de ese recurso protector. Cuando de verdad quieres avanzar en tu carrera y eres el primero de tu familia que tiene un trabajo corporativo, el mentor o patrocinador de tu organización que te facilita información interna sobre qué hacer o no te puede ayudar a escalar posiciones.

En cambio, ¿qué haces cuando tu sistema de apoyo es débil, cuando no tienes el dinero para conseguir ayuda profesional ni familiar a la cual recurrir? Es difícil. Probablemente sea desalentador y sientas ganas de abandonar. Aunque es normal tener esos sentimientos, debes tomar la decisión de usar lo que tengas a tu disposición. Controla lo controlable y acepta la situación actual. ¿Qué es lo controlable?

- *Tu actitud.* Cuando te faltan recursos, es incluso más importante que te enfoques en tu locus de control interno. Es fácil sentirse víctima de las circunstancias, desafortunado y con pocas probabilidades de tener éxito contra las cartas que te juegan en contra. Lo más efectivo que puedes hacer, sin embargo, es aceptar lo que es (no aprobarlo, sino aceptar tu realidad actual) y luego preguntar: *Teniendo en cuenta mis circunstancias actuales, ¿qué puedo hacer para mejorar mi situación?* Adoptar una actitud de agradecimiento, de enfoque y persistencia puede llevarte a un nuevo nivel. Cuando me propuse terminar la universidad, pero el divorcio de mis padres provocó que las finanzas tomaran un giro para peor, tuve que ser creativa. Tenía la visión de recibir formación sin ahogarme en deudas, por lo que busqué oportunidades que me lo permitieran. Como resultado, rechacé ofertas de las universidades a las que había soñado asistir, porque tenían un costo que no podía pagar.

- *Tu prioridad.* Si hubiera un solo objetivo que pudieras lograr en este momento, ¿cuál sería? Enfócate en la meta más importante, la que mejor refleje tus valores y active tu determinación para seguir adelante hasta alcanzarla. Quizás se trate de salir de tu situación actual de vivienda o trabajo, proveerles a tus hijos un ambiente saludable en el cual crecer, o ganar la libertad de administrar tu tiempo como quisieras. Cualquiera sea tu prioridad, sé claro acerca de eso y de las decisiones que debes tomar ahora para avanzar en esa dirección.
- *Tu capacidad para acceder a nuevos recursos.* Tal vez no tengas todos los recursos que necesitas en este momento, pero con algunas ideas y búsquedas podrías descubrir recursos que no sabías que existían o que no habías tenido en cuenta. Por ejemplo, a muchos amigos y familiares que querían comprar una casa, pero no tenían el pago inicial requerido, los derivé a Neighborhood Assistance Corporation of America (Corporación de Asistencia Vecinal de América, NACA por su sigla en inglés), la cual ofrece un programa de ayuda para las personas que compran una casa por primera vez. Su función consiste en ayudarlas a poner en orden sus finanzas y a comprar una vivienda sin pago inicial y con índices de interés más bajos que en el mercado. Cuando una amiga me contó sobre esto años atrás, parecía demasiado bueno para ser verdad. Pero es real, de modo que comencé a compartir la información. Quizás se trate de una beca de estudios, programas locales para las personas en tu situación o beneficios laborales que no exploraste. Haz tu tarea y busca los recursos disponibles que quizás ni siquiera sabes que existen.

¿Qué recursos componen un sistema de apoyo fuerte?

Una vez que veas tu sistema de apoyo como algo que puedes construir y comprendas la importancia de desarrollar recursos de manera intencional como una estrategia para la resiliencia y el éxito, comenzarás a filtrar tus decisiones a través de estos lentes. De repente, te das cuenta de que muchas de las decisiones de tu vida construyen la resiliencia o la debilitan. Las amistades y las relaciones que escoges, las decisiones financieras y de salud que tomas, e incluso las batallas que decides que vale la pena pelear: todo eso tiene un impacto en tu resiliencia.

FORTALECE TUS CONEXIONES INTERPERSONALES Y OTROS RECURSOS

¿Cuán fuerte es tu sistema de apoyo en este momento? En cada área a continuación, evalúa lo seguro que te sientes acerca de incrementar tu resiliencia con los recursos que tienes:

1. **Conexiones personales significativas.** Tus relaciones personales incluyen familia y amigos, por supuesto, pero también obtienes un sentido de comunidad gracias a tus vecinos, la iglesia a la que asistes y otras organizaciones a las cuales perteneces. Las relaciones cercanas te brindan un sentido de seguridad y pertenencia que construye confianza. El apoyo emocional —y a menudo físico— que también ofrecen aumenta la probabilidad de recuperación de las adversidades. Siempre buscamos primero el apoyo de quienes son más cercanos a nosotros, ya sea que estemos lidiando con malas noticias o celebrando buenas noticias. De hecho, las relaciones personales de apoyo son el mayor predictor de resiliencia[3]. Constrúyelas y cuídalas de manera intencional.
2. **Consejo sabio y entrenamiento.** Asegúrate de que, en el círculo de tus relaciones personales, haya personas perspicaces que compartan tus valores, te presten atención cuando hablas y estén capacitadas para darte retroalimentación. Puede ser un amigo y que ambos cumplan este rol mutuamente, o un entrenador, consejero o capacitador contratado. Lo importante es construir relaciones de manera intencional con personas que tengan experiencia, buen juicio y que prioricen los intereses de tu corazón. Piensa en quién puedes confiar como consejero

personal por su sabiduría, interés y consistencia. Su perspectiva puede ser muy valiosa para ayudarte a superar los desafíos y a escoger tus próximos pasos.

3. **Conexiones profesionales significativas.** Las relaciones profesionales significativas te ayudan a construir resiliencia profesional y financiera. Estas conexiones incluyen colegas, compañeros de trabajo, clientes, mentores y jefes, actuales y del pasado. Te dan sentido y perspectiva, pero también pueden ayudarte a aprender y a crecer, a descubrir oportunidades y a reponerte mejor de los reveses cuando mantienes conexión. Promover estas relaciones a través de la buena disposición, una ética fuerte de trabajo y la ayuda mutua puede fortalecer tu resiliencia y darte ventaja cuando vadeas desafíos.

4. **Recursos financieros y laborales.** Cuando comienzas a considerar tus finanzas no solo en términos de lo que te gustaría comprar o a dónde te gustaría viajar, sino como un recurso que te ayuda a superar fácilmente la incertidumbre y a enfrentar los desafíos con mayor estabilidad, cambia tu perspectiva sobre cómo administrar tu dinero. Tu trabajo provee un recurso financiero que va más allá de tu salario. El empleo ofrece beneficios con impacto financiero significativo, tales como seguros, licencias pagas, plan de jubilación, capacitación y otras oportunidades para incrementar tus capacidades y tu rentabilidad.

FORTALECE TUS CONEXIONES INTERPERSONALES

¿Quiénes son las personas que te brindan un sentido de seguridad y pertenencia?

¿Quiénes forman parte de tu «consejo personal de asesores»?

¿Qué podrías hacer para fortalecer las relaciones profesionales significativas en tu vida?

¿Con qué recursos financieros dispones ahora? ¿Cuáles te gustaría desarrollar?

Cuando piensas acerca de la visión o el desafío que enfrentas, ¿qué capacitación o estudios tienes que te pueden ayudar? ¿Te falta alguna capacitación o estudio? ¿Cómo podrías obtenerlos?

5. **Educación y capacitación.** Es un recurso poderoso tener la capacitación o la experiencia necesarias para conseguir trabajos, dirigir empresas o incluso entender cómo hacer ciertas tareas que podrían ser necesarias para superar una dificultad. La educación puede ser formal pero también informal. Tomar clases en línea, aprender de alguien con experiencia y, mi favorito, leer libros relevantes, tiene el potencial de ayudarte a afrontar los desafíos y la adversidad.

REÚNE LA INFORMACIÓN NECESARIA

Cuando autopubliqué mi primer libro muchos años atrás, las personas me preguntaban cómo había aprendido a hacerlo. «¡Este libro se ve tan bien que parece uno de mis libros favoritos mejor vendidos de la librería! —me comentaban. Siempre respondía con una risita y luego les explicaba—. Compré un libro sobre cómo escribir un libro e hice lo que indicaba. Luego compré otro acerca de cómo publicitar y seguí las instrucciones. ¡Funcionó! Finalmente, compré un libro sobre cómo conseguir un agente literario, hice lo que el libro decía, escribí a seis agentes que parecían los adecuados y conseguí uno». No estoy diciendo que siempre sea fácil implementar lo que aprendes en una capacitación o en un libro, pero, por lo general, es fácil encontrar información cuando la buscas. Ya sea que necesites estrategias para vencer un problema de salud, ideas sobre cómo mejorar la imagen que proyectas como ejecutivo o sobre cómo salvar tu matrimonio, busca recursos informativos.

Como descubrí cuando quise escribir un libro, a veces no contamos con los recursos necesarios, pero lo único que necesitamos es acceso a la información correcta. Tales herramientas vienen en diferentes formas. Por ejemplo, podrías trabajar para una organización que te dé acceso a publicaciones, mentores o conferencias a los cuales no podrías acceder de otra manera. O tal vez conozcas personas o seas parte de una comunidad que te ofrezca acceso a algunos de los recursos que se detallan a continuación.

1. **Experiencia.** Todos hemos escuchado que la experiencia es el mejor maestro, y disponerse a aprender la lección es un recurso protector poderoso. Una vez que obtienes experiencia, sabes qué esperar en ciertas situaciones y te preparas bien para enfrentarlas. A menudo estás menos ansioso porque ya pasaste por eso, y tienes conocimientos que te permiten ser más efectivo en una crisis o en una dificultad. La experiencia también te permite aprovechar oportunidades futuras.

2. **Entorno.** Estar en el lugar correcto y con la gente correcta puede ayudarte a superar los retos. ¿Tu entorno apoya tu visión y te ayuda a enfrentar los desafíos? Si estás en un ambiente perjudicial o tóxico que te obliga a lidiar con la negatividad y la manipulación, te resultará más difícil superar los desafíos. Sea en tu entorno profesional, en tu ambiente familiar o incluso en tu ubicación geográfica, debes tomar la decisión de prepararte para el éxito y la resiliencia. Por ejemplo, cuando comencé mi vida de nuevo, escogí trasladarme a un área donde tengo mucha familia. Como sabía que mi visión incluía el matrimonio y tener hijos, deseaba vivir en un lugar donde pudiera conocer a alguien que quisiera vivir cerca de mi familia.

3. **Salud.** Si existe algo que puede detenerlo todo en tu vida en un instante, es una crisis de salud. La buena salud es un recurso protector, por eso debes evaluar la tuya y luego explorar formas de mantenerla o mejorarla. Toma tu plan de salud con seriedad, reconociendo que una salud fuerte es un tesoro de incalculable valor. Si tienes complicaciones de salud, considera no solo cómo podrías reunir todos tus recursos para disminuir esas dificultades, sino también la forma en que podrías tener compasión de ti mismo y ajustar tus expectativas para que el viaje no sea más difícil de lo que ya es. Esto es un proceso, ya que la pérdida de la salud no es solo un desafío físico, sino un desafío emocional también.

¿Cómo cultivar un sistema de apoyo más fuerte?

El primer paso para fortalecer tu sistema de apoyo es hacer un inventario de los recursos que ya tienes para soportar las tormentas o transitar el camino hacia el éxito. El segundo paso es tomar decisiones que edifiquen tus recursos, reduciendo el riesgo de futuros problemas y desafíos.

Al reunir tus recursos, estás sacando provecho del segundo y tercer pilar de la resiliencia. Recuerda que el segundo pilar incluye los recursos que ya tienes disponibles, y el tercer pilar se establece a través de las medidas preventivas que tomas para construir tus recursos para las metas y desafíos futuros, tanto planeados como inesperados. Por ejemplo, como parte de tus recursos financieros, podrías asegurarte de incluir ahorros que te ayuden a superar desafíos actuales y además tomar medidas preventivas para incrementar el índice de tu ahorro de jubilación. Podrías encargarte de tener un par de amigos cercanos a quienes recurrir mientras resuelves un problema relacional en progreso que tienes con uno de tus hijos, y sacar provecho de tu cobertura de salud para buscar consejo profesional sobre el asunto, con el fin de aprender habilidades que te ayuden a enfrentar mejor estos desafíos persistentes en el futuro. En otras palabras, debes identificar los recursos que tienes ahora *y* tomar medidas para reforzarlos con el propósito de prevenir o reducir los desafíos futuros.

Para cada uno de los recursos protectores de arriba, puedes tomar dos medidas sencillas.

1. EVALÚA TU SISTEMA DE APOYO

¿Cuán sólido es en este momento? Haz un inventario sencillo de tu sistema de apoyo. En una escala del 1 al 10 (donde el 1 representa que no lo es en lo más mínimo y el 10 que es muy sólido), valora lo bien equipado que estás con cada uno de los siguientes recursos.

Mientras les asignas un número, considera tu visión actual y los desafíos que deseas enfrentar mejor. ¿Cuál es la amenaza planteada por esos riesgos y desafíos? ¿Qué visión quisieras alcanzar?

- conexiones personales significativas y comunidad
- conexiones profesionales y ventajas laborales
- entorno
- recursos financieros
- educación, información y capacitación
- experiencia
- salud
- acceso a información y recursos

2. FORTALECE TU SISTEMA DE APOYO

¿Qué harás para construirlo? Luego, selecciona los pasos que puedes tomar para fortalecer cada uno de esos recursos. Estas medidas preventivas te ayudarán a reducir o eliminar algunos estresores en el futuro. Por ejemplo, podrías hacer deducciones automáticas en una cuenta de inversión para construir tu fondo de emergencia, o podrías comprometerte a hacer llamadas telefónicas o salidas regulares con personas con quienes deseas cultivar relaciones interpersonales. Podrías comprometerte a asistir a algunas conferencias para construir tu red o decidir ir a terapia por seis meses o conseguir un entrenador para alcanzar una meta importante. Quizás podrías comprometerte a buscar y a leer libros que cierren la brecha de tu crecimiento en un área en particular.

¿Qué estás dispuesto a hacer para crear, mantener o cultivar tus recursos? Si decidieras establecer algunos de tus recursos en piloto automático, ¿qué necesitas implementar de manera constante?

1. Conexiones personales significativas y comunidad________
   ____

2. Conexiones profesionales y ventajas laborales ___________
   ____

3. Entorno ____
____

4. Recursos financieros ____________________________
____

5. Educación, información y capacitación ______________
____

6. Experiencia _____________________________________
____

7. Salud ____
____

8. Acceso a información y recursos ____________________
____

Cuando mi madre sufrió el aneurisma cerebral, el sistema de apoyo que había construido con esos ocho recursos cruciales la ayudó a pasar por este desafío de manera significativa. Aunque la compensación por incapacidad, la cual suplía dos tercios de su ingreso, se haría efectiva noventa días después de la cirugía de cerebro, necesitaba más de lo que su licencia por enfermedad y días de vacaciones podrían cubrir. Por lo tanto, cuando una amiga envió correos electrónicos a los compañeros de trabajo pidiendo ayuda, estos donaron más de trescientas horas de vacaciones para ayudar a cubrir la brecha de noventa días. Por ejemplo, un hombre con quien mi madre había sido amable, aunque no lo conocía oficialmente, le ofreció cuarenta horas de sus vacaciones pagadas. ¿Qué fue lo que hizo posible que obtuviera esos recursos? Las relaciones personales.

Mi madre aclara que la carrera militar de mi padre le abrió la puerta para que consiguiera trabajo cuando tenía veintiocho años. Cuando comenzó a trabajar en la compañía, mi padre insistió en que ella optara por el plan de incapacidad total, señalando que valía la pena pagarlo por si alguna vez algo salía mal. La amiga cercana en el trabajo, quien coordinó la donación de vacaciones, era la misma amiga que, junto con otros compañeros de trabajo, corrieron a la UCI a las 2 a. m. cuando les conté que mi madre estaba siendo operada del cerebro. Los parientes de mamá llegaron a Texas dentro de las veinticuatro horas y luego rotaban para cuidarla durante los dos meses que estuvo internada. Debido a que vivíamos en la misma ciudad, me trasladé a su casa para cuidarla cuando salió del hospital. También tuve la posibilidad de abogar por ella cuando el plan de salud del hospital exigía que mamá fuera trasladada a un asilo de ancianos y, de nuevo, cuando su compañía de seguros le negó la terapia domiciliaria para la recuperación del habla, la motricidad física y ocupacional. Sin su sistema de apoyo, una situación que por sí sola era devastadora hubiera sido mucho peor.

Las personas resilientes no lo logran solas

Todos los recursos son importantes, pero dado que las relaciones son el recurso fundamental, ocuparemos el resto del capítulo para hablar sobre cómo las relaciones construyen o debilitan tu resiliencia.

Las personas más resilientes no lo logran solas. Saben discernir con quién relacionarse y toman medidas preventivas que mantienen un límite sólido en torno a su vida de relaciones. Si piensas en los desafíos más grandes sobre los cuales finalmente triunfaste, hay una gran posibilidad de que otras personas hayan estado entretejidas en tu victoria. No fue una victoria solitaria. Alguien contribuyó con una idea, se sentó contigo a solucionar un problema o te dio ánimo desde el costado del camino. Las relaciones pueden afectar tus demás recursos de maneras dramáticas, tanto positivas como negativas. Por ejemplo, las relaciones tóxicas pueden afectar tu salud mental y física, arruinar otras relaciones, socavar oportunidades laborales y financieras, y crear un ambiente de preocupación y conflictos que dificulta la productividad[4]. Por otro lado, una relación sólida puede inspirarte a dar un paso de fe, asumir riesgos inteligentes o abrir la puerta a una oportunidad: al trabajo óptimo, al cónyuge ideal o a la inversión que cambie tu trayectoria financiera. Las investigaciones confirman que los niños que tienen al menos una relación familiar adulta positiva y crucial son mucho más propensos a experimentar resiliencia y éxito[5].

EL PODER DE UNA RELACIÓN COMPROMETIDA Y ESTABLE

Conocí a Chaunté Lowe cuando compartimos el escenario dando una conferencia en Maxwell Leadership's Day to Grow Conference (Conferencia Día para crecer del Liderazgo Maxwell). Me impresionaron tanto su humildad, su energía y su visión como su resiliencia interna, la cual le ganó un lugar en cuatro Juegos Olímpicos consecutivos en el 2004, el 2008, el 2012 y el 2016, además de múltiples medallas, campeonatos y récords nacionales e internacionales. Chaunté también tiene el récord femenino de salto en alto de los Estados Unidos; la primera vez que se puso la meta de participar en las olimpiadas fue después de ver a la legendaria Flo Jo, Florence Griffith Joyner, competir en las olimpiadas de 1988. Aunque Chaunté tenía apenas cuatro años de edad en ese momento, declaró esa visión abiertamente. Comenzó a competir en atletismo incluso antes de comenzar la escuela secundaria, pero reconoce que su momento decisivo como atleta llegó cuando su familia se mudó. Terminó asistiendo a una escuela secundaria en Riverside, California, donde el entrenador tenía un enfoque del salto en alto que cambiaría la trayectoria de su vida.

Chaunté explica: «Era parte del equipo de la escuela secundaria donde la meta del entrenador siempre era ganar un campeonato estatal. Fue el plan de Dios. Había confusión en mi vida cuando nos mudamos, y esta resultó ser mi nueva escuela secundaria. El entrenador sabía lo que se necesitaba —entendía lo que implicaba llegar a la cima de la competencia mundial. Los entrenadores anteriores conocían lo elemental; por ejemplo, cómo correr sobre los dedos de los pies o mover los brazos —comenta—. Con este nuevo entrenador, sin embargo, no era solo técnica. Era una estrategia y un sistema. Tenía que tomar una decisión consciente de presentarme todos los días sabiendo que sería doloroso, pero si hacía lo que él decía, el esfuerzo valdría la pena».

El impacto que el entrenador de Chaunté tuvo en su vida coincide con lo que señalan los investigadores del Center on the Developing Child (Centro sobre el Niño en Desarrollo, de la Universidad de Harvard):

> Sin importar la fuente de la adversidad, el factor más común para que los niños logren un buen desarrollo es tener el apoyo de al menos una relación estable y comprometida con uno de los padres, un cuidador/cuidadora u otro adulto. Estas relaciones son el ingrediente activo para construir resiliencia: proveen la capacidad de respuesta personalizada, andamiaje y protección que resguarda a los niños de las interrupciones en el desarrollo[6].

El entrenador de Chaunté había guiado a numerosos atletas a los campeonatos estatales y nacionales, y sabía que las universidades estarían observando a esos atletas en el campeonato estatal de California. Bajo su guía y entrenamiento, Chaunté ganó dos veces el National Scholastic Indoor Track Championships (Campeonato Nacional de Atletismo de Interior) y lideró a su equipo del colegio al campeonato estatal por equipos con sus contribuciones en salto en alto, salto en largo y salto triple. Pronto, las universidades comenzaron a llamar, y Chaunté ganó una beca para estudiar en Georgia Tech. Según ella, el momento decisivo llegó cuando un entrenador le enseñó la estrategia para desempeñarse a nivel de campeonato, algo que no había aprendido antes.

CUANDO ESTÁS ABIERTO A COMPARTIR, ESTÁS ABIERTO A RECIBIR

El impacto que un hombre tuvo en la vida de Chaunté hace eco de una experiencia que yo también tuve.

Después del divorcio de mis padres y de haber perdido nuestra casa, no teníamos fondos para la universidad. Había obtenido una beca completa para el primer año y completé mi segundo año en un centro de estudios superiores en California, donde podía tomar tantas horas como quisiera por la suma total de 60 dólares por semestre. ¡Todavía no me explico cómo California podía ofrecer eso en la década de 1990, pero estoy agradecida!

Para mis dos últimos años de estudio me ofrecieron una beca parcial en Pepperdine y en la Universidad del Sur de California. De todos modos, igual tendría que pedir un préstamo importante para pagar mis estudios. Mientras trataba de decidir a dónde ir con mis limitados recursos financieros, recordé algo que podría solucionar mi problema. Debido a que mi padre había mantenido su lugar de residencia oficial en Florida, donde cumplió su primer puesto de servicio militar, yo tenía acceso a estudios con un índice de costo muy bajo ofrecido por el estado de Florida y descubrí una opción viable para estudiar allí. Decidí trasladarme al campus de Panama City, dependiente de la Universidad Estatal de Florida. Yo había nacido en la base de la Fuerza Aérea Tyndall en Panama City y conocía el campus en esa ciudad porque mis padres habían estudiado a medio tiempo mientras vivíamos allí, aunque en ese entonces el campus era una extensión de la Universidad de West Florida.

Me inscribí durante el verano, pero cuando llegó el momento de inscribirme para el semestre de otoño, sucedió algo que lo cambió todo. Me reuní con un hombre —no tengo idea de quién era, quizás un decano adjunto o un consejero académico— para dialogar acerca de mis opciones de clases. Me preguntó con naturalidad acerca de mi trasfondo y sobre cómo llegué al campus de Panama City.

Mi historia le despertó todavía más curiosidad.

—Entonces, ¿no tienes familia aquí, tus padres están en California y Colorado, tienes diecinueve años y vives sola, y estuviste trabajando tiempo completo en una compañía de bienes raíces en la playa? —preguntó.

—Sí, señor, eso es correcto —respondí.

—¿Y conseguiste una beca del estado de Florida cuando terminaste la escuela secundaria dos años atrás, pero asististe a la academia de la Fuerza Aérea en lugar de eso?

—Sí —respondí, sin entender la razón por la cual estaba tan interesado en mi historia. Sacó mi expediente académico.

—Jovencita, no estás en el lugar correcto —declaró enfáticamente—. Tu lugar está en el campus principal de Tallahassee.

Le expliqué que, para cuando me había decidido por la opción de la Universidad Estatal de Florida, el tiempo de inscripción para el campus principal ya había expirado.

—Hablaré con el departamento de admisiones del campus principal y también voy a pedir que te den la misma beca de estudios que te ofrecimos cuando saliste de la escuela secundaria. Se contactarán contigo para ayudarte a encontrar vivienda y compañeras de apartamento. ¿Qué te parece?

No entendía por qué me había guiado de esta manera cuando lo único que deseaba era inscribirme para las clases de otoño, pero sentí un escalofrío de entusiasmo mientras procesaba todo lo que él había dicho. Ahora podría experimentar más plenamente la vida universitaria tradicional que no había experimentado en las otras dos instituciones a las cuales había asistido. Mis estudios serían pagados y estaría en el campus principal, donde estaba toda la diversión, sin mencionar el acceso completo a todos los cursos y especializaciones.

Mirando hacia atrás, me pregunto: *¿Quién era ese hombre del campus de Panama City, dependiente de la Universidad Estatal de Florida?* Cambió mi vida en una breve conversación solo con escuchar y entender. Luego, como un mago, movió su vara mágica de ayuda financiera y me guio en una mejor dirección.

Tus relaciones y conexiones más importantes no siempre serán con las personas que conoces. A veces son personas que ven algo en ti y, con compasión, deciden darte un respiro. Si tienes relaciones influyentes gracias a la familia en la cual naciste o a la conexión profesional que construiste a lo largo de los años, esas conexiones pueden apuntalar bastante tus recursos protectores con relaciones que mejoren la resiliencia. Si todavía no tienes esas conexiones, debes saber que a veces podrás avanzar con la ayuda de personas que ni siquiera conoces. El modo como actúas y te comunicas y el esfuerzo que pones pueden influenciar los resultados a través de personas que no te conocen, pero que aun así podrían abrirte puertas que ni sabías que existían. Si crees que todo es posible, lo mostrarás a través de tu actitud hacia la vida, lo cual atrae posibilidades que tal vez de otra forma no se presentarían. Pero antes debes ser lo suficientemente transparente como para compartir tu historia. Cuando te abres a los demás, también te abres a los milagros inesperados que pueden suceder cuando te conectas de manera auténtica. No finjas ni te avergüences acerca de tu situación. Sé auténtico. ¿De qué manera necesitas estar más abierto para compartir tu historia?

Toma medidas preventivas para construir recursos protectores y relaciones como una forma de crear más opciones y que te sea más fácil manejar lo inesperado. Es una estrategia para el éxito, sea que tu visión esté dando fruto o que estés conquistando los obstáculos que se interponen a esa visión, incluyendo las brechas de crecimiento que pueden impedir tu desarrollo. La buena noticia es que cuando te propones descubrir las formas en que podrías crecer, puedes actuar para cerrar esas brechas.

Entrénate a ti mismo

- En una escala del 1 al 10, ¿sientes que tienes apoyo suficiente para lograr tu visión y metas con facilidad y energía?
- En una escala del 1 al 10, ¿sientes que tienes apoyo suficiente para superar los obstáculos y desafíos actuales o esperados?
- ¿Qué clase de apoyo te capacitaría para darle una mejor calificación a las dos preguntas anteriores?
- ¿En qué área necesitas más apoyo?
- ¿Cómo sería el apoyo ideal para ti?

- ¿Qué medidas podrías tomar para construir y fortalecer ese apoyo este mes y durante el resto del año?
- ¿Cuándo tomarás esas medidas?
- ¿Qué recursos necesitas para tomar esas medidas con éxito?

Intenta lo siguiente

- ☐ Evalúa tu sistema de apoyo personal.
- ☐ Determina si necesita ser creado o nutrido, o si sientes que tu sistema de apoyo está completo.
- ☐ Si necesita ser creado o nutrido, escoge entre una y tres cosas que podrías hacer para fortalecer tu sistema de apoyo y establece el plazo para lograrlo.
- ☐ Decide cómo mostrarás tu agradecimiento a las personas que forman parte de tu sistema de apoyo.

DI CONMIGO:

«No lo hago solo. Acepto y cultivo un sistema de apoyo sólido».

REGLA DE RESILIENCIA N.º 6

CIERRA TU BRECHA DE CRECIMIENTO

No es suficiente saber qué pasos dar si no sabes en qué necesitas crecer para lograrlo con éxito.

MENSAJES CLAVES

- Las metas de desempeño son tu visión. Las metas de crecimiento son el motor.
- Una mentalidad de crecimiento edifica humildad y resiliencia. Una mentalidad obstinada hace lo opuesto.
- Hacer algo es la clave del crecimiento.

Más del 60 % de las segundas nupcias termina en divorcio[1].

No era la estadística con la que quería encontrarme en medio de mi propio divorcio, ya que en lo íntimo guardaba la esperanza de tener algún día una segunda oportunidad de casarme y tal vez de ser madre. En lugar de declarar que mi vida amorosa futura estaba destinada al fracaso, me despertó curiosidad. ¿Qué era lo que tenía de diferente el 40 % de las segundas nupcias que *duraban*? ¿Qué hacían diferente esas personas para que las cosas salieran bien la segunda vez?

Mientras buscaba respuestas, descubrí que todas sus experiencias tenían un tema similar: el compromiso con el crecimiento personal. Las personas en segundas nupcias, saludables y duraderas, dedicaban una cantidad significativa de energía a tres cosas.

Primero, reflexionaban sobre por qué su matrimonio había fracasado. ¿Había señales que pasaron por alto? ¿Defectos del carácter que ignoraron? ¿Inseguridades, temores o circunstancias no ideales que los llevaron a tomar la decisión de casarse o de terminar el matrimonio?

Segundo, reflexionaban sobre cómo había sido su actitud en el primer matrimonio. ¿Qué podrían haber hecho diferente como esposos? ¿De qué forma contribuyeron a los problemas del matrimonio? Incluso en algunas instancias en las cuales su primer cónyuge fue el principal responsable de los asuntos que los llevaron al divorcio, estas personas asumieron la responsabilidad de sus propias acciones, ya sea al haber fallado en poner límites o al no reaccionar ante las señales de alarma que notaron al principio.

Tercero, tomaron esas lecciones y se esforzaron por cambiar antes de entrar en otra relación. Decidieron no solo *pasar* por el divorcio, sino *crecer* a través de él. El fin de las segundas nupcias a menudo surge de los mismos problemas que ocurrieron en las primeras. El crecimiento personal es lo que hace la diferencia, eliminando o al menos disminuyendo el impacto de esos problemas. Este concepto aplica a todos los ámbitos de la vida.

Las metas de desempeño contra las metas de crecimiento

Con frecuencia se nos enseña a poner metas de una forma que en realidad puede llevar al fracaso o a la culpa. Se nos anima a enfocarnos en los pasos que necesitamos dar para alcanzar una meta o visión. Cuando nos es imposible tomar esos pasos o no podemos superar los desafíos y los obstáculos en el proceso, sin embargo, la reacción normal es sentirse confundido por el problema. Solemos preguntarnos: *¿Qué me pasa? ¿Por qué esta meta parece tan escurridiza? ¿Por qué sigo interfiriendo o saboteando mi propio éxito?*

Después de todo, por lo general puedes describir los resultados que deseas en términos tangibles. Sabes cuánto quisieras pesar, cuánto dinero te gustaría ganar, el ascenso que deseas conseguir, los negocios que quieres hacer y la relación que anhelas desarrollar. Esas son metas de desempeño. Puedes encontrar muchas fuentes que te digan los pasos que debes dar para alcanzarlas. Estas metas se pueden medir con facilidad porque son concretas; por lo tanto, es fácil saber cuando se alcanzó el resultado deseado.

Si tú y yo estuviéramos charlando al tomarnos un café, te invitaría a cerrar los ojos e imaginar tus metas. Te sugeriría que te imaginaras a ti mismo dentro de seis meses o de seis años, cuando las hayas logrado. Te pediría que te imagines cómo estás vestido, con quién estás, la clase de trabajo que estás haciendo, la vida de quién estás impactando. Tener la posibilidad de ver esa visión con claridad es importante porque, cuando lo haces, puedes ver de qué manera tus metas de desempeño, esos resultados que puedes medir con facilidad, encajan en tu visión.

Es probable que, en cuanto a lograr tus metas y a hacer realidad tu visión, te enfoques demasiado en los pasos que necesitas dar para llegar a la meta. Los pasos son importantes, por supuesto, pero son irrelevantes si tus temores, hábitos o distracciones interfieren con los pasos que debes dar. La mayoría de las personas quedan atascadas y nunca llegan a sus metas, no porque no sepan qué pasos deben dar, sino porque todavía no conquistaron los temores, los hábitos y las distracciones que hacen que queden atascadas cuando es tiempo de dar esos pasos.

Es fácil hacer a un lado la parte crucial: para lograr el resultado que deseas no solo necesitas metas de desempeño, necesitas *metas de crecimiento*. Esa es la única forma de cerrar la *brecha que hay entre donde estás en este momento y donde te gustaría estar en verdad*. La razón de esa brecha es a menudo invisible o ignorada. Lo que no ves es lo que dificulta tu crecimiento y no permite que la brecha se cierre.

Por ejemplo, una persona a quien le cuesta mantener una relación quizás nunca aprendió *cómo* tener una relación saludable. En realidad, si creció en una familia disfuncional, es probable que ni siquiera haya visto cómo es una. Para la persona que quiere lograr una meta importante a nivel profesional, financiero o de salud por primera vez, conocer los pasos tal vez no sea suficiente. La falta de confianza, conocimiento o disciplina podría ser la razón por la cual la meta parece inalcanzable. Si esas brechas se pueden *identificar* adecuadamente, se pueden cerrar.

Las metas de desempeño son esenciales, pero necesitas metas de crecimiento que te ayuden a lograrlas. ¿Lo entendiste? *Las metas de desempeño son la visión, pero las metas de crecimiento son el motor.* Las metas de crecimiento son las que te llevarán a donde quieres llegar, porque su función es tender un puente sobre la brecha en la cual estás atascado.

Donde te quedas atascado está tu brecha de crecimiento

¿Dónde está tu brecha de crecimiento?

Tal vez te pusiste la meta de lograr tu libertad financiera, pero gastas sin pensar. Esa es tu brecha de crecimiento. O quizás quieras escribir un libro, pero pierdes el tiempo porque una voz en tu cabeza te dice que no tienes nada que valga la pena compartir. Cuando comienzas a dirigirte hacia tu meta de desempeño, ¿dónde te quedas atascado? Esa es tu brecha de crecimiento.

¿Es ese temor que aflora?

¿Es un hábito?

¿Es una distracción?

El primer paso para lograr las metas de crecimiento es ser honestos sobre dónde están las brechas. Por ejemplo, me di cuenta de que tenía una brecha de crecimiento en el área de liderazgo cuando escuché a John Maxwell hablar acerca de «La ley del límite» en su libro *Las 21 leyes irrefutables del liderazgo*[2]. Durante años trabajé para hacer crecer a mi empresa, pero tenía como meta alcanzar niveles más altos. Entonces, me percaté de que la compañía solo podía crecer hasta el nivel de mi liderazgo. ¡Yo era el límite! Debía reunir mis recursos si quería que mi empresa creciera más. Comencé a trabajar en mi desarrollo personal a través de libros, los cuales me proveyeron conocimiento, ideas y sabiduría para la autorreflexión. Luego, utilicé el recurso de la rentabilidad para invertir en capacitación empresarial y de negocios. Contraté una entrenadora en liderazgo y ella me aclaró algunos conceptos que no había tenido en cuenta, como contratar ejecutivos a tiempo parcial para que cumplieran roles para los cuales todavía no los necesitábamos a tiempo completo, pero cuyas funciones eran indispensables para el crecimiento y para los sistemas que debían funcionar de manera efectiva. Busqué mentores y personas que «ya estaban de vuelta». De manera lenta pero segura, comencé a construir un equipo más sólido.

Mientras escribo esto, el equipo del instituto CaPP, la compañía de capacitación para entrenadores que fundé quince años atrás, está mejor que nunca. Todos sentimos que es así. Los miembros del equipo lo mencionan a menudo, diciendo cosas tales como: «Tenemos un gran equipo»; «Amo a todos mis compañeros de trabajo»; «Somos más productivos que nunca»; «Me siento bastante apoyada»; y «Siento que estoy creciendo en mi función y lo disfruto». Todos estos son comentarios espontáneos. Considero que es un logro personal muy gratificante haber descubierto una brecha de crecimiento y haber reunido mis recursos para cerrarla. Como resultado, al crear oportunidades para los demás, pude multiplicar mi propósito y potencial de la forma como me lo había imaginado.

Cerrar la brecha no radica en saber qué medidas tomar para lograr tu visión, sino en que de verdad puedas tomar esas medidas cuando sea hora de hacerlo. Por ejemplo, digamos que decidiste cerrar la brecha de crecimiento que te impide lograr tu meta de hacer gimnasia. Pones la alarma de tu reloj a las 5:30 a. m. y colocas tus zapatillas exactamente al lado de tu cama. Cuando suena la alarma, tienes que tomar una decisión, ¿verdad? Una de tus opciones sería posponer la alarma. (¡Y tu brecha de crecimiento continúa!). Cuando decides cerrar la brecha, tomas una nueva decisión. Estableces metas de crecimiento que te llevarán a la línea de llegada. Pones un pie en el piso y luego el otro. Te vistes con tu ropa deportiva y te cepillas los dientes. Para entonces, ya estás despierta, te pones las zapatillas y vas a hacer ejercicio. Con el tiempo, mientras sigas haciendo eso, de verdad habrás cambiado tus hábitos, habrás cambiado tus patrones y cerrado la brecha. Antes de que te des cuenta, las cosas que te resultaban difíciles de hacer se vuelven tu nueva normalidad.

IDENTIFICA TU BRECHA DE CRECIMIENTO

Cuando tenía veintitantos años, una de mis mayores brechas de crecimiento estaba en el área de las finanzas. Me encantaba gastar dinero, por lo general con la tarjeta de crédito. Era una gastadora compulsiva. Compraba en tiendas caras y pagaba un lindo coche alemán a crédito. ¡Y luego otro! El problema radicaba en que todavía no era experta en cómo ganar dinero. Comencé a leer libros sobre finanzas personales con el fin de entender mejor cómo prepararme para la jubilación, comprar una casa y ganar más dinero. Estaba intrigada y tenía una visión. Mi comportamiento financiero, sin embargo, a menudo me llevaba en dirección opuesta a mi visión. Había comenzado a cerrar la brecha de crecimiento de analfabetismo financiero leyendo y aprendiendo de quienes habían tenido éxito respecto a las finanzas. Sin reconocer mis brechas de crecimiento de inseguridad y de falta de autocontrol, sin embargo, no podía tomar las medidas que mi recién adquirida educación financiera me había enseñado. *No podemos alcanzar nuestras metas de crecimiento hasta que cerremos nuestras brechas de crecimiento.*

Una vez que decidí cerrar esas brechas de crecimiento, comencé con el compromiso de no comprar más ropa. Pasé casi tres años sin comprar nada nuevo a menos que fuera absolutamente necesario. Lo interesante es que eso también apaciguó mi apetito por las compras. No me había dado cuenta de esto antes, pero ir de compras había sido como comida reconfortante para mí. En realidad, en lugar de ganar unos kilos estaba acumulando deudas. Mi regla de «no comprar ropa» era la dieta que necesitaba con desesperación. Fue desagradable, pero me sacó de mi zona de comodidad: un lugar donde al principio me sentía vulnerable, pero al cual luego me acostumbré. Enfrenté mis temores y algo que ya sabía en lo profundo de mi ser: que mi valor es innato, no material. Más tarde, decidí poner un estándar más alto para mis ingresos. Era mi propio jefe y ajusté lo que ofrecía y cuánto cobraba por ello. En dos años, casi había triplicado mis ingresos. Al cerrar dos brechas de crecimiento —el autocontrol y la autoestima— obtuve el avance que necesitaba para controlar mis gastos e incrementar mis ingresos, lo cual me permitió salir de todas mis deudas en menos de tres años.

Las brechas de crecimiento nos mantienen atascados. Las metas de crecimiento nos hacen libres. Cuán lejos puedes llegar está determinado por cuánto estás dispuesto a crecer.

También tuve una brecha de crecimiento cuando estaba pasando por mi divorcio, porque sabía que en mi corazón todavía deseaba tener un matrimonio feliz y ser madre. Mis padres se habían divorciado cuando estaba en la universidad. Yo necesitaba entender qué hace falta para formar y mantener un matrimonio feliz y saludable. Debía aprender a confiar en mis instintos y descubrir cómo construir un matrimonio duradero.

Las brechas de crecimiento nos mantienen atascados. Las metas de crecimiento nos hacen libres.

Tal vez te hayas dicho: *Por causa de mi pasado, no sé cómo hacer esto. Por lo tanto, quizás estoy destinada al fracaso en esta área. Tal vez no puedo tener lo que mi corazón tanto desea.* Eso era lo que me decía a mí misma, así que mi brecha de crecimiento giraba en torno a mis relaciones. Tenía una mentalidad obstinada: había decidido que donde estaba en ese momento era donde seguiría estando.

Se me encendió la lamparilla cuando me percaté de que podía cambiar mi mentalidad obstinada cerrando esa brecha de crecimiento. Tuve que examinarme con atención y analizar el impacto de crecer en un hogar donde mis padres se separaron y donde nunca hablamos acerca de ello. Entonces establecí algunas metas de crecimiento. Escogí ir a terapia para aprender cómo desarrollarme sin caer en la codependencia, lo cual sucede cuando consientes el comportamiento disfuncional como si fuera normal y funcional. Puse en práctica la reflexión, mirándome de manera honesta y contraté a una instructora.

Estoy convencida de que hoy no sería una esposa y una mamá feliz si hubiera rehusado vencer mi brecha de crecimiento por tratar de lograr mis metas de crecimiento.

Es importante que entiendas que, para tomar nuevas decisiones, no necesitas saber *por qué* tienes esa brecha de crecimiento. Es tan fácil quedar atrapado en tratar de determinar qué te detiene que nunca abandonas ese comportamiento que te limita. Simplemente quedas atrapado en la parálisis por análisis. El propósito de identificar la brecha de crecimiento no es solo determinar cuál es la causa del problema, sino desarrollar un plan de acción para eliminar o disminuir el impacto. ¿Deseas ser un experto en el problema o en la solución? Identificar el problema ayuda si te provee la información que necesitas para encontrar la solución correcta.

Tres categorías de brechas de crecimiento

Cuando entendemos lo que son las brechas de crecimiento, podemos ser honestos con nosotros mismos y decir: «¡Ya basta! No seguiré viviendo así».

Crecer es el proceso de madurar, expandirse o ser mejor en algún sentido. Una brecha es la distancia entre donde estás ahora y donde necesitas estar para lograr el resultado que deseas. Por lo tanto, una brecha de crecimiento es la forma en que necesitas crecer para vencer el temor, el hábito, la distracción o la falta de capacidad que crea la distancia entre donde estás y donde quieres estar en verdad. Las brechas tienden a encontrarse en tres categorías, las cuales vamos a analizar aquí.

TEMOR

El temor es la amenaza más común a la resiliencia. Hay cuatro temores fundamentales: la incertidumbre, la desaprobación, el fracaso y el éxito (el cual genera mayor presión), y es probable que uno de estos sea la causa por la cual con mayor frecuencia quedas atascado. Muchas personas consideran el temor como una señal de alto. Hay una clase de temor a la cual deberíamos prestarle atención porque es una advertencia legítima para que disminuyamos la velocidad o hagamos una pausa. El temor se convierte en una brecha de crecimiento cuando te impide ponerte a la altura de las circunstancias. En tales situaciones, necesitas encontrar valor para enfrentar el desafío y seguir adelante a pesar de él.

HÁBITOS

Todos tuvimos hábitos que operan en contra de nuestros intereses. Ya sea un mal hábito de alimentación o el hábito de sobrecargar tu agenda (hola, ¿le pasa esto a alguien más?), o de subestimar tus capacidades, tus hábitos crean tu realidad. A veces, la brecha de crecimiento que debes cerrar es cambiar tus hábitos contraproducentes para poder crear una nueva realidad. Para hacerlo, primero debes identificar el hábito o los hábitos que necesitas cambiar.

DISTRACCIONES

Vivimos en un mundo lleno de distracciones. Están las muy conocidas distracciones electrónicas que tienen el poder de impedir que te enfoques en lo importante. Y están las distracciones más sutiles, como las prioridades contrapuestas, las cuales te roban la energía y el enfoque que deberías poner en los desafíos que enfrentas. Sin importar si estás enfrentando demasiada competencia en tu negocio, un problema de relaciones con un familiar cercano o desánimo mientras sigues por el largo camino de lograr una meta personal difícil, es fundamental que mantengas el enfoque en lo que en realidad es importante, en lugar de ponerlo en las falsas urgencias que abundan.

Cuando finalmente identifiqué mis brechas de crecimiento, tanto en las áreas de mis finanzas como en mis relaciones, pude crear metas de crecimiento que me ayudaran a salir del atascamiento. Cuando identifiques tus brechas de crecimiento, podrás hacer lo mismo. Antes de establecer esas metas, sin embargo, debes ser honesto acerca de ellas.

Considera las siguientes áreas donde las personas suelen tener algunas brechas. Reconoce aquellas en las cuales todavía puedes crecer:

autenticidad	paciencia
confianza	perfeccionismo
consistencia	perseverancia
valor	planeación
disciplina	preparación
experiencia	priorización
enfoque	seguridad
perdón	autoconocimiento
integridad	autocompasión
liderazgo	autoperdón
conocimiento	puntualidad
actitud	gestión del tiempo

Cierra la brecha con una mentalidad de crecimiento

Sin importar si es el temor, un hábito o una distracción, puedes escoger cerrar la brecha de crecimiento. Y la forma de hacerlo es desarrollando una mentalidad de crecimiento.

Mi campo de experiencia radica en la psicología positiva aplicada, lo cual es simplemente el estudio de lo que sucede cuando las cosas salen bien, cuando nos desempeñamos en nuestro más alto nivel y cuando estamos felices. La Dra. Carol Dweck, profesora de Psicología en la Universidad de Stanford, ha hecho importantes contribuciones en este campo. Por años, la Dra. Dweck trabajó con estudiantes jóvenes para estudiar cómo enfrentaban el fracaso. Una de las formas en que lo hizo fue darles a los estudiantes rompecabezas cada vez más difíciles de resolver. En particular, observaba cuál era su reacción al enfrentarse con aquel que no podían resolver. Muchos de los estudiantes se desanimaban y se abatían sobremanera. Pero algunos estudiantes que no podían descifrar el rompecabezas parecían entusiasmarse. Se frotaban las manos. Se relamían los labios. Se inclinaban y comenzaban a intentarlo con mayor dedicación.

«Cuando llegaron al rompecabezas que no podían resolver, parecían emocionados. ¿Por qué?», les preguntó a esos alumnos.

«Bueno, es un rompecabezas. Es para aprender. Debe haber una forma de resolverlo. Me ayudará a crecer», respondían.

Esos alumnos tenían lo que ella llama una mentalidad de crecimiento[3]. Encaraban los desafíos con la suposición de que sus habilidades eran versátiles, que podían ser más inteligentes, más fuertes y mejores. Quienes tienen una mentalidad de crecimiento no ven los grandes desafíos como posibilidades del fracaso, sino como oportunidades para crecer. Creen que si se esfuerzan lo suficiente como para aprender de la experiencia y buscar los recursos que les ayuden, vencerán el desafío. Quienes tienen una mentalidad obstinada no valoran el esfuerzo. Tienden a confiar en las habilidades naturales que les redundaron en felicitaciones, habilidades a través de las cuales sobresalieron y fueron especiales sin hacer un esfuerzo adicional. Esas habilidades a menudo son suficientes para superar los estudios y conseguir trabajo. Cuando se enfrentan a un desafío mayor, sin embargo, rehusar expandirse y crecer da como resultado que el obstáculo supere su capacidad.

¿Y tú? Cuando te enfrentas a un desafío difícil, ¿eres más propenso a abandonar o a considerar la situación como una oportunidad de aprendizaje? Considera las áreas de tu vida en las que enfrentaste un desafío, te sentiste frustrado y te diste por vencido. ¿Qué hubiera pasado si, en lugar de convencerte de que no eras lo suficientemente hábil para hacerlo, hubieras dicho...?

«*Por ahora* no soy hábil en esto».

«Puedo mejorar».

«¿Quién podría ayudarme?».

«¿Qué podría leer para aprender a resolver esto?».

«¿Qué podría aprender?».

«¿Cómo podría superarme?».

Puedes optar por desarrollar una actitud de crecimiento saliendo de tu área de seguridad. Y cuando te sientas incómodo, puedes decir: «Estoy trabajando para expandir mi área de seguridad, por eso me siento incómodo».

Los medios a través de los cuales desarrollas una mentalidad de crecimiento son:

- expansión
- aprendizaje
- experimentación
- lectura
- estudio
- entrenamiento

Debido a que estos medios son cruciales, te animo a estar abierto a la experimentación. Como resultado, en lugar de decir que vas a entrenar una hora por día, cinco días a la semana, podrías decir: «Esta semana, intentaré hacer ejercicios una hora al día. Veamos como resulta». Luego, si tienes éxito y logras hacer ejercicios, presta atención a lo que te ayudó a hacerlo y repítelo. Si tu experimento no funciona bien, haz el compromiso de descubrir qué funcionaría mejor para ti. Quizás escojas comprometerte a hacer ejercicios solo media hora por día. Tal vez encuentres un compañero que esté dispuesto a acompañarte todas las mañanas a caminar cinco kilómetros. Adoptar una postura de expansión, aprendizaje, experimentación, lectura, estudio y entrenamiento es la manera de cerrar tus brechas de crecimiento.

Una herramienta para tu cinturón portaherramientas: Toma cartas en el asunto

Entonces, ¿cómo descubres y desarrollas la capacidad para abrirte paso a través de los obstáculos que te detienen en el camino hacia tu visión? Es muy parecido al ejercicio físico: debes *actuar*. Este es uno de los propósitos principales del entrenamiento. Actúas y aprendes de los pasos que das. La acción fortalece tus músculos mentales y emocionales:

- Actuar infunde confianza.
- Actuar edifica tu concepto personal.
- Actuar es uno de los vehículos principales para aprender y crecer.
- Actuar te ayuda a fortalecer tus músculos de valor ante el temor.
- Actuar te empodera para ejercitarte en lo que no sabes hacer, con el propósito de mejorar.
- Actuar te saca de tu manera de pensar y te encamina en el proceso de crecimiento.

Tu vida se convierte en una especie de laboratorio donde experimentas y descubres lo que funciona y lo que no. Con el tiempo, desarrollas resiliencia.

A esto llamo el proceso de acción-aprendizaje. Es sencillo y efectivo. En realidad, si piensas en la acción como un medio para aprender y crecer, eso en sí mismo puede ser motivador porque el propósito no es ser perfecto ni hacerlo de manera correcta, sino aprender y mejorar. La resiliencia da espacio para los errores en el proceso de aprendizaje.

Para comenzar, piensa en una brecha de crecimiento que hayas identificado en tu vida. A continuación, pregúntate: *¿Qué cosa sencilla podría hacer para comenzar a crecer en esta área?*

Por ejemplo, si te cuesta poner límites en una relación que quieres mejorar, establece un pequeño límite y háblalo con tu amigo/a o miembro de la familia. Podría ser decirle que no a una petición reciente a la cual te sentías presionado a aceptar incluso cuando no querías hacerlo. De hecho, podrías detenerte y hacer algo en este mismo momento. Haz la llamada telefónica, envía el correo electrónico o el mensaje, conversalo. Una vez que te hayas comunicado con esas personas, reflexiona sobre lo que aprendiste en el proceso de actuar al respecto. Es posible que aprendas que no fue tan difícil como esperabas o que, al escribir con antelación lo que querías decir o al practicar frente al espejo, te sentiste más seguro. Una sencilla acción puede sacarte de tu área de seguridad y, cuando tienes éxito en los pasos pequeños, desarrollas la confianza que se necesita para los pasos más grandes.

Una estrategia: Tres pasos sencillos

Tres pasos muy sencillos pueden equiparte para cerrar tu brecha de crecimiento: establecer metas de desempeño motivadas por valores, localizar tus brechas de crecimiento y comprometerte con un plan de crecimiento personal.

PASO 1: ESTABLECER METAS DE DESEMPEÑO MOTIVADAS POR VALORES

Comienza preguntándote: *¿Cuál es mi meta de desempeño? ¿Qué es aquello que puedo medir?* Además, pregúntate: *¿Qué me aportará esta meta que no tenga ya? ¿Qué me dará el dinero? ¿Qué me dará tener una mejor salud? ¿Qué me dará esta relación? ¿Qué me dará el ascenso?* A veces, al hacernos estas preguntas, nos damos cuenta de que lo que nos dará ni siquiera vale la pena, y que es mejor saber eso ahora y hacer a un lado la meta para liberar espacio y energía para las cosas que en verdad importan. Los valores deben motivar tus metas; de lo contrario, una vez que las cosas se tornen difíciles, es probable que abandones. Decidirás que, después de todo, la meta en realidad no es tan importante para ti.

> **¿POR QUÉ ESTA META?**
>
> ¿Cuál es tu meta de desempeño?
>
> ¿Qué te aportará esta meta que no tengas ya?
>
> ¿Cómo refleja esta meta tu mayor valor?

En una escala del 1 al 10, ¿cuán involucrado estás con cerrar las brechas de crecimiento conectadas con tu meta de desempeño? ¿Estás más cerca del 10 o más cerca del 1? Mientras consideras esto, quizás descubras que la meta en realidad no está fundada en tus valores. En ese caso, aprovecha la oportunidad para volver y restablecer la meta. Afínala y haz que refleje tus valores. Y si no lo es, abandónala. Pero si entiendes por qué tu meta es importante, cuando las cosas se tornen difíciles podrás recordarte a ti mismo que tus metas reflejan tus valores más elevados, lo cual te dará más probabilidades de perseverar.

PASO 2: LOCALIZAR TUS BRECHAS DE CRECIMIENTO

¿De qué manera necesitas crecer para lograr tu meta? ¿Necesitas ser más constante? ¿Fortalecer tus habilidades de liderazgo? ¿Superar algunas inseguridades? ¿Qué temor, hábito o distracción amenaza con impedir que logres la meta?

Invierte un poco de tiempo en la lista de brechas de crecimiento de la página 138 y presta atención a las que te impiden avanzar. Si identificas varias, eso es en realidad bueno, ¡porque reconoces que tienes trabajo para hacer! Además, identificaste también qué es lo que tienes que hacer. Cuando solo estableces metas de desempeño, te predispones para el fracaso porque no estás buscando determinar cuál es el motor que te llevará a esa visión. ¡Esas son tus metas de crecimiento!

¿QUÉ PODRÍA INTERPONERSE EN EL CAMINO?

¿Qué temor, hábito o distracción amenaza con impedir que logres la meta?

¿En qué áreas debes crecer para llegar a la meta?

PASO 3: COMPROMETERTE CON UN PLAN DE CRECIMIENTO PERSONAL

El plan será diferente para cada persona, pero si te ajustas a un plan de crecimiento personal, verás que las cosas cambian. Cuanto mayor sea la meta, mayor debe ser el compromiso. Así, paso a paso, cerrarás esas brechas de crecimiento.

Puedes cerrar la brecha

¿Qué metas de crecimiento te empoderarán para lograr tu meta más importante?

Quiero que recuerdes que cuando cierras una brecha de crecimiento, como hice yo al salir de mis deudas, estás tomando medidas para cambiar tu comportamiento. Esa es la razón por la cual me dije a mí misma: *Tienes prohibido entrar al centro comercial hasta que toda la deuda esté saldada*. Por casi tres años, no fui al centro comercial. ¿Y sabes qué? Cuando pasaron los tres años, en realidad ya no quería ir a comprar ropa, porque mis valores habían cambiado. No necesitaba comprar cosas. No necesitaba impresionar a personas cuya opinión, a fin de cuentas, no era tan importante. Cambié en el proceso de cerrar mi brecha de crecimiento.

CERRAR LA BRECHA

- Identifica el temor, el hábito o la distracción que te impide avanzar en el camino hacia tu meta. (Échale un vistazo a la lista de brechas del crecimiento de la página 138 para obtener ayuda).
- Localiza el apoyo, el aprendizaje, los modelos o los ejemplos que te pueden ayudar a cerrar la brecha de crecimiento.
- Decide qué acción puedes experimentar para a empezar a fortalecer esa área de la brecha de tu crecimiento. Debe ser algo que te impulse más allá de tu zona de comodidad.
- Actúa.

¿Cuál es tu brecha de crecimiento? Deseo que lo escribas. ¿Qué metas de crecimiento te empoderarán para lograr tu meta más importante? ¿Qué harás de manera diferente? Hoy es un gran día para que lo descubras haciéndote la siguiente pregunta: *¿De qué forma necesito crecer?* Sé honesto sobre lo que necesitas para llegar a donde quieres llegar.

Entrénate a ti mismo

- ¿Qué brecha de crecimiento necesitas cerrar para lograr tu meta significativa?
- ¿Cómo sabrás cuando esté cerrada esta brecha de crecimiento?
- ¿Qué apoyo, aprendizaje o modelo a seguir podría ayudarte a crecer en esta área?
- ¿Qué acción podrías experimentar que te impulse a salir de tu zona de comodidad, de modo que comiences a crecer en esa área? ¿Cuándo lo intentarás?

Intenta lo siguiente

- ☐ Comienza tu plan de crecimiento personal.
- ☐ Decide a quién rendirás cuenta.
- ☐ Comienza a crecer.
- ☐ Separa tiempo para reflexionar sobre lo que aprendiste. (Esta reflexión es como el descanso entre los ejercicios físicos que ayuda a que el músculo se recupere).
- ☐ Luego, reconoce al menos un paso por semana que te ayude a seguir desarrollando ese músculo y reflexiona sobre lo que estás aprendiendo y cómo estás creciendo.
- ☐ Basado en tu plan de acción, establece una fecha aproximada en la cual esperas cerrar tu brecha de crecimiento.

DI CONMIGO:

«Lo lejos que pueda llegar está determinado por cuánto estoy dispuesto a crecer».

REGLA DE RESILIENCIA N.º 7

NO FINJAS Y NO TE DEFIENDAS

Por qué la autenticidad es una característica distintiva de la resiliencia y el permiso para ser imperfecto es la clave para avanzar más rápido.

MENSAJES CLAVES

- Fingir prolonga el problema. Admitirlo permite arreglarlo.
- Concédete el permiso de ser imperfecto.
- Emplea el fracaso para analizar, no para penalizar.

Cuando descubres un problema, la tentación inicial podría ser esconderlo. Los problemas y los desafíos son inoportunos. Arruinan tus planes. Empañan la imagen de cómo quieres que se vean las cosas. Sería grandioso si tan solo desaparecieran. Por esa razón es tentador fingir que no existen o insistir en que no son tan importantes como parecen. Pero eso puede sabotear el éxito y la resiliencia.

La séptima regla de la resiliencia es esta: «No finjas y no te defiendas». Es un lema que te recuerda que debes armarte de coraje para enfrentar la realidad. Después de todo, no puedes conquistar lo que no estás dispuesto a enfrentar. Lo que ignoras se convierte en el punto ciego que puede socavar tu resiliencia.

Permíteme explicarte. «No finjas» es la primera mitad de esta regla ¡porque solo puedes solucionar un problema en la medida que primero admitas que existe! Si te comportas como si todo estuviera bien cuando no es así, la resiliencia no solo es improbable, sino también imposible. «No te defiendas» es la segunda mitad de esta regla porque, a veces, tus propias decisiones o comportamiento te hacen aterrizar en el lugar equivocado. Quizás cometiste un error. Sucedió, pero preferirías fingir que no. Eso puede hacer que te pongas a la defensiva respecto a los cambios necesarios que podrían empoderarte para reparar el daño, aprender la lección o salir adelante. Por eso, no finjas que las cosas están bien cuando no lo están, ni defiendas las imperfecciones, errores o malas decisiones. Sé lo suficientemente valiente como para admitir la verdad. Sé auténtico. Luego asume la responsabilidad de enfrentar el asunto para que no persista.

Lo que ignoras se convierte en el punto ciego que puede socavar tu resiliencia.

El problema de fingir

Puedes cerrar los ojos y simular que no ves algo. O puedes mantener los ojos abiertos y mirar de manera práctica la verdad, a pesar de lo fea, inoportuna o no deseada que parezca. Ser honesto es como prender la luz. Puedes tomar la decisión resiliente de enfrentar un desafío y decidir cómo afrontarlo. Esto te permite el traslado de una postura pasiva a una proactiva. Te empodera para asumir la responsabilidad de lo que está bajo tu control. La verdad te hará libre, pero solo cuando seas lo suficientemente honesto como para enfrentarla.

A continuación, encontrarás algunos ejemplos de la actitud de fingir que sabotean tu resiliencia.

- insistir que estás bien cuando no lo estás
- negar la realidad
- insistir en que no necesitas ayuda cuando sí la necesitas
- esconder o restarle importancia a un asunto para evitar hablar acerca de ello
- decir cosas que no sientes
- evitar los sentimientos incómodos
- enfocarte en «encajar» en lugar de ser tú mismo

Fingir es un mecanismo de defensa. Cuando nos enfrentamos a desafíos, nuestra reacción natural podría ser o restarle importancia o incluso negar la realidad de la situación. Es probable que ni siquiera nos demos cuenta de que lo estamos haciendo, pero ignorar o tratar de minimizar la realidad nos da la ilusión de control y, de manera temporal, apacigua los sentimientos de temor y vulnerabilidad. Nos movemos sigilosamente alrededor de los problemas o los minimizamos. Negamos la necesidad de un cambio. Y, con demasiada frecuencia, permitimos que el temor tome decisiones por nosotros y nos indique qué hacer.

EMPLEA LOS ERRORES PARA ANALIZARLOS, NO PARA PENALIZARLOS

Además de permitir que las consecuencias de los errores se agraven, ignorar los problemas dificulta que aprendamos de nuestros fracasos y mejoremos nuestra resiliencia. Un ejemplo interesante del poder de decir la verdad deriva de la industria de la aviación. En el momento de escribir estas palabras, las líneas áreas comerciales más grandes de los Estados Unidos habían pasado más de quince años sin reportar ni siquiera un accidente fatal debido a un error del piloto[1]. Eso significa que habían llevado a salvo más de 10.000 millones de pasajeros y realizado más de 100 millones de vuelos que alcanzaron los 10.000 metros de altura sobre la tierra y el mar en tubos metálicos presurizados. En la década de 1960, volar se consideraba una de las formas más seguras de viajar. En ese entonces, había una muerte por cada 350.000 pasajeros. En la actualidad, hay una muerte por cada 13,7 millones de pasajeros[2]. ¡Eso significa que volar es más seguro que cruzar la calle!

Mi esposo, Jeff, excapitán de una línea aérea, voló comercialmente durante veinte años y ahora entrena a pilotos profesionales. A menudo habla acerca de los cambios en la industria que explican por qué volar se volvió mucho más seguro. Su reputación por garantizar la seguridad y el buen mantenimiento de los aviones que piloteó llamó la atención del director de seguridad de su sindicato de pilotos, quien solicitó a Jeff que fuera el investigador principal de accidentes y ayudara al sindicato en su misión de lograr que la línea área participara en un nuevo programa de la Federal Aviation Administration (Administración Federal de Aviación, FAA por su sigla en inglés), el cual empodera a los pilotos para informar sobre sus errores en vuelo sin ser penalizados.

El Aviation Safety Action Program (Programa de Acción para la Seguridad de la Aviación, ASAP por su sigla en inglés) de la FAA anima a los empleados a «informar de manera voluntaria asuntos de seguridad aun cuando podrían implicar una presunta violación de [...] regulaciones federales»[3]. Antes de la llegada del programa, los pilotos vacilaban respecto a revelar sus errores porque con frecuencia era nocivo para sus carreras. Los errores podían, potencialmente, resultar en un rango de consecuencias, desde una carta de advertencia en su registro personal o una multa hasta la suspensión o revocación de su licencia de piloto, lo cual podía causar que fueran degradados o poner fin a sus carreras. Como resultado, había un claro incentivo para fingir que los errores no habían sucedido y guardar silencio.

También significaba que las aerolíneas tenían poco conocimiento de la clase o frecuencia de los errores no detectados que podían transformarse en accidentes. ¿Cuáles eran los patrones? ¿Dónde estaban los puntos ciegos? ¿Qué deberían hacer para evitar el próximo accidente grave? Sin ser honestos acerca de los errores, no había forma de obtener respuestas de manera precisa y el costo era devastador. Hasta hace poco, los accidentes de las aerolíneas comerciales eran más habituales y fatales.

En 1996, el año anterior al lanzamiento del ASAP, 355 personas fallecieron en accidentes aéreos de cabotaje en los Estados Unidos[4]. En una década, el índice de accidentes fatales se redujo en un 65 %[5]. Y el índice descendió todavía más desde entonces. Las mejoras en la tecnología merecen parte del crédito por el descenso, pero otro factor importante es el compromiso de mejorar la seguridad mediante la creación de un entorno donde los pilotos puedan ser transparentes y reporten sus propios errores con sinceridad.

ASAP fue un programa revolucionario cuando lo lanzaron. La

idea era que, en lugar de penalizar los errores, la industria pudiera analizarlos. Ese análisis podría usarse posteriormente para mejorar la seguridad. El sistema antiguo se enfocaba en analizar accidentes una vez ocurridos. El tema central del sistema nuevo es evitar los accidentes desde el principio, aprendiendo de los errores que los propios pilotos informan. Algunos de esos errores brindaron oportunidades para mejorar los procedimientos y la tecnología que convertirían a los errores en obsoletos. Otros errores alertaron a las aerolíneas sobre áreas en las cuales se necesitaba más capacitación. De hecho, algunos informes personales fueron casos concretos que se usaron en las capacitaciones. Sin la información provista por los informes personales, tales mejoras hubieran sido ignoradas por completo, lo cual hubiera aumentado la probabilidad de que los errores se repitieran, generando accidentes, heridas y pérdida de vidas. El programa también impacta de manera drástica en el balance económico, debido a que, según algunos cálculos, la colisión de un solo 747 puede ocasionar la pérdida financiera de aproximadamente mil millones de dólares[6].

Cuando se lanzó, ASAP era una idea controversial porque dependía de que los pilotos admitieran errores, y muchos eran escépticos respecto a eso. Las aerolíneas tendrían que aceptar que los pilotos no serían penalizados por sus errores. Podrían recibir más capacitación, pero no perderían su trabajo ni su sustento. Los pilotos necesitaban confiar en sus aerolíneas en este nuevo enfoque. Con el paso del tiempo, los pilotos observaron que el programa ASAP no era punitivo. El programa ilustra el poder del primer pilar de la resiliencia, una habilidad de adaptación que resultó en un cambio completo en la forma en que la industria de la aviación pensaba, reaccionaba y tomaba decisiones que afectaban su desafío más importante: mantener a salvo a las personas mientras viajaban.

Por consiguiente, la cultura y las relaciones cambiaron, no solo entre las aerolíneas y los pilotos, sino entre las aerolíneas que competían entre sí. Estas debían estar de acuerdo en compartir sus datos para que pudieran ser estudiados en beneficio de la industria. Este cambio cultural refleja el fortalecimiento que puede derivar del segundo pilar de la resiliencia: el recurso protector de las relaciones sólidas y de la disposición a compartir información. El tercer pilar de la resiliencia: las medidas preventivas, se fortalece a medida que el programa ASAP provee a las aerolíneas información sobre potenciales problemas futuros y sobre la capacidad de solucionar esos problemas antes de que se transformen en accidentes fatales. Ahora, otras industrias, tales como el cuidado de la salud, la producción y la inteligencia artificial están buscando implementar este enfoque.

PERMITE QUE LA HONESTIDAD TE SEÑALE LOS PROBLEMAS REALES

Unas de las lecciones que podemos extraer del programa de la industria de la aviación es el poder de utilizar los errores y los fracasos como herramientas de aprendizaje: una característica distintiva de la resiliencia. Esto puede suceder solo cuando admites los errores. Muchos motivadores, desde las consecuencias negativas hasta la vergüenza o la humillación, tienen el potencial de persuadirte a no ser honesto contigo mismo. El momento en el que optas por la honestidad, sin embargo, te deja en posición de preguntarte: *¿Qué mensaje hay para mí en esta situación?* Sea cual sea, puedes emplearlo para mejorar y volverte más sabio y fuerte. Analiza los errores y los fracasos, no para penalizarte ni mortificarte, sino para solucionarlos, crecer o prevenir problemas futuros.

LA HONESTIDAD (CONTIGO MISMO) ES LA MEJOR POLÍTICA

Piensa en un área de tu vida donde necesitas ser resiliente en este momento: en tu trabajo, tus relaciones, tu salud física o incluso mental, emocional o espiritual. ¿Y si fueras honesto acerca de tu situación? Entrénate con estas preguntas:

- ¿Qué es lo que más temo reconocer acerca de la situación?
- ¿Qué es lo que no estoy confesando acerca de la situación?
- ¿De qué forma(s) estoy minimizando o negando la realidad?
- ¿Qué inseguridades o temores me impulsan a mantener esto en secreto?

La resiliencia exige una aceptación constante de la verdad. Pero eso muchas veces conlleva consecuencias. Como resultado, hay un incentivo para ignorarla o incluso fingir que no lo conocías. Si cometes un error en el trabajo, encubrirlo o arreglarlo sin que nadie se dé cuenta podría darte la seguridad de conseguir ese ascenso o de mantener un nivel alto de respeto de parte de tus colegas. En la peor de las instancias, podría salvar tu trabajo o evitar que un cliente te haga despedir. Ignorar o negar la verdad, sin embargo, impide que enfrentes, e incluso soluciones, problemas subyacentes más graves. Evita que implementes la clase de medidas preventivas que podrían hacerte mucho más exitoso y resiliente en el futuro. Además, te roba la integridad.

¿De qué manera estás fingiendo?

La regla: «No finjas y no te defiendas» está arraigada en el poder de la autenticidad, la honestidad y la humildad. Para ser resiliente, primero debes reconocer la realidad de tu situación. Cuanto antes aceptes que hay un problema que enfrentar, en mejor posición estarás para solucionarlo; o al menos para reducir su impacto negativo.

La resiliencia exige mucho esfuerzo, y comienza con ser honesto.

POR QUÉ ADMITIR QUE ES DIFÍCIL TE HACE MÁS FUERTE

Las investigaciones prueban que el simple hecho de nombrar lo que te genera estrés reduce su nivel al bajar los niveles de cortisol en tu cuerpo[7]. Inténtalo en este mismo momento. Respira profunda y lentamente. Quizás incluso podrías intentar otro consejo basado en estudios: acaríciate el brazo suavemente y piensa en el problema que te causa estrés en estos días[8]. Luego repite estas palabras: *Esta situación es difícil. Soy resiliente, pero superarla me está costando energía extra.* Palabras sencillas como estas detonan una respuesta fisiológica. Los toques suaves y alentadores liberan dopamina y otros químicos que nos hacen sentir bien y reducen el estrés.

Es un mito que para ser fuerte debes ser valiente y no permitir que nada te moleste. Esta idea es el ejemplo perfecto de fingir porque, por lo general, todos tenemos miedo. Insistir en que los estresores no causan problemas te obliga a enterrar tus verdaderos sentimientos y, como resultado, no puedes ser auténtico. El temor es una respuesta humana natural a las amenazas reales y percibidas en tu entorno. El temor puede ser bueno. Existen muchas cosas de las cuales, en efecto, tendrías que tener temor. Las amenazas legítimas abundan. El temor es un sistema de advertencia que te da información como esta: «Ten cuidado»; «Prepárate para lo que viene»; «No entres ahí»; o «No hagas eso».

Enfrentar los temores activa en tu cuerpo la respuesta de pelea o de huida. Cuando tu cuerpo percibe el peligro, tu amígdala, la parte del cerebro que procesa las emociones, envía señales que incrementan la presión sanguínea y los niveles de cortisol, lo cual te prepara para pelear o para huir. Aunque pensamos que estas son respuestas al estrés físico, nuestro cuerpo reacciona de la misma manera cuando la amenaza es emocional.

Simplemente admitir que algo es difícil o estresante es un acto de autocompasión. La autocompasión tiene un efecto fisiológico al reducir los niveles de cortisol e incrementar los químicos del bienestar tales como la oxitocina, según la Dra. Kristin Neff, investigadora y profesora de la Universidad de Texas en Austin y autora del libro *Self-Compassion* (Autocompasión). La autocompasión tiene un efecto relajante que te hace más resiliente al bajar el nivel de estrés[9].

Ya sea el estresor una fecha de entrega que no cumpliste, un error que cometiste en el trabajo o un desafío personal no deseado, ser lo suficientemente honesto como para reconocer que lo que deseas superar es difícil y exige mucho esfuerzo de tu parte, en realidad, te hace más fuerte.

¿Reconoces esa primera picazón en la garganta que te informa que estás por resfriarte? Puedes fingir que no sientes la picazón. Puedes decirte que no es nada. «¡El clima está cambiando! ¡Es alergia! ¡Estoy bien!», insistes. Pero solo puedes ignorarla hasta que los síntomas sean tan evidentes que resulte imposible no tenerlos en cuenta. Incluso si los negaras, otros lo notarían. «Suenas congestionado», dirían. O: «¡Oh, Dios mío, esa tos suena terrible! ¿Fuiste a ver al médico?». Con el tiempo, la realidad de tus síntomas interfiere con tu capacidad para seguir adelante. Cuanto antes enfrentes la verdad inoportuna, más rápido podrás encargarte de los síntomas y recuperarte. Lo mismo sucede con cualquier otra dificultad. Actuar como si un problema no lo fuera multiplica el impacto del problema.

La autenticidad es una característica distintiva de la resiliencia

La autenticidad, el grado en el cual tus acciones se alinean con tus valores y creencias, es una marca distintiva de la resiliencia. Eso se debe a que tu capacidad para ser resiliente está directamente correlacionada con tu capacidad para pensar de manera precisa acerca de ti mismo y del mundo que te rodea. Una relación sobria con la realidad te empodera para:

- enfrentar los desafíos con mayor rapidez
- encontrar soluciones a tiempo
- minimizar e incluso prevenir los desafíos futuros
- preservar e incrementar energía y fortaleza
- perseverar con mayor eficacia

Pero a veces no es fácil ser auténtico. Si ser tú mismo y reconocer tus vulnerabilidades te parece demasiado intimidatorio, quizás te resulte más fácil fingir y crear una fachada que te permita sentirte más seguro, incluso si eso genera otros problemas con los cuales tendrás que lidiar más tarde.

Según algunos investigadores checos, la autenticidad «expresa el grado de identidad de la persona» como también la conexión entre el comportamiento y el concepto que tiene de sí misma[10]. La percepción de quiénes somos y de lo que somos capaces de hacer componen la esencia de nuestra autopercepción. Incluso sin darnos cuenta conscientemente de ello, tendemos a hacer lo imposible para proteger esa imagen de nosotros mismos. Eso se debe a que, cuando la realidad no se alinea con la forma en que nos vemos a nosotros mismos, el fundamento de quiénes pensamos que somos y de lo que queremos ser se sacude.

Por ejemplo, es probable que quieras verte capaz y competente en el trabajo. Como resultado, rechazas cualquier cosa que ponga en riesgo ese concepto que tienes de ti mismo. Evitas las oportunidades que te exigen demasiado, aun cuando podrían ser beneficiosas a largo plazo, porque no quieres sentirte ni ser visto como incapaz o incompetente. Podrías rechazar ayuda incluso cuando la necesitas porque recibirla te obliga a reconocer una debilidad o inseguridad. Esto sucede cuando tienes una mentalidad obstinada en lugar de una actitud de crecimiento. Si estás más interesado en mantener el *statu quo* que en crecer es posible que, cuando te enfrentes con desafíos difíciles, llegues a la siguiente conclusión: *No soy tan inteligente como pensaba.* De ese modo, saboteas tu propio éxito.

En el área de las finanzas, puedes verte como alguien que gana más de lo que ganas en realidad, que no tiene deudas y que siempre sabe cómo hacer buenos negocios. Por ese motivo, enfrentar la montaña de deudas que generaste o encontrar la forma de ganar más dinero e incrementar tus ingresos quizás ensucie el concepto que tienes de ti mismo. Como consecuencia, finges que las cosas no están tan mal como en realidad lo están. La decisión de vivir en negación no es siempre una decisión consciente, pero siempre es perjudicial. Eso se debe a que la negación impide que veas el desafío con realismo de modo que puedas resolverlo, lo cual genera más desafíos.

A mis veintitantos años, yo era exactamente así: tenía muchas deudas, pero seguía gastando. ¡Ni siquiera quería sumar mis deudas para no saber exactamente cuánto debía! Me volví resiliente para superar ese desafío en el momento en que fui honesta y acepté ser auténtica. Eso causó que me viera de una manera sobria y dejara de conectar mi autoestima con mi patrimonio. ¡Fue difícil! Me sentí vulnerable, con temor a ser juzgada o rechazada si no me mostraba como una persona financieramente exitosa a través de las cosas que compraba. Era una forma errónea de pensar porque la apariencia externa no revela mucho de la condición financiera de una persona. A través del autoentrenamiento y de la reflexión auténtica, sin embargo, cambié mi mentalidad por completo, lo cual me llevó a una transformación en mi bienestar emocional, espiritual y financiero.

Mi clienta Cameron era una ejecutiva compasiva cuyo director de mercadotecnia, John, se esforzaba por cumplir con las expectativas. John tenía fuertes conexiones familiares en la compañía, las cuales habían servido como un recurso protector que lo ayudaba a superar las dificultades. En este caso, en lugar de despedir a John, Cameron trabajó con recursos humanos para contratar a una asistente ligeramente sobrecalificada para que trabajara con él. Cameron y el director de RRHH habían planeado que la nueva asistente apoyara a John en el logro de sus metas. Una forma de considerar a la asistente era verla como un recurso protector que podía ayudar a John a cumplir con las expectativas y a mejorar su desempeño. Pero las inseguridades de John barrieron totalmente esa idea. En lugar de verla como alguien que podría ayudarlo, John se sintió amenazado por el nivel de formación de esta nueva empleada y rehusó utilizar plenamente las capacidades que ella tenía, por temor a que lo hiciera quedar mal. En lugar de reconocer que sus capacidades eran débiles en un par de áreas, saboteó su propio éxito al rechazar valerse de las fortalezas de la nueva compañera de equipo. Al ver poca mejora en el desempeño de John en los meses siguientes, Cameron y los demás ejecutivos decidieron que la mejor decisión era despedir a John. Su rechazo a recibir ayuda y el hecho de que no reconociera sus debilidades eran asuntos que ya no podían tolerar.

¿TE ESTÁS MOSTRANDO COMO ERES EN VERDAD?

Autenticidad significa garantizar que tus compañeros de trabajo, tu familia y tus amigos estén viendo quién eres en realidad.

- ¿Estás siendo quién eres en realidad? ¿Cómo lo sabes?
- ¿Los demás pueden confiar en que lo que haces y dices refleja lo que en realidad piensas y crees? ¿Cuál es la evidencia de eso?

John podría haber mantenido su trabajo si solo hubiera enfrentado la verdad acerca de sus limitaciones y hubiera hecho algo al respecto, en lugar de permitir que se convirtieran en inseguridades que escogió negar o defender. En lo profundo de su ser, John sabía que no estaba a la altura, pero admitirlo le hacía sentir que nunca debería haber aceptado ese trabajo. También sabía que tenía ventaja sobre los demás candidatos debido a las conexiones de su familia, pero incluso ese beneficio había sido malgastado por su mal desempeño. Ahora estaba desempleado y necesitaba buscar otro trabajo. Cameron declara que si John hubiera enfrentado la realidad, esforzándose por mejorar en las áreas donde su jefe le había dado retroalimentación negativa y si hubiera aprovechado las fortalezas de su asistente, hubiera continuado trabajando con él. «No se desempeñaba bien, y se negó a ver que su falta de desempeño nos perjudicaba a todos —reflexiona Cameron—. No tenía la madurez emocional para ser honesto y humilde, y así enfrentar los problemas. Si la hubiera tenido, podríamos haber trabajado juntos para superarlos».

La incapacidad de ser honestos con la realidad tiene un efecto dominó. En el caso de John, la apertura a la retroalimentación negativa pero constructiva le habría permitido trabajar en mejorar áreas donde la compañía decía que tenía dificultades. Y si no estaba dispuesto a mejorar, debería haber previsto lo que sucedería y planeado un cambio de trabajo. En cualquiera de los casos, habría mostrado resiliencia bajo esas circunstancias. Por el contrario, John se dijo a sí mismo que la retroalimentación que había recibido era errónea y que la situación no era tan delicada, a pesar de que Cameron dejó en claro que habría que hacer cambios si no se notaban las mejoras. Su capacidad de adaptación no fue suficiente y toda su perspectiva estaba arraigada en la culpa y la actitud defensiva. No asumió la responsabilidad de su comportamiento. Debido a que no quiso enfrentar la realidad, su empleador no lo consideró como una persona dispuesta a ser entrenada ni a ser enseñada, y decidió presionar el botón reiniciar en la posición de mercadotecnia.

¿Cuál es tu meta? ¿Cuál es el obstáculo?

No sé qué metas son parte de tu visión, pero apuesto a que hay algunos sueños que te gustaría ver cumplidos. ¿Cuáles son? Y, lo que es igual de importante, ¿qué obstáculos tendrás que superar para hacerlos realidad? Cualesquiera sean los obstáculos, el primer paso para superarlos es reconocerlos y luego encontrar la forma de abrirte paso a través de ellos, de rodearlos o de eliminarlos por completo. No finjas que no están allí. No minimices su importancia. Sé honesto contigo mismo. Respira profundamente y enfréntalos sin dudar.

Estas son algunas maneras sencillas y sabias para implementar la regla «No finjas» y para aceptar la autenticidad, la humildad y la verdad en tu trabajo y en tus relaciones.

1. **Piensa de manera precisa, no solo positiva.** Las personas más resilientes no solo piensan positivamente. Reconocen que hay cosas que pueden salir mal, riesgos que necesitan tener en cuenta, desafíos muy reales que enfrentar.

   Si tu única estrategia es mantenerte positivo, fallarás. Se trata más de aquello respecto a qué sentirte positivo. Incluso cuando mantienes una actitud positiva, debes reconocer la realidad de los obstáculos y los desafíos con el fin de encontrar una forma de solucionarlos.

2. **Rechaza el mito de la audacia.** Una de las ideas más insidiosas acerca del éxito es que las personas exitosas no tienen temor. Eso es un mito. Básicamente, nos justifica para no superar el temor. Si las personas tuvieran éxito porque están libres de temores, tendrías una excusa para no avanzar si sintieras temor, ¿verdad? Es una idea ridícula. Todos sentimos temor. Las personas más exitosas aprenden a tener valor frente a sus temores. Como resultado, siguen avanzando aunque sientan temor.

   Reconoce aquello que te causa temor. Nómbralo. Luego toma la decisión de hacer lo que necesitas hacer aunque tengas miedo. El crecimiento y el temor pueden coexistir. En realidad, deben hacerlo si quieres ser resiliente.

3. **Sé humilde.** La humildad hace que sea mucho más fácil ser resiliente. Cuando el concepto que tienes de ti mismo acepta tus imperfecciones, no hay nada para esconder. Sabes que no eres perfecto. Tu meta es aprender y crecer para mejorar y volverte más sabio y fuerte. Cuando cometes un error, lo reconoces. Eso te hace una persona real. Te hace auténtico. Te hace fácil de entrenar.

4. **Admite que necesitas ayuda.** Una vez que aceptas ser humilde y auténtico, te resulta más fácil aceptar ayuda. No lo ves como un defecto. Por el contrario, es evidencia de tu humanidad y de que aceptas que quienes son más resilientes son quienes no hacen las cosas solos. Si te dejaste convencer por la idea de que necesitar ayuda significa que eres débil, y que la debilidad significa que eres menos valioso, capaz o inteligente, olvídate de esa idea. Cuando cambias tu forma de interpretar el significado de la ayuda, cambias cómo te sientes al pedirla y recibirla.

   Nuestra cultura celebra demasiado la autonomía. Pero es mejor tener como meta ser interdependiente. No es necesario ser dependientes de los demás para todo. A fin de cuentas, necesitamos ser responsables. Si somos interdependientes, reconocemos que las relaciones fuertes se cultivan cuando ayudamos a los demás y permitimos que los demás nos ayuden, cada uno empleando sus fortalezas para el beneficio de todos.

5. **Comunica lo que está bien y lo que no.** Di lo que piensas y establece límites claros. Cuando lo haces, las personas no tienen que adivinar lo que es aceptable para ti. Tú se los dices. Cuando cruzan el límite, lo planteas y tomas las medidas necesarias para protegerlo. Con solo hacer esto tu vida cambiará. Poner límites es una medida preventiva de la estructura de los

tres pilares de la resiliencia porque detiene muchos problemas antes de que comiencen.

6. **Di la verdad.** Una de las formas más comunes que utilicé para ayudar a mis clientes a resolver conversaciones difíciles a lo largo de los años es preguntarles: «¿Qué hace que sea tan difícil poner este tema sobre la mesa?». Inevitablemente, el cliente comparte pensamientos tales como: «Me inquieta tener esta conversación»; «No quiero que se molesten, que dejen de hablarme o que malinterpreten lo que digo»; «Esta persona me importa, pero no puedo seguir lidiando con este asunto». Mi respuesta como entrenadora: «¿Por qué no les dices *a ellos* lo que acabas de decirme a mí?».

   Te doy el mismo consejo a ti. Sé sincero. Tal vez sea una conversación difícil y postergada con tu pareja, un asunto que ya es tiempo de resolver o un hábito que tiene un impacto negativo. Ser auténtico significa decir la verdad, no solo sobre los asuntos importantes, sino también sobre los pequeños.

7. **Elogia lo que admiras.** En lugar de sentirte intimidado por las fortalezas, capacidades o logros de los demás, reconócelos. Que alguien más sea apto para hacer algo no disminuye tus fortalezas. Las personas auténticas no retienen los elogios y el aprecio genuinos por el valor que los demás aportan. Estas expresiones auténticas de gratitud y admiración edifican la confianza y la conexión en las relaciones, lo cual, en definitiva, fortalece los vínculos y la resiliencia.

8. **Baja el ritmo cuando veas una señal de advertencia.** ¿Alguna vez tuviste esa corazonada de que algo estaba fuera de lo normal, lo ignoraste y luego te lamentaste por eso? Quizás no sea una bandera roja, pero en definitiva es una amarilla. No finjas que no viste lo que viste porque es inoportuno o te fuerza a salir de tu área de comodidad para enfrentarlo. Cuando eres honesto contigo mismo, no restas importancia a las pequeñas

señales de advertencia. Disminuyes la velocidad y prestas atención. Reflexionas sobre si lo que observaste es una señal de advertencia o solo un evento aislado.

9. **Sé constante.** Ser auténtico significa mostrarte como eres de manera constante. Tus valores y tu forma de comportarte deben permanecer inalterados, sin importar con quién estés o quién te esté observando. La consistencia es un componente importante de la integridad. Y la integridad te fortalece al reducir los problemas y conflictos que pueden surgir cuando está ausente. Haz lo correcto todos los días.

10. **Reconoce tus sentimientos.** Tener sentimientos no significa que eres débil. Simplemente significa que eres humano. Una de las cosas más poderosas que puedes hacer es nombrar tus sentimientos. Cuando se despierte una emoción, en especial una que te haga sentir incómodo, etiquétala: «Eso es temor»; «Eso es culpa»; «Eso es celos». Al reconocer el sentimiento, también creas una interrupción que puede ayudarte a pensar antes de actuar según la emoción. En un artículo para *The New York Times*, Tony Schwartz observa: «Darse cuenta y nombrar las emociones nos brinda la posibilidad de dar un paso atrás y decidir qué hacer con ellas»[11]. Por el contrario, reprimir las emociones y fingir que no están allí provoca que se manifiesten de una manera dañina y que te sabotees a ti mismo.

EL PODER DE ACTUAR «COMO SI»

Entrénate con esta pregunta:

¿Qué haría si

tuviera el valor para...?

tuviera la fortaleza para...?

tuviera la confianza en que...?

tuviera la fe que...?

En otras palabras, imagínate actuando como si ya fueras lo que necesitas ser para responder con resiliencia a una situación determinada. Al hacerlo, cambias tu mentalidad de duda, temor o vacilación y comienzas a verte como una versión mejor más sabia y más fuerte de ti mismo; y luego actúas como si ese fuera tu verdadero yo. A diferencia de fingir y de defender, actuar como si lo fuera eleva tu pensamiento al ayudarte a entrar en la visión auténtica de quién quieres ser.

11. **Actúa «como si».** «Finge hasta que lo logres» es un consejo muy popular. A pesar de que suena contrario a la autenticidad, existe una pequeña verdad en esta idea. Cuando tienes dudas acerca de tu capacidad para manejar un problema, los investigadores sugieren una técnica llamada «actúa "como si"»[12]. Es parecido a fingir, pero en realidad es una forma de enfocarse en personificar las características a las cuales aspiras. Te imaginas lo que harías *si* fueras la persona que quieres ser. Esto simplemente significa actuar como si tuvieras la fortaleza para hacer lo que tienes la intención de hacer. Te presentas en la situación *como si* fueras resiliente, disciplinado o valiente, lo cual genera un cambio de mentalidad poderoso.

¿Qué estás defendiendo?

¿Qué pasa cuando necesitas resiliencia, no por algo que está fuera de tu control, sino por algo que hiciste? La segunda parte de la Regla de resiliencia n.º 7 es: «No te defiendas», la cual se refiere a ir un paso más allá de reconocer un problema. Significa tener humildad y valor para enfrentar la verdad acerca de tus propios errores y defectos con el fin de reparar los daños causados en las relaciones y generar la sanidad que te empoderará para seguir adelante. Significa no racionalizar las decisiones y elecciones erradas, sino admitirlas, repararlas y aprender de ellas.

Defenderse va un paso más allá de fingir. Fingir es lo que haces contigo mismo: negar la realidad para hacer frente a tus propias emociones, temores y concepto personal. Cuando nuestros propios errores y decisiones erradas nos conducen a una realidad que entra en conflicto con la idea de quiénes somos, puede ser tentador defender ese concepto personal al no reconocer ni enfrentar esas acciones equivocadas e insensatas. Defenderse insiste en que los demás también sigan la corriente a nuestra negación de la realidad.

Si finges por mucho tiempo, al final tendrás que defenderte. Esto trae a mi memoria una serie de tres pequeños accidentes de tráfico que ocurrieron unos nueve meses después de haber aprobado a duras penas mi examen de conducir. Mi automóvil era un «coche para la nieve» de 400 dólares que mi papá le había comprado a un compañero de trabajo. Si creciste o viviste en un lugar donde cae abundante nieve, sabrás que es agradable tener un automóvil por el cual no te preocupas si se abolla un poco en la nieve. «Flo», el nombre que le puse por su color amarillo fluorescente, era un Volkswagen Rabbit manual con cubreasiento de piel de oveja sintética.

El primer accidente tuvo lugar mientras llevaba al hermano menor de una amiga desde la escuela a la casa. Derrapé sobre una capa de hielo mientras giraba en la esquina, choqué contra el cordón de la calle con un fuerte golpe seco y terminé sobre la hierba crujiente cubierta de nieve. Logré conducir lentamente de regreso a la escuela con una de las ruedas haciendo un ruido metálico rítmico y persistente con cada giro. Resulta que había torcido el eje. Un mecánico lo arregló, o eso pensábamos. Ocho meses después, el soporte del motor se quebró. Parece ser que también se había rajado eso cuando choqué contra el cordón, y finalmente cedió al peso del motor. En otra ocasión, choqué contra el frente del garaje mientras estaba estacionando, hice un hueco en la placa de yeso y una rajadura en el zócalo de cemento. Tenía la esperanza de que nadie se diera cuenta y, cuando lo hicieron, simulé que no sabía cómo había sucedido.

El tercer percance fue el más atroz. Un día, después de la escuela, retrocedí para salir del garaje por nuestra corta entrada, la cual estaba bordeada por pequeños arbustos perennes. Por alguna razón que solo puedo atribuir a mi habilidad de conductor principiante, no retrocedí directamente por el camino de entrada. No. ¡Me desvié un poquito hacia la izquierda y partí dos pequeños arbustos exactamente por la mitad! Estoy avergonzada de reconocer que no solo *fingí* que no lo hice, sino que también elaboré una historia compleja para *defenderme*: «Sabes, estaba sentada en el comedor haciendo las tareas sobre la mesa cuando escuché unas ruedas que chirriaban sobre la vereda afuera —le expliqué a mi madre—. ¡Miré por la ventana y un coche salía disparado directamente de nuestro camino de entrada y se fue a gran velocidad! ¡Salí corriendo, y fue entonces cuando me di cuenta de que había arrollado nuestros arbustos!».

Lo sé, no fue mi momento de mayor brillantez. Dije una mentira descarada en lugar de reconocer que accidentalmente había atropellado los arbustos. Mi mamá no estaba muy convencida, pero parecía haberse creído la historia... hasta que por teléfono le mencionó el incidente a una de sus amigas. Ella le respondió: «¡Lee, por favor! ¡Eso no tiene sentido!». Por supuesto, no solo había atropellado los arbustos, sino que también mentí que no lo había hecho.

Si hubiera confesado, quizás hubiera tenido que comprar nuevos arbustos, pero si estaba atrapada en una mentira, bueno, la consecuencia de eso hubiera sido mucho peor. Como resultado, *defendí* mi historia. Y la consecuencia de eso fue más profunda. Significó que no podían confiar siempre en mi palabra. Solo escribir esa última oración todavía me hace daño. ¿A quién le gusta que la consideren no digna de confianza? Fingir que todo está bien cuando no lo está, sin embargo, resulta a fin de cuentas en tener que defender tu postura ante los demás. Eso puede afectar tus relaciones, las cuales son claves para solucionar los desafíos y mantener tu bienestar. Al defenderte después de simular, provocas más problemas de los que tenías al principio.

Date permiso para ser imperfecto

Todos cometemos errores. Incluso hacemos cosas que no deberíamos y necesitamos una segunda oportunidad. Cuando eso sucede, la humildad de reconocer nuestras imperfecciones nos da resiliencia. «No te defiendas» tiene que ver con *aceptar* quién eres y dónde estás, sin que tu ego se involucre para hacerte quedar bien a expensas de la verdad o tratando de evitar conversaciones difíciles y enfrentar las consecuencias. No defenderse es una habilidad de adaptación porque se relaciona con tu forma de pensar, de adaptarte y de reaccionar ante las dificultades.

Las personas auténticas son honestas con ellas mismas y con las demás. Pero serlo no siempre es cómodo. Si niegas la realidad de una situación, defenderás las elecciones y decisiones que concuerden con tu negación. Estos son algunos ejemplos:

- El líder que es un comunicador espantoso y culpa al equipo de malinterpretar las instrucciones no solo aleja a los miembros del equipo, sino que también causa problemas recurrentes en el camino hacia la meta. Esos asuntos no se resuelven hasta que el líder se examine honestamente o deje el cargo.
- La persona que es pasiva-agresiva en lugar de ser directa justifica su falta de cortesía o comentarios cuestionables, lo cual genera desconfianza y resentimiento en las relaciones, y finalmente las dañará.
- La compañía que ignora las quejas de los clientes y los aportes de los empleados, y elige defender las malas prácticas que frustran a los clientes y/o empleados, con el tiempo sufrirá pérdidas.
- Los padres que nunca piden disculpas cuando se equivocan, que ponen excusas cuando hacen las mismas cosas por la cuales se fastidian con los hijos y se justifican con el dicho: «Haz lo que yo digo, no lo que yo hago», provocan resentimiento y frustración en ellos.

Presta atención a las señales de advertencia

La séptima regla de resiliencia no solo te pide que no finjas, sino que también aconseja: «No te defiendas».

Negarse a defender los errores, incluso los pequeños, puede evitar problemas peores en el futuro. Esos accidentes a solas que tuve cuando tenía dieciséis años fueron una señal de advertencia a la cual no presté atención. Durante el verano, después de mi primer año de universidad, una camioneta que pasó con luz roja me chocó y se incrustó en mi lado de conductor en una intersección importante. Me desmayé y no recuerdo mucho acerca del accidente. Inmediatamente después de eso, comencé a tener problemas serios con mi espalda que todavía persisten. Esta vez, el accidente no fue mi culpa. Lo causó un adolescente al volante que pasó a toda velocidad a un coche de la policía que estaba esperando en el semáforo en rojo. La luz del semáforo que le correspondía a él había estado roja el tiempo suficiente para que la flecha de giro a la izquierda que estaba frente a mí cumpliera con el ciclo. Cuando el semáforo que nos correspondía a nosotros al fin cambió a verde, los vehículos que estaban en los dos carriles a mi izquierda tomaron nota de la camioneta que venía a toda velocidad por la intersección y se quedaron quietos. Pero yo no la vi. No había mirado hacia izquierda ni derecha antes de acelerar. Salir disparada sin asegurarme que no hubiera moros en la costa fue el error de alguien inexperto al volante.

Si mis padres y yo hubiéramos prestado atención a las señales de advertencia antes del accidente, podríamos haber reconocido que necesitaba lecciones de manejo. Desde una perspectiva de resiliencia, las lecciones de manejo son una medida preventiva. Nunca había tomado clases de manejo porque era más joven que mis amigas de la escuela secundaria, y no quería tomarlas sola después de ellas. Decidí optar por no hacerlo y en su lugar aprender sola. Los múltiples accidentes fueron una señal de advertencia acerca de mis dudosas habilidades de manejo en ese entonces, y precursores de un accidente que desearía que nunca hubiera sucedido.

Humildad, autenticidad y honestidad son enfoques de adaptación que evitan que defiendas fracasos y errores. La humildad acerca de tus errores y reveses puede empoderarte para enfrentar las dificultades y evitarte más problemas en el futuro. Además, posibilita que tomes medidas preventivas para arreglar los problemas en lugar de defenderlos e ignorarlos. Pregúntate: *¿De qué manera responder con humildad, autenticidad y honestidad a un desafío me permitirá superarlo con mayor efectividad?* Estas son algunas formas prácticas para dejar de defenderte.

1. **Presta atención a la pizca de verdad.** A veces, el comentario que recibimos no es crítica constructiva, sino destructiva. La

respuesta resiliente es respirar y preguntarte con honestidad si hay una pizca de verdad en lo que se te dijo. Incluso si hubo solo un 10 % de verdad en la crítica, emplea esa información para mejorar.

2. **Déjate entrenar.** Ábrete al crecimiento y a intentar nuevas formas de hacer las cosas. Podrías descubrir que el problema con el cual te enfrentas es una oportunidad para crecer y mejorar de alguna manera.

3. **Aprende de los demás.** La sabiduría de la humildad es aceptar que es imposible que lo sepas todo. Siempre hay algo que aprender de los demás, a veces incluso de aquellos que no tienen tanta experiencia como tú, porque también tienen una perspectiva que necesitas oír.

4. **Reconoce tus errores y malas decisiones.** Todos cometemos errores de juicio que preferiríamos corregir. Aprende de la situación y cambia tu comportamiento futuro. Cuando eres humilde acerca de los errores y las malas decisiones, también eres más empático y compasivo con los demás, y de esa forma fortaleces las relaciones que te ayudan a forjar soluciones de manera auténtica.

5. **Reemplaza el culpar con asumir responsabilidad.** Una señal reveladora de una actitud defensiva es culpar a otro, con lo cual intentamos autoprotegernos y escapar del remordimiento. Asume tu responsabilidad en el problema, sin importar lo pequeño que sea. Si eres líder en cualquier trabajo, asume la responsabilidad por lo que podrías haber hecho mejor para prevenir la situación.

6. **No retengas la disculpa cuando estás equivocado o hiciste daño.** Cuando te equivoques, haz lo que esté a tu alcance para solucionar la situación. Pide disculpas. Acepta la responsabilidad. Arregla el problema si es posible, o al menos ayuda a reducir las dificultades que resultaron por lo que hiciste.

7. **Escucha otros puntos de vista.** La humildad nos capacita para respetar las opiniones de los demás y la forma en que hacen las cosas. En lugar de defender tu punto de vista, permitir que la otra persona sea escuchada con frecuencia abre puertas a la solución de conflictos. Eso se debe en parte a que las interacciones positivas facilitan la comunicación y la colaboración. Sentirse escuchado produce emociones positivas en las relaciones, aun cuando las dos partes no estén de acuerdo.

¿A qué realidades no deseadas te enfrentas? ¿Qué oportunidades y bendiciones vienen también con el estrés que debes manejar? Tienes la capacidad para superar tus problemas más rigurosos y lo harías con mayor rapidez y facilidad si no simularas que las cosas están bien cuando no lo están ni defendieras tus malas elecciones y comportamientos.

Responder de esta manera puede hacerte sentir vulnerable, pero sirve de algo. Si estás dispuesto a ponerte en una posición de incomodidad, el lugar donde te sientes a salvo y tu capacidad para superar los desafíos se expandirán. No finjas ni te defiendas. Como resultado, mejorarás como persona y te volverás más sabio y fuerte.

Entrénate a ti mismo

- ¿Cuál es la situación o error que te gustaría fingir que no existió?
- ¿Qué estás negando, resistiendo o fingiendo que es verdad cuando en realidad no lo es?
- ¿Hay algo que *no* estás diciendo?
- Al considerar cualquier comentario difícil que hayas recibido recientemente, ¿cuál es la pizca de verdad que aborreces tener que admitir?
- ¿Cómo sería aceptar la realidad del problema?
- ¿Qué sería diferente si dejaras de fingir?

- ¿Qué sería diferente si eligieras no estar a la defensiva?
- ¿En qué áreas necesitas darte permiso para ser imperfecto?
- Si pusieras en práctica la humildad en esa situación previa que querrías que no existiera, ¿qué mejoraría?
- Si pusieras en práctica el coraje para ser auténtico, ¿qué podría mejorar?

Intenta lo siguiente

- ☐ Identifica a qué te resistes, qué niegas o evitas.
- ☐ Decide reconocer el problema para comenzar a enfrentarlo.
- ☐ Si hubiera un área en la cual estuviste a la defensiva, elige la humildad y el coraje para asumir la responsabilidad, aprender y reparar el daño causado.

DI CONMIGO:

«Cuando reconozco el problema, puedo solucionarlo».

REGLA DE RESILIENCIA N.º 8

ENCUENTRA LA OPORTUNIDAD EN EL DESAFÍO

Por qué (la mayoría de las veces) deberías adoptar el optimismo si quieres encontrar los beneficios que tu situación te ofrece.

MENSAJES CLAVES

- Adopta intencionadamente una clase específica de optimismo que pronostique éxito o resiliencia.
- Espera y cultiva el crecimiento postraumático.
- Las «interpretaciones constructivas» pueden transformar tus desafíos en oportunidades.

Cerca de un año después de abrir una franquicia de McDonald en Sierra Vista, Arizona, el dueño se dio cuenta de que estaba perdiendo una fuente lucrativa de ingresos: los soldados de la cercana base militar Fuerte Huachuca. Una regla de larga data prohibía que los soldados salieran de los vehículos cuando estuvieran vestidos con sus trajes de faena.

Para esa época, las franquicias de McDonald ya habían estado por dos décadas en toda la nación, y ninguna de ellas tenía una ventana de servicio al automóvil. El dueño de la franquicia en Sierra Vista estaba desesperado por mejorar las ventas y, en consecuencia, usó la creatividad y convirtió el problema en una oportunidad que cambió a McDonald en toda la nación. Hizo un agujero en la pared e instaló una ventana, y el 24 de enero de 1975 nació el primer McDonald con servicio al automóvil. En la actualidad, la ventana de servicio es sinónimo de McDonald, y el 70 % de sus ventas a nivel nacional derivan de esos pedidos[1].

Esta regla abre la puerta para la creatividad y la esperanza: las habilidades de adaptación pueden ayudarte a superar los problemas de maneras sorprendentemente ágiles y efectivas. La regla es la siguiente: «Encuentra la oportunidad en el desafío».

Cuando te enfrentas a un obstáculo, quizás te sientas tentado a frustrarte y a enfocarte demasiado en el problema. Una de las preguntas más poderosas con la cual puedes entrenarte a ti mismo es esta: *¿Cuál es la oportunidad en esta situación?* Con frecuencia hay un mensaje en medio del desastre, pero cuando te niegas a buscarlo corres el riesgo de dejarlo pasar. El problema no tiene que ser bueno para que surja algo bueno de él. Si te propones mirar a tu desafío desde una perspectiva diferente, puedes interpretar la dificultad de una manera que te inspire a tomar decisiones resilientes sobre cómo reaccionar. Nuestras respuestas están determinadas por la forma en que elegimos pensar.

Con un cambio de perspectiva, es más fácil ver la oportunidad que se te ofrece en medio de un desafío. Quizás no quisiste que la situación tomara ese giro, pero lo hizo. Entonces, pregúntate: *¿Qué imagen me gustaría dar? ¿Qué deseo hacer? ¿Cuál es la oportunidad en esto?* Las oportunidades pueden ser:

- **Algo nuevo.** ¿Existe alguna oportunidad de hacer algo que no hayas hecho antes?
- **Lecciones.** ¿Qué lecciones puedes aprender de esta situación? ¿Podrías obtener sabiduría de esta dificultad?
- **Comenzar de nuevo/reiniciar.** El final de algo por lo general libera espacio para el comienzo de algo más: algo bueno, mejor y tal vez una oportunidad para recomenzar que de lo contrario no existiría.
- **Expandir el área de seguridad.** Quizás lo que en realidad necesitas es valor, y esta es tu oportunidad para desarrollarlo. Cuando

aprendes a sentirte cómodo con la incomodidad, estás en condiciones de crecer.

- **Gratitud.** El contentamiento comienza con la gratitud. Tal vez tu oportunidad es muy simple: un acto de agradecimiento profundo y una oportunidad de enfocarte en lo que tienes, no en lo que te falta.
- **Una decisión.** Cuando las cosas no salen como las planeaste, con frecuencia debes tomar decisiones que de otro modo no tendrías que tomar. En ocasiones, esas decisiones se vuelven el punto crucial que puede cambiar tu vida para mejor.

Adopta interpretaciones constructivas

Cuando se trata de ser resiliente, lo que sucede no es lo más importante. Por sí misma, la dificultad no determina lo resiliente que puedes llegar a ser. Algunas personas son derribadas de manera permanente por problemas que otros superan todos los días. El elemento que determina con mayor precisión la eficacia con la que una persona encarará un desafío es la forma en que lo interpreta. Esto forma parte de su manera de pensar, una habilidad de adaptación que puede fortalecer su resiliencia.

Las interpretaciones constructivas son una forma de reestructurar las situaciones negativas con el fin de inspirarte a avanzar y a ser más resiliente. Preguntas sencillas como: «¿De qué otra forma podría analizar este problema?»; «¿Qué puedo aprender de esta experiencia para aprovechar mejor mis oportunidades futuras?»; «¿Esto me da una oportunidad para intentar o hacer algo que no había hecho antes?», pueden cambiar tu mentalidad.

Por ejemplo, dos personas pueden ser despedidas de la misma compañía e interpretar la situación de maneras completamente diferentes. Su interpretación de la situación determinará la forma en que ven el problema, lo que se dirán a sí mismas acerca del futuro y si harán algo al respecto o no, así como qué elegirán hacer. Ten en cuenta la diferencia entre las formas en que respondieron al despido Adam y Vivian, quienes trabajaban en relaciones públicas en la misma empresa.

A pesar de que Adam no esperaba que lo despidieran, no lo tomó de manera personal. Después de que la compañía no lograra alcanzar sus metas de ingresos por varios trimestres, sin anunciar ningún lanzamiento ni planes para incrementar los ingresos o recortar los gastos, Adam se preguntaba si habría despidos. Sabía que tales planes no serían anunciados públicamente, pero supuso que el departamento de relaciones públicas podría estar en riesgo. Tenía la esperanza de que su puesto no fuera eliminado. Tristemente, sí lo fue. Aunque quizás, solo quizás, podría terminar siendo un golpe de buena suerte.

Adam lo vio como una oportunidad y decidió perseguir algo que había querido hacer por mucho tiempo. Había estado trabajando en silencio en un emprendimiento en su tiempo libre y soñaba con expandirse por su propia cuenta. Sabía que su indemnización por despido solo duraría unos seis meses, y debía apresurarse si quería que su negocio saliera adelante y funcionara jornada completa. Cuatros meses después, Adam había progresado algo pero no lo suficiente para satisfacer sus metas financieras. Por lo tanto, comenzó a presentarse en entrevistas de trabajo y consiguió uno con la competencia de su exempleador. Aunque ahora ganaba más de lo que ganaba cuando lo despidieron, no abandonó su meta de hacer funcionar su negocio. Dos años después, Adam dio el salto empresarial que había soñado.

Su colega y par, Vivian, quedó devastada por el despido. A pesar de que Adam también había sido un miembro sólido del equipo, la competencia de Vivian y su desempeño eran, de hecho, mejores que los de Adam. Vivian a menudo minimizaba y subestimaba el valor que ella tenía para el equipo. Quedó sorprendida por el optimismo de Adam y su buena disposición a ver el despido como algo más que la ofensa que era. Durante sus ocho años en la empresa, Vivian siempre había recibido excelentes críticas por su desempeño, pero el despido provocó que dudara de su valor e importancia.

Vivian lo consideró como un fracaso personal que indicaba que no daba la talla. Dañó su confianza. Al igual que Adam, había comenzado un negocio tiempo parcial, pero lo veía solo como un pasatiempo y no consideraba comenzar el negocio por su cuenta.

Comenzó a dudar si podría convencer a otra compañía para que la contratara, lo cual la llevó a cuestionarse si se postularía para puestos en los cuales calificaba. Fue lenta en contactar a sus conexiones porque se sentía avergonzada por la idea de estar sin trabajo y por su necesidad de confiar en que otros la ayudaran a conseguir un nuevo empleo. Con la finalidad de sobrellevar la situación, de manera subconsciente se decía a sí misma que no era tan urgente conseguir un trabajo. Esta mentalidad la hacía sentir menos desesperada. También le daba una excusa para perder el tiempo. Al fin, cuando se dio cuenta de que estaba a punto de quedarse sin dinero, Vivian aceptó con premura un puesto que no quería.

Adam y Vivian enfrentaron igual desafío con la misma compañía al mismo tiempo, pero interpretaron la situación de manera diferente. Cuando analizó su situación, Adam tuvo una interpretación constructiva. La perspectiva desde la cual contempló el desafío lo empoderó para ser resiliente, incluso para salir antes del problema. Podríamos decir que aprovechó la situación para aprender. Vio oportunidad en el desafío y la aprovechó. Aun cuando la oportunidad no se desplegó en el tiempo que esperaba, continuó persiguiéndola hasta que se volvió realidad.

Vivian, por otro lado, tuvo una interpretación destructiva. Se culpó por haber sido despedida, a pesar de que se debía al peligro financiero en el cual se encontró su empleador y no a un pobre desempeño. Fue una decisión de negocios, no una cuestión personal. Su interpretación hizo que perdiera la confianza y la motivación, lo cual causó que dejara las cosas para más tarde. Su falta de acción la colocó en una posición financiera peligrosa, la cual desencadenó su decisión apresurada de aceptar un trabajo que en realidad no quería. Debido a que entró al nuevo trabajo dudando de sí misma, muy pronto comenzó a trabajar demasiado en un esfuerzo por demostrar su valía.

Las interpretaciones constructivas te cuentan la historia sobre lo que sucedió, por qué sucedió y cómo puedes usarlo para empoderarte. Te capacitan para que veas la oportunidad en el desafío y seas resiliente mientras lo superas. Para crear una interpretación constructiva, debes utilizar un estilo de pensamiento optimista, el cual es un conocido predictor de éxito y resiliencia. El psicólogo Dr. Martin Seligman llama a esta manera de procesar «estilo explicativo optimista»[2]. Cuando suceden situaciones buenas, las personas que tienen un estilo de pensamiento optimista explican las razones de la situación como personales, generalizadas y permanentes. En otras palabras, creen que (1) las cosas buenas pasan porque hicieron algo para que pasen, (2) las cosas buenas pueden pasar en otras áreas de su vida y (3) las cosas buenas pueden durar para siempre. Cuando suceden eventos malos, las personas que tienen un estilo de pensamiento optimista los explican en términos opuestos. Ven los eventos negativos o malos como externos, específicos y temporales. Creen que (1) sucedió debido a fuerzas externas más que a las personales, (2) el problema es específico y aislado, no generalizado y (3) el problema es temporal.

Cuando escoges una interpretación constructiva, no solo crees que la situación mejorará, sino que eliges soluciones que te hagan avanzar en formas positivas. Con un estilo de pensamiento optimista, piensas que ayudaste a que sucedan eventos buenos y por lo tanto puedes influenciar los resultados positivos. No consideras que todos los eventos malos se deban a defectos de carácter, sino a factores externos que puedes cambiar o evitar. Por ejemplo, si un proyecto sale mal, es posible que reconozcas que el tiempo era demasiado exigente, que los recursos eran muy limitados para cumplir con la tarea o que al equipo le faltaba la competencia necesaria. En lugar de buscar culpables, reconoces que estos asuntos se pueden abordar en futuros proyectos. No te excusas acerca de por qué el proyecto salió mal, sino que buscas la oportunidad para crecer con el fin de que los proyectos futuros sean exitosos. Aprendes del desafío y analizas cómo ajustar la meta u obtener los elementos necesarios para alcanzarla.

Por otro lado, quienes tienen un estilo de pensamiento pesimista creen que, cuando ocurren cosas buenas (1) se debe más a cosas externas que a las personales, (2) que la buena suerte es específica y aislada, no general, y (3) que son solo temporales y difíciles de reproducir. Cuando suceden eventos malos, sin embargo, quienes tienen un estilo pesimista para explicar las circunstancias negativas creen que (1) de seguro hicieron algo malo o que tienen una característica defectuosa innata, (2) que el problema impactará otras aéreas de su vida, y (3) que durará para siempre.

Cuando notas un estilo de pensamiento pesimista que subyace a una interpretación destructiva, tu perspectiva para tratar de solucionar el problema puede ser contraproducente. La resiliencia suele ser escurridiza cuando la vacilación, la duda y el aplazamiento se apropian de tu toma de decisiones. En lugar de buscar la oportunidad en el desafío, sientes que el desafío te condena. Al darte cuenta de que tienes una interpretación destructiva, sin embargo, tienes una opción: puedes adoptar una interpretación constructiva en lugar de una destructiva.

REESTRUCTURA TU ACTITUD MENTAL

Si notas que estás luchando para vencer una interpretación destructiva de un evento o un obstáculo, utiliza las siguientes preguntas para entrenarte a ti mismo con el fin de adoptar una mentalidad constructiva:

- ¿Cuál es la oportunidad en esta adversidad?
- ¿Cuál es el mensaje para mí en esta situación?
- ¿Qué tendré que hacer para salir mejor de este desafío y sin amargura?
- Si la oportunidad que busco no existe, ¿cuáles son mis opciones para crear o tomar un camino alternativo hacia mi meta?

Observemos varias estrategias que podrías implementar para desarrollar interpretaciones constructivas positivas, aunque realistas, las cuales pueden ayudarte a alcanzar tu meta.

CREA TU PROPIA OPORTUNIDAD

Cuando en tu avance hacia tu meta te enfrentas de manera constante con barreras, a veces ser resiliente significa buscar un camino diferente. El fracaso ofrece muchos mensajes, por ejemplo: «¿Cuál podría ser un camino alternativo para llegar a la meta?».

Recordé esto al ver el extracto de un video de una antigua entrevista que la BBC le hizo a Sylvester Stallone. Antes de que protagonizara *Rocky*, éxito de taquilla, Stallone no había conseguido roles importantes en ninguna película. En 1970, actuó en la película *M*A*S*H* sin que su nombre fuera mencionado y apareció como extra en la película *The Sidelong Glances of a Pigeon Kicker*. En 1971, tuvo algunas otras actuaciones como matón del tren subterráneo en la película *Bananas* de Woody Allen y como bailarín en un club nocturno en *Klute*. Hacia 1975, solo había tenido papeles secundarios en otro par de películas[3].

El 24 de marzo de 1975, Stallone miró la pelea por el campeonato mundial de boxeo peso pesado entre Muhammad Ali y Chuck Wepner, el cual tuvo lugar en Cleveland. Aunque fue una de las cuatro peleas en la carrera de Ali en las que fue oficialmente derribado en el cuadrilátero, Ali obtuvo la victoria en la pelea. Después de quince asaltos, Ali noqueó a Wepner y fue reconocido como el campeón indiscutido de peso pesado. Tres días después, Stallone había terminado el primer borrador de *Rocky*[4].

Reflexionemos sobre eso. Tres días de enfoque produjeron el primer borrador del guion de una de las películas más famosas de la historia. Naturalmente, la verdadera magia tuvo lugar cuando la reescribieron, y Stallone lo reconoce. Pero ¡debes tener algo escrito primero para que sea reescrito! Y él lo había hecho. Su gran meta era tener el papel protagónico como el boxeador en aprietos Rocky Balboa, y ofreció su guion con esa intención.

Luego de escribir el papel de Rocky Balboa para darse la oportunidad de tener un rol protagónico, Stallone rehusó ceder la parte a otro actor. «¿No te parece que fue bastante insolente de tu parte pretender el rol protagonista de la película, considerando que tu carrera hasta ese punto había consistido solo en pequeñas actuaciones?», preguntó el entrevistador de la BBC.

«Es amable de tu parte decir pequeñas —bromeó Stallone en

respuesta—. Sí... yo era lo que se conoce como extra. El que estaba en un segundo plano o el tipo borracho al que pasaban por encima en la alcantarilla, y otros papeles insignificantes. Pero sentía que, si iba a hundirme, al menos en la oscuridad profesional, quería, por lo menos, tener la oportunidad de decirme a mí mismo: *Bueno, lo intentaste. Hiciste tu mejor esfuerzo y no lo lograste.* Creo que se podría decir que eso fue lo que me alentó a escribir el guion, porque no era algo sobre lo cual había pensado demasiado. Solo sabía que tenía que intentarlo aunque sea una vez»[5].

Lo que Stallone decidió hacer no fue insolente, según mi opinión, sino audaz y osado. El desafío que enfrentaba era lograr su sueño de ser actor, quizás una de las profesiones más duras del mundo con la cual ganarse la vida. Los estudios muestran que solo el 2 % de los actores logran vivir de la actuación[6]. Una fracción pequeña de quienes se ganan la vida con la actuación llega a convertirse en estrellas famosas. Cuando Stallone decidió escribir el guion, llevaba años consiguiendo pequeñas partes sin ganarse lo suficiente como para vivir de la actuación. Luchaba para pagar el alquiler y comprar comida, y su esposa estaba embarazada. En un momento dado, incluso vendió su perro por 40 dólares para llegar a fin de mes. (Más tarde, cuando triunfó a lo grande, lo volvió a comprar por la enorme suma de 15.000 dólares)[7]. Sabía que las probabilidades para lograr su meta serían mucho mejores si creaba su propia oportunidad, en lugar de esperar que algún otro se la diera. La meta era escribir el guion para una película en la que él pudiera ser el protagonista principal. Esa era la oportunidad en su desafío.

A Stallone le ofrecieron 265.000 dólares por los derechos del guion, equivalentes a 1,46 millones hoy en día. Pero los productores tenían otras ideas para el rol protagónico, las cuales incluían a Burt Reynolds, Ryan O'Neal o James Caan como Rocky. Stallone comentó que, cuando le ofrecieron el trato, solo tenía unos 106 dólares a su nombre, cerca de 625 dólares al valor actual[8].

Imagínate. Tienes apenas 625 dólares a tu nombre y te ofrecen casi 1,5 millones por algo que escribiste. El único problema es que tendrás que renunciar a tu meta de ser el protagonista y permitir que una gran estrella del cine tenga el rol protagónico. ¿Qué harías en su lugar?

Stallone tenía una visión, y la propuesta de los productores se interponía en su camino. No perdió de vista su deseo de ser el protagonista, a pesar de que la oferta era tentadora. En una jugada increíble, dadas sus circunstancias financieras, Stallone se negó a vender los derechos si no lo seleccionaban como protagonista. Los productores al final cedieron, no sin antes recortar la oferta de manera significativa, quizás tanto como al 90 %. Diversas fuentes dicen que le pagaron 35.000 dólares por adelantado por escribir y protagonizar la película, y que recibiría regalías por las ganancias después de que se lanzara la película[9]. *Rocky* se produjo en enero de 1976 con un presupuesto menor a un millón de dólares. La película se estrenó en diciembre de ese año, catapultando a Stallone a la fama mundial. *Rocky* se convirtió en la película con el ingreso de taquilla más elevado de 1976, ganando más de 225 millones de dólares en todo el mundo[10]. Luego la película ganó diez nominaciones de la Academia, incluyendo «mejor actor y mejor guion original, y tres premios Oscar: mejor director, mejor película, y mejor edición de película»[11].

Es fácil desestimar un éxito monumental como ese basándose en la genialidad o el talento de alguien que ahora conocemos como una estrella legendaria pero, antes de *Rocky*, decenas de productores, agentes y directores se habían cruzado con Stallone cuando interpretó actuaciones secundarias en importantes producciones de televisión y cine. Ninguna de estas personas a cargo de la toma de decisiones, ni siquiera los ejecutivos del estudio que al final compró los derechos del guion, reconocieron su potencial de la manera en que el propio Stallone lo hizo. Si revisaras su trayectoria antes de *Rocky*, podrías haber supuesto que debería dejar la actuación y buscar una carrera diferente. Por el contrario, Stallone buscó el mensaje y la oportunidad en el desafío. Lo hizo por la satisfacción de saber que, si fracasaba, al menos podría decir que había buscado la oportunidad de manera exhaustiva antes de renunciar y seguir con otra cosa.

Stallone fue estratégico y realista al escribir una película para lograr su visión. Recuerda: la autenticidad es el sello distintivo de la resiliencia. Mientras hablaba acerca de la clase de papel que decidió escribir, en el que sería convincente como protagonista, Stallone comentó: «Ciertamente no podía hacerme pasar por un abogado en un traje de tres piezas. Pienso que no tengo esa clase de atractivo ni nada por el estilo. Por lo tanto, quería hacerlo mucho más básico, un hombre de la calle. ¿Qué clase de hombre? Un don nadie. Creo que ser un luchador profesional tiene esa connotación»[12].

Stallone no conseguía las oportunidades que quería, por eso las creó. Las personas resilientes piensan de manera diferente. Se preguntan: *¿Qué opciones todavía no tuve en cuenta?* Encuentran la forma de rodear o abrirse paso para superar los obstáculos. Lograr eso por lo general requiere hacer lo que los demás no hacen y emplear todos los recursos a su alcance. ¿Recuerdas cómo definimos resiliencia en el primer capítulo? Resiliencia es un *sistema* que creas, el cual te capacita para soportar y recuperarte de las dificultades y los estresores. Ese sistema es una estructura organizada de tres partes:

- habilidades de adaptación (principalmente, cómo *piensas*)
- recursos protectores (relaciones, educación, experiencia, habilidades)
- medidas preventivas (previsiones, buenas decisiones)

Cuánto más fuerte sea tu sistema de resiliencia, más propenso serás a lograr la visión o a vencer adversidades y desafíos.

Desde el punto de vista de la resiliencia, puedes ver que Stallone utilizó sus habilidades de adaptación para pensar en formas que lo hicieran avanzar en lugar de quedarse atascado. Encaró su meta con un estilo de pensamiento optimista, lo cual le permitió interpretar que la ausencia de grandes triunfos no era una señal de falta de capacidad para lograr su gran visión. Por esa razón, buscó un camino diferente hacia la meta. Empleó sus recursos protectores aprovechando las relaciones y la habilidad de escritura que había desarrollado. Antes de tratar de ser actor en Nueva York, Stallone había estudiado drama en la Universidad de Miami y con frecuencia pasaba tiempo escribiendo obras unipersonales y reescribiendo escenas de películas, con el fin de ejercitar su habilidad de escritor. Una vez que escribió un guion que interesó a los productores de Hollywood, hizo un trato que se alineaba con su visión, a pesar de que al principio significaba mucho menos dinero[13]. Al tomar la excelente decisión de aferrarse a su visión de protagonizar una película, en lugar de aceptar más dinero para ceder el papel protagónico a otra estrella de cine, puso en práctica una medida preventiva que dio sus frutos a largo plazo. Al aferrarse a la visión, no se dejó distraer por el signo dólar que podría haber impedido cumplirla.

ASUME LA RESPONSABILIDAD

Hay una habilidad de adaptación que todas las personas resilientes tienen en común cuando se enfrentan con adversidades y oportunidades: asumen la responsabilidad. Se hacen cargo de sus decisiones. Reconocen sus errores. Y al hacerlo, aprenden las lecciones que necesitaban y se sienten empoderadas para resolver los problemas.

Cuando me encontraba en el peor momento de mi vida, divorciándome a los treinta y seis años, por momentos oscilaba entre sentirme una víctima de las circunstancias o asumir la responsabilidad de lo que quería hacer con mi vida para seguir adelante. Estaba asustada. Estaba enojada. Estaba profundamente triste. Estaba decepcionada, y al principio tenía temor de asumir la responsabilidad de la visión que más anhelaba para mi vida. Desde adolescente, me había imaginado como empresaria, esposa y mamá. Me imaginaba como una Clair Huxtable, de la comedia *The Cosby Show*, de la vida real: una carrera exitosa, un matrimonio divertido y cinco hijos. Pero aquí estaba, con treinta y tantos años, con una carrera exitosa, divorciada y sin hijos. Esto no era lo que había planeado para mi vida.

En mi libro *Where Will You Go from Here?* (¿Hacia dónde irás desde aquí?), comparto acerca del momento en el que me di cuenta que mi matrimonio había terminado y que mi vida estaba a punto de cambiar de manera drástica[14]. Estaba sola, en la cocina de casa, cuando de repente me sentí sobrecogida por la tristeza y el pánico al reconocer la realidad. Comencé a llorar, y el peso de la desolación hizo que mis piernas temblaran. Me recosté sobre la mesa mientras las lágrimas fluían sin control. Lo que había comenzado como un llanto suave se convirtió en un lamento fuerte que salía de lo profundo de mi alma. Nunca antes había sentido este descontrol de mis emociones, lo cual me sobresaltó. De manera instintiva, sentí la necesidad de pedir ayuda. Sin duda, esta era una especie de ataque de nervios, y necesitaba que alguien estuviera conmigo, me consolara y tal vez me hiciera unos arrumacos. No pensé de manera consciente acerca de lo que quería de otro ser humano en ese momento, pero ahora que lo pienso, creo que esa fue mi motivación. Levanté el teléfono y llamé a mi mamá, pero no pude emitir ni una palabra coherente, solo sollozos y palabras sin sentido. Al principio, pensó que estaba en alguna clase de emergencia, como un accidente. «¡Valorie! ¿Algo está mal? ¿Qué sucedió?».

Respondí con una ráfaga de predicciones tristes. «No sé qué voy a hacer. ¡Siento que me estoy volviendo loca! ¡No puedo creer que esto me esté pasando! ¡Mi vida se terminó!». Ella sabía que me estaba divorciando, y como ella había pasado por dos divorcios, una cirugía de cerebro, incapacidades físicas graves y otros eventos que alteraron su vida, claramente no era la persona indicada para pedirle lástima. «¡No te estás volviendo loca, y tu vida no se termina aquí! —dijo con énfasis, como para sacudirme de mi caída libre—. ¡La vida y la muerte están en el poder de la lengua!», me dijo con firmeza y misericordia, citando un proverbio de la Biblia acerca del poder de lo que dices[15]. Logró que le prestara atención y dejé de recitar alocadamente todas las declaraciones llenas de maldición.

«Ahora escucha, suenas como alguien que se ve bastante fea en este momento —siguió con un dejo de sarcasmo que provocó la primera sonrisa que tuve en un largo tiempo—. Ve a lavarte la cara, luego sal a caminar. El día está hermoso afuera. Llámame cuando hayas regresado».

No era el tono ni los arrumacos que buscaba, pero era exactamente lo que necesitaba. Hice lo que me dijo. Fui al baño y me miré al espejo. Mi mamá tenía razón. Me veía horrible, mis ojos rojos e hinchados, la nariz goteándome y el rímel corrido. Salpiqué mi rostro con agua y lo sequé con una toalla de mano. Sus palabras resonaban en mi mente, convocaban mi fe y mi fortaleza. Hice lo que me indicó y fui a caminar. Aquieté mi mente, respirando lentamente y orando por valor y calma mientras caminaba hacia un arroyo cercano para sentarme al lado del agua por unos minutos. Desde que era niña, cuando la costa era mi patio trasero en la base de la Fuerza Aérea en Florida, el agua siempre me calmaba. Mientras observaba las pequeñas olas y la luz que rebotaba en el agua, medité en las palabras de mi madre. Luego pensé: *No puedo seguir diciéndome estas palabras tan horribles. ¿A dónde me llevará todo esto? Es decir, puede que sienta que mi vida se termina aquí, pero no es verdad. Es más, tengo la posibilidad de comenzar de nuevo; no hay garantías de cómo serán las cosas a partir de ahora, pero mi vida no está terminada en lo mínimo.*

Mientras me dirigía de regreso a casa, comencé a sentir un cambio en mi espíritu. Era una chispa de determinación, una decisión que emergía en mi consciencia acerca de la imagen que deseaba proyectar en esta situación. Cuando entré y volví a llamar a mi madre, pude hablar desde una posición más fuerte. No es que no volviera a llorar, hubo muchas más lágrimas en los días y meses que siguieron, pero las lágrimas no provenían de la posición «pobrecita de mí».

Aunque en ese momento me impactó como el evento más devastador de mi vida, parte de mí se sentía aliviada y con esperanza. Dos pensamientos que no había tenido antes vinieron a mí. El primero fue: *Pasaré por este fuego, pero no me consumirá.* Sabía que tenía un camino turbulento delante de mí. Sabía que se pondría feo y desagradable, pero me dije a mí misma: *Es lo que hay.* En ese instante, asumí la responsabilidad. *Tomaste una decisión. Ahora llévala a cabo. Sentirás temor. Tendrás dudas. Y estarás muy bien.* Dejé de enfocarme en lo injusto que me parecía y en que la vida debería haber sido diferente.

Luego me entrené a mí misma con una pregunta: *¿Cómo quieres* *actuar en esta situación?* Fue una pregunta poderosa que no había considerado mientras sentía lástima por mí misma. Había pasado demasiado tiempo rumiando sobre los seis años anteriores que no podría recuperar: años excelentes de fertilidad perdidos. Ahora me enfrentaba a la posibilidad real de que quizás nunca tendría hijos. Me sentía agraviada y estaba enojada conmigo misma por terminar en esta situación. ¿Alguna vez te pasó algo así? Es fácil ser absorbida por las reflexiones negativas y desmoralizantes. Es difícil anhelar los verdaderos deseos de tu corazón porque tienes temor a quedar decepcionada.

Al meditar sobre la clase de testimonio que quería dar, sin embargo, sentí como si Dios me susurrara un recordatorio de mi mayor fortaleza: mi fe. El fin de mi matrimonio no era solo uno de los mayores desafíos que enfrentaría, sino también una oportunidad para vivir mi fe.

En medio de todas las emociones negativas que sentía, sumadas al temor sobre un futuro incierto y potencialmente privado de la vida de familia que siempre había imaginado, lo que más anhelaba era no terminar enojada, herida ni amargada. No quería que lo que me estaba sucediendo me definiera de una forma negativa. Tras el divorcio, quería, de algún modo, mejorar como persona y volverme más sabia y fuerte. Era un pensamiento optimista e interesante. Debo admitir que también me motivó el hecho de que no quería perder más tiempo del que ya había perdido. Esta decisión me empoderó para asumir la responsabilidad, aprender las lecciones que me ofrecía la situación, encontrar el coraje para volver a empezar y salir adelante más fuerte y mejor que antes.

Sentir lástima por uno mismo es autosabotaje.

¿Qué imagen deseaba proyectar en esta situación? Mi respuesta se convirtió en una declaración y en el segundo pensamiento clave que no había tenido antes: *Mejoraré, no me amargaré.* En los años que siguieron, mantuve esa declaración a la vista e hice exactamente eso.

Para mí, asumir la responsabilidad comenzó con cinco

compromisos que hice conmigo misma, los cuales generaron un cambio resiliente en mi forma de pensar. Me capacitaron para tomar decisiones que se alinearan con los tres pilares: habilidades de adaptación, recursos protectores y medidas preventivas. Mientras reflexionas en los desafíos en los cuales buscas ser resiliente, considera el modo en que estos compromisos podrían fortalecer y cambiar tu forma de pensar:

1. **No sentiré lástima por mí mismo.** Sentir lástima por uno mismo es autosabotaje. Te conduce a enfocarte en las fuerzas que están fuera de tu control, y como resultado te incapacita para ver y hacer algo respecto a las cosas que sí están bajo tu control. Por lo general, cuando sientes lástima por ti mismo te quedas estancado.

2. **No fijaré mi mirada en la puerta cerrada.** Es tentador mirar atrás e imaginarse lo mucho mejor que las cosas solían ser o lo que podrías haber hecho diferente. Pero si miras hacia atrás, no podrás ver hacia dónde necesitas ir desde donde estás. No podrás enfocarte en crear una visión interesante que tenga el poder de impulsarte hacia adelante.

3. **Juntaré fuerzas para hallar el valor que necesito.** Para sobrevivir y desarrollarte ante los desafíos y los cambios, deberás ser valiente y salir de tu área de comodidad. Tendrás temor, incertidumbre y dudas, pero el coraje te empodera para vencer el temor y avanzar a pesar de la incomodidad.

4. **Controlaré mis pensamientos. Mis pensamientos no me controlarán a mí.** No controlamos los pensamientos que se presentan, pero podemos controlar cuáles aceptar y en cuáles enfocarnos. El recurso más importante que controlas son tus pensamientos. Presta atención a lo que piensas, y toma la decisión de reemplazar los pensamientos contraproducentes por aquellos que reflejen tu visión.

5. **Elijo creer que todas las cosas obran para bien.** En medio de los desafíos, puede resultar fácil concluir que todo está destinado al desastre por la situación no deseada en la que te encuentras. Pero es posible que surjan momentos afortunados y buenas oportunidades de eventos y circunstancias que de otro modo serían terribles. Esas bendiciones se vuelven claras mirando atrás, pero es poderoso creer que habrá cosas buenas en medio de los desafíos. Confía en que es posible salir de tu desafío mejor y sin amargura.

Con estos compromisos como mis guías, asumí la responsabilidad de superar mi situación con cuidado y a propósito. Puse en práctica controlar lo controlable al escoger mis pensamientos de manera intencional. Aproveché los recursos protectores que sinceramente agradecía tener, tales como familiares y amigos que me apoyaron con sabiduría y me dieron un espacio seguro, cómodo y comprensivo mientras decidía los próximos pasos a dar. Partí de Maryland y me trasladé al sur, a la zona del país donde la mayoría de las personas que amaba y me amaban siempre había estado. Me quedé con la familia en Carolina del Sur por un verano mientras descifraba mis próximos pasos. Luego me trasladé a Atlanta, donde también tengo bastantes parientes.

Una vez allí, comencé terapia y aprendí más acerca de mí misma, en particular, sobre las tendencias codependientes que habían descarrilado mi vida personal. Me dispuse a convertirme en una persona mentalmente saludable y fuerte. Comencé a correr, algo que en realidad no me gustaba; pero, conforme a lo que había estudiado en psicología positiva, sabía que liberaría químicos del bienestar que me ayudarían a combatir la depresión. Correr me daba tiempo para procesar y pensar en soledad, y se volvió una actividad que me permitía tener claridad y visión. Cada vez que daba un paso con mis zapatillas, lo consideraba como una metáfora para seguir adelante. Me hizo más fuerte. Con los cinco compromisos como guía de mis pensamientos, un sistema de apoyo de familiares y amigos, y el ejercicio regular pude mantener de manera proactiva una salud mental mucho más fuerte que la que tenía cuando me enfrenté a desafíos importantes en la adolescencia y a mis veinte años.

Cuando vives en el nivel más alto de resiliencia y estás floreciente, descubres que los desafíos pueden proveerte la oportunidad de crecer a medida que te recuperas, para que puedas salir de la situación mejor o más fuerte que antes. De este modo, los estresores dependen de la percepción. Si reestructuras las circunstancias de los desafíos, escoges una interpretación constructiva que te empodere con esperanza e inspire acción y resiliencia, tu enfoque y energía pueden hacer que la dificultad sea menos abrumadora. Encontrar la oportunidad en el desafío cultiva esperanza, lo cual produce emoción, motivación y acción positiva.

Para ser clara, no se trata de negar la realidad ni de ignorar la frustración o decepción para enfocarte solo en la oportunidad. Se trata de aceptar la realidad, permitiéndote sentir lo que sientes, pero también escogiendo intencionadamente tus pensamientos, los enfoques creativos y las acciones que te ayuden a sacarle el máximo provecho a la situación. Eliges creer que las cosas, en efecto, pueden funcionar para tu bien, incluso si emergen de una situación que no es buena.

USA EL FRACASO COMO UN TRAMPOLÍN

El lado positivo del fracaso es un libro excelente de John Maxwell con un título al cual todos podemos aspirar[16]. Puedes adivinar la idea principal del libro. Cuando fracasas, en lugar de permitir que sea un revés, busca la forma de utilizar el fracaso para seguir avanzando. Considéralo como una oportunidad para aprender y crecer. El problema con el fracaso es que, con demasiada frecuencia, no lo consideramos un «qué», sino un «quién». Cuando el fracaso es un «qué» es un evento, algo que sucedió: «Fracasé». Cuando el fracaso es un evento, algo diferente puede suceder en el futuro: «La próxima vez, puedo ganar». Si consideramos al fracaso un «quién», permitimos que nos defina: «Soy un fracaso». Se convierte en algo por lo cual estar avergonzado, porque creemos que el fracaso es quienes somos. Una vez que adoptamos esa creencia, volveremos a fracasar porque vemos al fracaso como parte de nuestro carácter. Cuando nos sentimos avergonzados por fracasar, intentamos ocultar los fracasos. Podríamos negar que sucedieron o hacer un gran esfuerzo para justificar lo que sucedió: «En realidad, no fue un fracaso. Estas son todas las razones por las cuales no pude triunfar». Culpamos en lugar de asumir la responsabilidad y analizar con honestidad lo que salió mal para hacer algo diferente la próxima vez. Como consecuencia, nos perdemos la oportunidad excelente que nos brinda cada fracaso: aprender y crecer. Cuando internalizamos nuestros fracasos, fingimos y nos defendemos, evitando la clase de evaluación honesta que puede hacernos mejorar como personas y volvernos más sabios y fuertes para el futuro.

Por lo tanto, ¿qué puedes hacer para encontrar la oportunidad que ofrece el fracaso en el desafío? Los profesores de la Facultad de Derecho de Harvard, Douglas Stone y Sheila Heen, proveyeron una opinión valiosa sobre la clase de actitud que puede capacitarnos para ser resilientes ante el fracaso. Aconsejan: «Después de cada baja calificación que recibas, después de cada fracaso y paso tambaleante, date una "segunda calificación" según cómo manejaste la primera. [...] Aun cuando te calificaran con una F por la situación en sí, todavía puedes obtener una A+ por la forma como lidiaste con ella»[17].

Para usar el fracaso como un trampolín, ¿qué medidas necesitas tomar?

- Reconoce el fracaso.
- Determina la causa.
- Pregúntate lo siguiente:
    - *¿En qué fallé, específicamente?*
    - *¿Cuál es la lección más importante que aprendí de esto?*
    - *A pesar de no lograr la meta, ¿hice algo bien? Si es así, ¿qué?*
    - *¿Qué puedo hacer diferente en el futuro para tener éxito en esto?*

ACEPTA EL CRECIMIENTO POSTRAUMÁTICO

Usar el fracaso como trampolín puede considerarse como una forma de crecimiento postraumático (PTG, por su sigla en inglés). A diferencia del trastorno de estrés postraumático (PTSD, por su sigla en inglés), el PTG consiste en: «Cambios psicológicos positivos que se experimentan como resultado de la lucha contra un trauma o en situaciones altamente difíciles. [...] El PTG puede presentar cambios positivos en la autopercepción, en las relaciones interpersonales y en la filosofía de vida, lo cual conduce a una mayor autoconsciencia y confianza en uno mismo, una actitud más abierta hacia los demás, una mayor valoración de la vida y el descubrimiento de nuevas posibilidades»[18]. Desde luego, no se trata de escoger situaciones traumáticas o altamente difíciles pero, cuando te encuentras en ellas, saber que el crecimiento positivo es un resultado potencial puede, de hecho, reducir tu nivel de estrés y hacerte mentalmente más fuerte. Esta realidad siembra una semilla que te permite saber que es posible crecer a través de los desafíos en lugar de solo sobrevivirlos.

PREGUNTAS PARA PLANTAR SEMILLAS PARA UN NUEVO CRECIMIENTO

- ¿Estás enfrentando una situación altamente difícil en este momento?
- ¿Existe la posibilidad de un crecimiento positivo en esta etapa?
- ¿Qué esperas que suceda?
- ¿Cómo quieres que te vean?
- ¿Qué te gustaría aprender?
- Dentro de unos años, si miras atrás ¿qué te gustaría haber hecho?

Incluso en las situaciones más difíciles hay una oportunidad. Fui testigo del desarrollo de esto en mi vida personal. Pasar por el divorcio me hizo más compasiva. Desarrollé mayor empatía por el dolor de los demás. Mi fe fue profundamente fortalecida, además de que pasar por esta situación hizo que enfrentara mi temor a la desaprobación y al rechazo. ¿Qué oportunidad única te ofrece tu desafío actual? Hacerte esta pregunta te empodera para asumir el desafío y descubrir la oportunidad que conlleva.

CONSIDERA NUEVAS OPCIONES

Cuando las personas más resilientes se dan cuenta de que el camino hacia su meta está plagado de obstáculos que parecen ser insuperables, meditan en esta pregunta: *Si no puedo llegar allí de la manera tradicional, ¿qué otras opciones podría tener en cuenta?* Tu respuesta puede parecer no convencional. ¿Estás dispuesto a considerar un camino no tradicional? La creatividad es una habilidad de adaptación que por lo general nace de la necesidad.

Cuando la gimnasta Kaylia Neymour, de dieciséis años de edad, nacida y entrenada en Francia, se encontró en una disputa con la federación francesa de gimnasia sobre los lugares de entrenamiento, lo que le impediría competir por Francia en las olimpiadas del 2024, Neymour decidió seguir un camino alternativo hacia los juegos olímpicos. Aunque su madre es francesa, sus abuelos paternos nacieron en Argelia. Como resultado, Kaylia cumplía con los requisitos para tener doble nacionalidad, lo cual la calificaría para competir por Argelia. Compitió en las olimpiadas de París para el equipo de Argelia y ganó la medalla de oro, convirtiéndose en la primera africana ciudadana de Argelia en ganar una medalla dorada en gimnasia[19]. Su país de residencia, Francia, no ganó en esa competencia ninguna medalla en gimnasia.

A veces la oportunidad en los problemas exige que seas flexible para considerar otras opciones. Dóblate para no quebrarte. Disponte a abrir tu mente a nuevas opciones. Reconoce que el camino a la victoria quizás no se vea como lo imaginaste. La flexibilidad es una habilidad que hace la diferencia entre la resiliencia o la falta de ella. Cuando escribí mi primer libro años atrás, aunque quería que lo publicara una editorial importante, decidí hacerlo yo misma porque sabía que las probabilidades de que fuera publicado eran del 100 % si tomaba este camino pero cerca del 1 % si esperaba que una editorial importante viera mi potencial.

Quizás el área en la cual necesitas ser más flexible sea en tus relaciones. Por ejemplo, mi visión de matrimonio y familia no incluía casarme con alguien que ya tuviera hijos. No era una regla inflexible, solo que no era algo que hubiera considerado. Me imaginaba conocer a alguien como yo que todavía no tuviera hijos, aunque, evidentemente, con casi cuarenta años eso era menos probable que a los veinte. Cuando conocí a Jeff, sentí mucha paz respecto a nuestra relación. Sabía que estaba bien, aun cuando nunca había reflexionado sobre la posibilidad de ser mamá adoptiva. Adaptabilidad significaba abrir mi mente y mi corazón para dar lugar a esta nueva y significativa función en mi vida, debido a que las niñas tenían solo cinco y ocho años cuando llegué a sus vidas. Dada mi propia experiencia negativa como hijastra, tenía sentimientos muy intensos acerca de lo que significaba ser madrastra y, en consecuencia, estaba decidida a causar un impacto positivo al entrar a su familia ya existente. Descubrir mi función singular como uno de sus cuatro padres compartidos era una parte importante de mi viaje. Todo comenzó cuando me abrí a la posibilidad de un camino a casarme y a ser madre que estaba fuera de mi visión original.

¿Y tú? Cuando piensas en los desafíos que enfrentas en este momento y que exigen tu resiliencia, ¿cómo podrías abrir tu mente a caminos alternativos para llegar a tu meta? ¿Cómo podrían la creatividad y la flexibilidad empoderarte con el fin de que «te dobles para no quebrarte»?

Entrénate a ti mismo

- ¿Cuál es el desafío que necesitas sortear en este momento?
- ¿Cómo sería *sobrevivir* a este desafío? ¿Cómo sería *crecer*?
- ¿Cuál es la oportunidad que te brinda este desafío?
- Si aceptas esa oportunidad, ¿qué sería crecer a pesar de este desafío o como resultado de él?
- Escoge entre una y tres acciones que podrían ayudarte a aprovechar la oportunidad que te brinda el desafío.

► ¿Cuál de los cinco compromisos podría ser el más importante para ti en este momento?

- No sentiré lástima por mí mismo.
- No fijaré mi mirada en la puerta cerrada.
- Juntaré fuerzas para hallar el valor que necesito.
- Controlaré mis pensamientos. Mis pensamientos no me controlarán a mí.
- Elijo creer que todas las cosas obran para bien.

Intenta lo siguiente

- ☐ Busca la oportunidad en tu desafío. Podría ser la ocasión para intentar algo nuevo, recomenzar, aprender una lección, salir de tu área de comodidad, reducir la velocidad o acelerar.
- ☐ Recibe la oportunidad que te ofrece el desafío. De las acciones que elegiste cuando te entrenabas a ti mismo con las preguntas anteriores, escoge una que te ayude a avanzar y establece la fecha para comenzar.
- ☐ Comparte tu plan de acción con alguien que apoye tus esfuerzos.

DI CONMIGO:

«Busco la oportunidad en mi desafío».

REGLA DE RESILIENCIA N.º 9

APRENDE CUÁNDO SER DETERMINADO Y CUÁNDO RENUNCIAR

Cuando digo que sí a las cosas a las que debo decir que no, tengo que decir que no a las cosas a las que debo decir que sí.

MENSAJES CLAVES

- La resiliencia es más que solo perseverancia. Es la sabiduría de saber cuándo renunciar.
- La determinación también requiere gracia.
- El propósito alimenta la perseverancia. Es importante que tengas claros los tuyos.

«Nunca renuncies».

«Los ganadores nunca renuncian, y quienes renuncian nunca ganan».

«Ganar no es todo; es lo único».

Estas son algunas de las citas que muchos de nosotros escuchábamos cuando éramos niños. Aprendimos que renunciar era una idea horrible, algo que debíamos evitar a cualquier precio, algo de lo que avergonzarse. Como regla general, «nunca digas nunca» es un buen consejo. Cuando se trata de la resiliencia, sin embargo, a veces es un mal consejo. Hay excepciones a la regla, y es sabio reconocer cuándo necesitas hacer una.

¿Qué me puedes decir de esos momentos en que te percatas de que comenzaste algo que nunca deberías haber comenzado? ¿O de esa meta superficial que pusiste, que no justifica el desgaste en relaciones, energía o recursos? ¿Alguna vez te permites cambiar de idea? Cuando descubres una nueva perspectiva, ¿te permites establecer nuevas prioridades que estén de acuerdo con tus valores? Si cambias el curso, ¿eres alguien que simplemente renuncia? Y si es así, ¿eso significa que no «ganaste»? La resiliencia necesita perseverancia, pero tus creencias acerca de la perseverancia o de la determinación pueden, en realidad, sabotear tu capacidad para ser resiliente.

Durante la escuela para graduados de la Universidad de Pensilvania, tuve la oportunidad de aprender de expertos célebres en psicología positiva. Mis profesores estaban entre los investigadores más aclamados en resiliencia, emoción positiva, fortaleza, felicidad y, sí, *determinación*. Además de ser una de las experiencias de aprendizaje más divertidas de mi vida, el programa para graduados era inspirador y me hacía pensar. También traía un poco de redención para mí. A pesar de que estaba decepcionada por enterarme de que la investigación acerca de la determinación sugería que era parte de un grupo particular al cual le faltaba resiliencia, llegué a entender que hay un ingrediente que puede impulsar la perseverancia más que cualquier otro: el propósito. Permíteme darte un poco de trasfondo.

Una nominación favorable

En la primavera de mi último año de la escuela secundaria, recibí un fantástico honor que llegó en un sobre blanco de catálogo con el nombre de una prestigiosa universidad y las palabras «Designación presidencial» impresas con letras azul marino.

¡De ninguna manera!, pensé. *No puede ser*. A estas alturas, estaba bastante segura de que no había sido aceptada en esa universidad. El proceso extenso de postulación había incluido una prueba de aptitud física y entrevistas con oficiales militares. También tuve que enviar pruebas de mis credenciales de liderazgo, mi expediente académico con las notas y más. Esta universidad también exigía una nominación y designación de parte de un senador, representante, vicepresidente

o presidente de los Estados Unidos. La buena noticia en mi caso era que las designaciones presidenciales estaban reservadas para los niños mimados del ejército, hijos de los veteranos y, para entonces, mi papá llevaba dieciocho años en servicio activo en la Fuerza Aérea.

Esa tarde, cuando abrí el misterioso sobre después de la escuela, saqué una carta de aceptación a la Academia de la Fuerza Aérea de los Estados Unidos. Mi papá estaba asignado a una base militar en Corea del Sur ese año, así que lo llamé. No eran todavía las 6 a. m. en su cuartel, pero los hombres ya estaban levantados. El aviador que respondió el teléfono del pasillo fue lo suficientemente amable como para ir a buscar a mi papá.

«Hola, papá —dije cuando levantó el teléfono—. Siento mucho llamar tan temprano, tengo algo para leerte que creo que querrás escuchar —mientras le leía la carta, mi papá estaba en silencio—. ¿Me escuchaste papá?», le dije, preguntándome si la llamada se había cortado por alguna razón.

Cuando finalmente respondió, me di cuenta de que estaba callado porque la noticia lo había dejado mudo de emoción. Nunca antes había oído llorar a mi papá. Estaba sobrecogido por la emoción mientras me decía lo orgulloso que estaba de mí. Entonces, escuché que gritó al cuartel: «¡Mi hija ingresó a la Academia de la Fuerza Aérea!».

Pude escuchar a sus compañeros suboficiales que gritaban y aplaudían.

Sonreí, agradecida por escuchar su orgullo y entusiasmo. Pero sentía, en lo profundo, un leve titubeo. Aunque ser aceptada era un gran honor, ya no estaba tan segura de que la Academia fuera el camino correcto para mí. Mis padres sí lo estaban. Además, entre su divorcio inminente y las adversidades financieras que la separación había causado a mi familia, los ahorros para mi educación universitaria se habían agotado. Recibí ofertas de becas de estudio completas o parciales de parte de otras tres universidades, pero esta era una beca completa y una oportunidad enorme. Mi mamá insistía en que fuera, así que fui.

Decir que fue un año duro es una sutileza. Mis padres se

divorciaron durante mi primer semestre, tuve una cirugía, me internaron tres veces, y me sentí completamente fuera de lugar. También pasé la mayor parte del año en periodo de prueba académica. Para el final de mi primer año, había decidido irme.

Mi carrera universitaria había comenzado con un fracaso bastante dramático y un poco traumático. Tuve sueños estresantes acerca de mi primer año en la universidad durante al menos dos años después de haberlo terminado. Si antes de llegar al campus me hubieran contado todo lo que iba a pasar, es muy probable que nunca hubiera asistido. Supongo que así suele ser con las experiencias difíciles. Nunca había luchado tanto académicamente y, para cuando me fui, me sentía tan estúpida. Dudaba de mi inteligencia. Perdí toda mi confianza académica y pasé los dos años que siguieron tratando de probarme a mí misma que todavía era inteligente.

A pesar de todo eso, me sentí bien por haber superado ese intenso primer año ya que no quería renunciar sin haberlo completado. En medio del contratiempo, combiné la habilidad de adaptación del pensamiento positivo con la de fijarme una meta para finalizar la universidad: lo antes posible. Aunque ya había adelantado un año cuando terminé la secundaria a los diecisiete, me apresuré a terminar los años de universidad que me quedaban, en un intento de compensar con creces los fracasos de mi primer año. Asistí a un centro de estudios superiores en California, donde se había trasladado mi madre. Luego pedí transferencia a la Universidad Estatal de Florida, la cual me ofrecía la misma beca que me habían otorgado cuando terminé la secundaria. Me gradué de la universidad en tres años, y a los veinte años ingresé a una escuela para graduados de la Universidad A&M, cerca de Florida, una de las universidades históricamente negras del país. Amé totalmente el tiempo que viví en FAMU, porque experimenté por primera vez cómo se sentía no ser parte de una minoría, sino estar en una mayoría. Fue una experiencia valiosa para mí, pero también la superé a toda máquina. A los veintiún años, logré una maestría en periodismo. Cuando finalmente comencé a disfrutar mi etapa universitaria, ya había terminado.

Mi esfuerzo por alcanzar logros continuó. Fui directora de publicidad para una firma de contadores antes de fundar mi propia firma de relaciones públicas. A los treinta y cuatro años ya había escrito cinco libros. Cuando trece años después volví a la universidad para estudiar Psicología positiva aplicada, tuve la oportunidad de aprender de la ilustre investigadora Dra. Angela Duckworth. Era una de mis profesoras favoritas, alguien que de algún modo lograba que las clases sobre métodos de investigación y estadística fueran divertidas e interesantes. También era investigadora principal sobre determinación y autora de un libro superventas del *New York Times*. El libro *Grit* (Determinación) es una mirada fascinante a una clase particular de perseverancia que es excepcional en algunas de las personas más exitosas del mundo. Junto con sus colegas investigadores definen la *determinación* como «pasión y perseverancia para lograr metas a largo plazo que tienen importancia personal»[1]. Uno de sus primeros proyectos de investigación consistió en estudiar el comportamiento de los cadetes de West Point, la academia de servicio del Ejército de los Estados Unidos, para investigar la diferencia entre los cadetes que renunciaban antes de tiempo y aquellos que perseveraban hasta la graduación[2].

Cuando tomé las clases, tenía el doble de la edad que cuando fui cadete de la Academia de la Fuerza Aérea de los Estados Unidos diecisiete años antes. Cuando asistí a clase para aprender sobre su investigación, el tema me tomó por sorpresa porque lo sentía como algo personal debido a mi propia experiencia. Mi primera reacción fue de vergüenza silenciosa. Mis pensamientos pasaron del entusiasmo por aprender a la vergüenza del pasado. Pensé: *Supongo que soy una de las «no determinadas»*.

Mientras debatíamos sobre qué era lo que separaba a los dos grupos de cadetes, uno de los alumnos preguntó: «¿Estaba relacionado con su desempeño académico?».

Otro continuó: «¿Descubrieron lo que les sucedió a esos alumnos después de que se fueron?»

A medida que el debate avanzaba, quería que me tragara la tierra.

Mis compañeros no tenían ni idea de que esa era mi historia, pero lo mismo me inquietaba. Hasta ese momento, había creído que *sí era* alguien con determinación. Pero esta nueva narrativa desafiaba la forma en que me veía a mí misma. ¿Estaba en el lugar correcto? Los resultados sonaban bastante definitivos: los cadetes que no lo lograron no tenían determinación. No permanecieron a rajatabla. No estaban enfocados. No eran un ejemplo a seguir.

Después de sentirme derrotada por un tiempo, algo dentro de mí me impulsó y pensé: *Esto no me suena verdadero. No renuncié solo porque me faltaba determinación. Debe ser más complejo que eso.* Durante los diecisiete años anteriores, había tenido claro que la Academia no era el lugar correcto para mí. No tenía remordimientos por haberme ido. No había pasado el tiempo soñando despierta acerca de cómo podría o debería haber sido mi vida si hubiera permanecido. Ni siquiera una vez. Durante los primeros dos años después de irme, en ocasiones tenía pesadillas relativas a que todavía estaba allí, pero siempre me sentía aliviada cuando me despertaba y me daba cuenta de que solo había sido un sueño. Aun así, nunca fantaseé despierta con volver. Ese no era mi destino, y las cosas tenían que ser como fueron. Es más, a pesar del estrés por causa del divorcio de mis padres y de los asuntos médicos que enfrenté, la verdad es que, si me hubiera ido bien académicamente, es probable que me hubiera quedado.

El fracaso me empujó hacia una nueva dirección, una que me liberó para descubrir quién estaba diseñada a ser y qué debía hacer. Me permitió aceptar y aprovechar mis talentos e intereses naturales, tales como escribir y dar conferencias. No hay duda de que la Fuerza Aérea había sido una excelente forma de vida para mi familia. Durante los primeros diecisiete años de mi vida, era todo lo que conocía. Nací en una base de la Fuerza Aérea, mi padre se retiró de la Fuerza Aérea, y mi madre se retiró del Army & Air Force Exchange Service (Servicio de Intercambio del Ejército y de la Fuerza Aérea, AAFES, por su sigla en inglés), una empresa proveedora multimillonaria que sirve a las bases militares estadounidenses en todo el mundo. Nunca había vivido en un hogar civil. Además, la Academia estaba a solo ochenta kilómetros de nuestro hogar en Colorado. Fue un verdadero honor estar allí, pero el prestigio y hacer lo que mis padres querían no eran suficientes para alimentar la perseverancia. No era mi vocación. Y a pesar de lo mucho que traté, me faltaba la pasión y el propósito que tenían algunos de mis colegas cadetes. Todavía admiro la firmeza y la perseverancia necesarias, no solo para graduarse de una academia militar, sino para trabajar en un cargo militar. Mi respeto y gratitud a quienes sirven son inmensos. Pero lo que sé a partir de mi experiencia personal es que ese no era *mi* camino. Entender y honrar esa verdad me abrió el camino para que encontrara mi verdadera vocación.

LA CONEXIÓN ENTRE PROPÓSITO Y PERSEVERANCIA

- ¿Qué propósito cumple la perseverancia aquí?
- ¿Por qué es importante para mí ese propósito?

El propósito puede ayudarte a corregir el rumbo

El propósito te provee un porqué que te mantiene enfocado y persistente cuando las cosas se ponen difíciles. Te otorga solidez y fortaleza para soportar los problemas porque sabes con exactitud porqué estás haciendo lo que haces. Sabes que está ligado a tu tarea especial y a la visión que te impulsa hacia adelante. Tiene significado personal para ti. Sin propósito, la perseverancia a largo plazo no solo te pone a prueba, sino que también puede quebrarte. Cuando debes tomar una decisión acerca de perseverar en una visión o no, primero pregúntate: «¿Qué propósito cumple la perseverancia en todo esto?» y «¿Por qué es importante para mí ese propósito?».

Si las respuestas a estas dos preguntas te impulsan a seguir adelante, persevera. Si tus respuestas te confunden y te dejan exhausto, baja el ritmo. Es posible que estés en esa encrucijada donde necesitas decidir si te detienes o sigues adelante.

Determinación es más que ceñirse a una meta hasta lograr el éxito. Es más que solo perseverancia. Es la pasión por una meta de importancia personal lo que activa la determinación. Si no tienes pasión por algo, y si la meta no tiene un significado personal considerable que refleje tanto tu persona como tus intereses, te resultará difícil ser determinado. Ante los desafíos importantes, es casi imposible mantener la determinación sin un sacrificio emocional significativo.

También se necesita valor para hacer cambios cuando estuviste intentando perseverar en un área que no te apasiona. La verdadera resiliencia significa decidir que alinearás tus decisiones y elecciones con un sentido de propósito. De hecho, cuando te das cuenta que estás yendo por el camino equivocado, necesitas resiliencia para corregir el curso. Tu sentido de propósito puede darte la fortaleza para hacer un cambio, arriesgarte a ser desaprobado y vencer los temores e incertidumbres. El propósito impulsará tu perseverancia.

La verdadera resiliencia significa decidir que alinearás tus decisiones y elecciones con un sentido de propósito.

En ocasiones, deberás entrenarte a ti mismo para entender que tus respuestas a dos preguntas similares pueden ser completamente diferentes:

> ¿Es este un camino con propósito?
>
> ¿Es este un camino con propósito *para ti*?

Difícil versus gravoso

Hace muchos años, mientras reflexionaba sobre una decisión que me pesaba demasiado, me topé con estas palabras del Evangelio de Mateo durante mi tiempo de quietud y meditación. Las había leído antes, pero por alguna razón, las palabras tomaron un nuevo significado ese día:

> Luego dijo Jesús: «Vengan a mí todos los que están cansados y llevan cargas pesadas, y yo les daré descanso. Pónganse mi

> yugo. Déjenme enseñarles, porque yo soy humilde y tierno de corazón, y encontrarán descanso para el alma. Pues mi yugo es fácil de llevar y la carga que les doy es liviana».
>
> MATEO 11:28-30

Había estado trabajando en un proyecto y, para ser franca, me sentía intimidada por el trabajo. No porque fuera difícil. Estoy segura de que a otra persona le habría encantado hacerlo, pero no a mí. No tenía propósito. No era un buen uso de mis fortalezas. No me conduciría a mejores oportunidades. Me tomaba mucho tiempo que podría haber empleado mejor en otra cosa. Esta combinación de hechos lo transformó en algo más que solo «difícil» para mí. Era un sentimiento diferente: este trabajo se sentía gravoso. Gravoso no era solo difícil. Se sentía pesado y exigente; *demasiado* pesado y exigente. Era completamente agotador porque me había quedado sin energías para hacerlo.

Cuando me encontré con esas palabras de Mateo aquel día, se me ocurrió que, aunque las cosas que debo hacer en mi vida puedan ser difíciles, no son gravosas. Esas palabras me recordaron que el yugo de Dios es fácil de llevar y la carga es liviana. Basándome en esa perspectiva, me resultó mucho más fácil tomar la decisión de no continuar con este trabajo. Otra persona podría hacerlo mejor y con más alegría. Yo confiaba en que si algo estaba destinado para que yo lo hiciera, la carga sería ligera; incluso si la tarea en sí fuera difícil.

Dirigir un negocio, liderar un equipo o gestionar personas a veces puede ser difícil y complejo, pero debería motivarte o, al menos, hacerte sentir valioso y con propósito. Esta distinción entre difícil y gravoso me sirvió de guía por años. Te invito a prestar atención a las distinciones claves entre las actividades que son difíciles y la que son gravosas:

1. **Estás trabajando duro y estás cansado pero, en lo profundo, el trabajo te motiva.** Cuando algo es difícil o complicado, pero te motiva, esa puede ser una señal de que estás en tu punto óptimo. Existe una cierta gratificación que deriva de

trabajar arduamente en algo que está de acuerdo con tu propósito. Puedes darlo todo y, aun así, tener energía para seguir adelante.

2. **Te sientes exigido, pero no quebrado.** Las tareas y las situaciones difíciles te tensionan. Pero también te empoderan para aprender, crecer y ser la persona que tienes que ser. Al crecer, por definición, te expandes a una mejor versión de ti mismo.
3. **Estás en paz incluso en medio del caos.** Algunas épocas de la vida son muy difíciles, incluso caóticas. Esperas con ansias superarlas, incluso cuando te sientes excepcionalmente equipado para manejarlas. El caos puede ser como un torbellino a tu alrededor, y aun así, permaneces en calma. Estás en paz.
4. **Hay un propósito en el dolor.** Las tareas y las situaciones difíciles cumplen un propósito. Las que son gravosas te distraen de tu propósito. Las situaciones exigentes que tienen propósito pueden transformarte, darte claridad, fortalecer tus relaciones y hacerte madurar con la finalidad de prepararte mejor para el futuro. Te conducen hacia tu propósito. Si entiendes esto y perseveras, descubrirás que la recompensa lo vale; continúa con la tarea exigente. Hacer sacrificios por un propósito mayor puede lograr que las tareas difíciles sean significativas[3].

¿Cuán fuerte es tu porqué?

Cuando la campeona internacional de atletismo y cuatro veces olimpista Chaunté Lowe combinó su pasión por el atletismo con su visión de llegar a las olimpiadas, confió en una motivación subyacente que impulsaba su disciplina cuando el entrenamiento era riguroso. «Quería salir de la pobreza. No quería que esa volviera a ser mi realidad nunca más. Cuando era adolescente y miraba a mi alrededor a las personas que habían salido de la pobreza, lo que veía que tenían en común era que habían estudiado», recuerda. Chaunté sabía que, si se destacaba en atletismo y ganaba las competencias estatales y nacionales en la escuela secundaria, lograría llamar la atención de las universidades que podrían brindarle una beca y un pasaje a los estudios que la llevarían a su meta.

Alcanzar su objetivo a veces era doloroso. Debido a lo determinado que era su entrenador, el entrenamiento era exigente y él esperaba constancia. Las prácticas eran rigurosas, a menudo sus músculos le quemaban, y confiesa que no siempre quería ir. Algunas de sus compañeras de equipo faltaban a las prácticas cuando las cosas se ponían muy difíciles. Algunas abandonaban. Pero Chaunté afirma: «Tomé una decisión. Será doloroso, pero lo voy a hacer de todos modos». Sabía que dedicaría su tiempo haciendo otra cosa, fuera a las prácticas o no. Por qué no trabajar por algo que podría darle lo que ella quería de la vida: la posibilidad de construir un fundamento que le brindara tanto una seguridad financiera como el beneficio de proveerle una buena educación universitaria.

Chaunté utilizó intencionadamente sus habilidades de adaptación, escogiendo pensamientos que la fortalecieran; por ejemplo, saber que haría el trabajo aunque fuera doloroso. Empleó esas habilidades de adaptación con el fin de trabajar para lograr una educación universitaria, recurso protector que la ayudaría a construir la seguridad financiera que no tuvo cuando era niña. El propósito impulsó su perseverancia. Y su perseverancia dio frutos. Entre las muchas oportunidades que se ganó estuvo la beca de Georgia Tech, una de las mejores universidades del país. Chaunté se graduó con un título en economía el mismo año en que ganó la medalla de bronce en las olimpiadas; era la segunda de cuatro participaciones olímpicas consecutivas. Su «porqué» fue el impulso que la ayudó a ganar tanto el título universitario como la medalla.

Enfócate en tu porqué

En tus mayores batallas, es muy importante que expreses con claridad tu propósito. Enfócate en tu porqué. El propósito es como una brújula que te señalará la dirección correcta y luego impulsará tu viaje. En los días cuando sentía deseos de abandonar mi visión de ser escritora, dar conferencias y ser una mujer de negocios, el propósito siempre me mantenía en marcha. Durante los primeros diez años de mi trayectoria en el trabajo que hago ahora, dudaba de mí misma con frecuencia. El trabajo era por lo general arduo y no estaba obteniendo toda la ganancia que esperaba. Fantaseaba sobre dónde podría estar económicamente si me hubiera quedado en Relaciones Públicas y hubiera logrado un ascenso corporativo en lugar de perseguir el solitario e intrépido sueño de tener mi propia empresa. De vez en cuando, consultaba los sitios de búsqueda de trabajo y consideraba la idea de abandonar el barco de mis sueños. Pero el propósito siempre parecía guiarme suavemente de regreso a mi camino.

Con el tiempo, expresé ese propósito con tanta claridad que los cuestionamientos se terminaron. Me di cuenta de que ninguna suma de dinero sería suficiente para hacerme abandonar la tarea que creía era la razón para estar en este planeta. Sea lo que sea que ganara, aprendería a vivir con eso y tendría la paz de saber que vivía la vida según mis términos, haciendo exactamente lo que había sido llamada a hacer. Mantuve mis gastos básicos bajos por muchos años, y esas decisiones me sirvieron como medidas preventivas que me ayudaron a perseverar en mi propósito el tiempo suficiente como para finalmente comenzar a prosperar.

Sin un porqué fuerte es más probable que abandones en tus momentos más duros. La perseverancia constituye un desafío y exige disciplina y mucho empeño. Reiteradamente te sentirás tentado a abandonar y, cuando eso suceda, en lo profundo de tu ser necesitarás una respuesta a esta pregunta: *¿Por qué debo seguir adelante?*

La respuesta se encuentra en tu misión personal. En mi libro *Rich Minds, Rich Rewards* (Mentes ricas, recompensas ricas) invito a los lectores a crear una declaración de misión personal. Por ejemplo, la mía es: «Crear y disfrutar de una vida satisfactoria, próspera y generosa, e inspirar a otros a hacer lo mismo». ¡Que tu declaración sea breve, orientada hacia la acción y exclusiva para *ti*!

Para escribir tu propia declaración de misión:

1. Comienza con verbos dinámicos que describan lo que deseas hacer con tu vida: «Mi misión personal es __________ y __________». (Los míos son *crear* y *disfrutar*, pero tal vez puedes escoger más de dos palabras).

2. Luego nombra el propósito, la filosofía, la causa, el principio o valor que sea más importante para ti. (El mío es: «Una vida satisfactoria, próspera y generosa»).

3. Por último, elige la causa o el grupo al que deseas afectar de un modo positivo. (El mío es tener un impacto positivo, inspirando también a «otros» a vivir bien).

¡Ahora tienes la receta para tu declaración de misión!

Quienes perseveran lo hacen por una razón. Conocen su propósito y saben por qué deben perseverar. Ese propósito impulsa su perseverancia. Para ser resiliente, debes saber si hay un propósito superior que te impulsa a perseverar en tus desafíos y, si lo hubiere, es importante que sepas cuál es. Perseverar por el solo hecho de hacerlo no es siempre sabio; por el contrario, perseverar por un propósito produce resultados significativos.

Una de mis herramientas favoritas de la psicología positiva es Character Strengths Survey VIA (Sondeo de las fortalezas del carácter). Es una evaluación de fortalezas desarrollada por el difunto Dr. Chris Peterson, mi piedra angular en la escuela de graduados, en colaboración con el Dr. Martin Seligman. VIA quiere decir «Valores en acción», y enfatiza el hecho de que nuestras fortalezas son valores innatos a los que echamos mano cuando interactuamos con el mundo. La clasificación VIA de veinticuatro fortalezas del carácter, la cual se basa en fortalezas universalmente famosas en las culturas de más de setenta y cinco países, identifica la espiritualidad, conectada a la fe y al sentido de propósito, como una de las fortalezas singulares del carácter[4]. Quienes tienen esta fortaleza tienen convicciones fuertes acerca del propósito superior y el significado de la vida, y saben cuál es su lugar en el diseño más amplio de las cosas.

Incluso si de manera natural no te sientes atraído hacia un sentido de propósito, puedes cultivar esta fortaleza identificando tu porqué. Además, puedes hacer uso de ese propósito para generar la energía que te motive, te inspire y, literalmente, te haga avanzar. En mi caso, ese propósito es mi mayor fortaleza, lo cual ayuda a entender lo forzada que me sentí en los puntos críticos de mi vida a abandonar cosas que sentía que no tenían propósito y a perseverar en las cosas que sí lo tienen. Aunque no esté entre tus fortalezas más notables, tu propósito siempre estará debajo de la superficie, empujándote e impulsándote a perseverar en la dirección correcta. La ausencia de propósito también te punzará, con la intención de darte la sabiduría para saber cuándo es tiempo de soltar. Recuerda estas maneras sencillas de prestar atención para encontrar tu propósito en una situación dada:

- A veces necesitas seguir. Ya casi lo logras. Hay una diferencia entre «difícil» y «gravoso».
- A veces necesitas reconocer que la temporada de algo terminó y es tiempo de hacerlo de manera diferente. Eso no es renunciar, es entrar en una nueva etapa. Perseverar con lo viejo en una nueva etapa significa renunciar a lo nuevo. Debes cambiar la narrativa y disponerte a soltarlo.
- A veces descubres que nunca deberías haberte embarcado en ese viaje. En esas instancias, perseverar no es la meta si no hay propósito en hacerlo. Perdónate. Aprende la lección. No *pases* simplemente por la experiencia, *crece* a través de ella.
- La falta de propósito es una señal. No la ignores. Puede ser una indicación de que no vale la pena perseguir algo. O bien una

señal de que necesitas retocar la visión o meta para que esté alineada con un sentido de propósito.

UNA PALABRA PARA LAS MUJERES

Deseo decirles una palabra a las mujeres en cuanto a ser determinadas y a renunciar. Hombres, son bienvenidos a escuchar.

A pesar de que sospecho que ya lo saben, aunque quizás no a un nivel consciente, muchas mujeres cargan con un peso invisible. Atentas por naturaleza a las necesidades de los demás, las mujeres a menudo cargan sobre sus hombros sus propias cargas y las de los demás. Las mujeres suelen ser las responsables de la seguridad y del cuidado de un padre anciano. Con frecuencia es la mamá, ya sea que trabaje fuera de casa o no, quien compra las mercaderías, hace las citas con el médico, se encarga de llevar a los hijos a las prácticas de fútbol y de traerlos de regreso, y planea las vacaciones familiares. Aunque el mundo insiste en que necesitas hacerte cargo de todas estas cosas, te estoy dando permiso explícito, algo que quizás nunca tuviste, a elegir entre ser determinada o renunciar. Para ti, ser resiliente significa que tienes el derecho a *elegir*. Y debido a que estoy bastante segura de que probablemente ya lograste de manera perfecta ser *determinada*, te pido que te des permiso para *renunciar* cuando sea lo mejor para ti.

Cuando tus hijos sean capaces de lavar su ropa: puedes renunciar. Puedes asignarles esa tarea.

Cuando estás en una relación mortal: puedes renunciar. No debes permanecer en una relación destructiva que aplaste tu alma.

Cuando hayas construido tu propio negocio y deseas alejarte un poco para pasar más tiempo con tu familia: puedes renunciar. Renunciar simplemente podría significar que continúes haciendo las cosas que *solo* tú puedes hacer y que contrates a alguien más para que haga el resto.

Cuando te sientes agobiada por las necesidades de una madre anciana: elabora un plan porque, si no lo haces, la determinación puede agotarte al punto que no tengas ánimo para proveer el cuidado que se necesita. Renunciar, en este caso, podría significar acceder a otros recursos: aceptar la ayuda de familiares y vecinos, aprovechar todos los recursos disponibles a través del seguro o del servicio social, o contratar ayuda por unas horas a la semana si puedes costearla, para que el trabajo se haga.

Creo que entendiste la idea. Debido a que el mundo enseñó a las mujeres a subvertir sus propias necesidades, te invito a tomar una decisión consciente acerca de cuándo es correcto ser determinada y cuándo es correcto renunciar.

«Nunca te rindas» es un consejo espantoso

Ser obstinado con la meta equivocada no es resiliencia auténtica. No es adaptabilidad. Por lo general se origina en la obstinación, el orgullo y el temor. Sí, hay épocas en que renunciar demuestra ausencia de determinación. Pero renunciar también significa presencia de sabiduría. El valor para dejar el cargo, tomar distancia o hacerse a un lado puede ser una señal de resiliencia profunda. Lo que parece ser una derrota puede ser, en realidad, un triunfo.

Cuando tomé la decisión de renunciar a la FIV, no estaba renunciando al sueño de ser madre. Mi esposo y yo escogimos otro plan, uno que sentíamos que tenía propósito. Quizás para otra persona, la persistencia como paciente y las rondas repetidas de tratamiento podrían ser el medio con un propósito hacia su meta. En nuestro tiempo de quietud y oración, no nos sentíamos llamados a continuar. Independientemente de los muchos amigos y familiares que nos animaban a no renunciar a la FIV, yo no quería hacerlo de nuevo. Como consecuencia, no lo hicimos. Conócete a ti mismo y conoce tu porqué. Deja que la paz guíe tus decisiones.

Cuando renuncié a mi trabajo de tiempo completo como directora de publicidad para perseguir mi sueño empresarial de dirigir mi propia firma de relaciones públicas, el temor al fracaso me susurró dudas. *¿Estás segura de que quieres renunciar a tu trabajo?* Mi respuesta fue sí. Renunciar era necesario si quería encarar el futuro como la dueña de una empresa en lugar de ser empleada. Entonces, cuando renuncié a un trabajo exitoso en relaciones públicas para dedicarme al trabajo que hago ahora, seguir mi propósito fue lo que me llamó a seguir adelante.

En ocasiones, renunciar es la cosa más resiliente que puedes hacer. Algo no tiene que estar errado para ser la cosa equivocada... para ti. Saber cuándo abandonar algo y luego armarse de coraje para hacerlo es poderoso. Renunciar a lo equivocado es a menudo la única forma de hacer lugar para lo correcto. A medida que creces y aprendes, adquieres sabiduría. A veces, la decisión más sensata que puedes tomar es dejar de hacer algo que no tiene ningún propósito para ti y comenzar a decirles que sí solo a las personas y a las cosas que tienen un propósito significativo. Cuando adoptas este enfoque, te resulta mucho más fácil perseverar. El propósito se convierte en la palanca que aliviana la carga de la perseverancia. Provee combustible para el largo viaje y te concede la gracia para hacer cosas difíciles.

Cuando mi madre vino a casa tras dos meses de estar en el hospital, luego de la cirugía de cerebro que le salvó la vida a causa del aneurisma cerebral, apenas podía hablar; no podía sentarse ni podía caminar por sí sola, y enfrentaba una multitud de otros problemas. El pronóstico era bastante desalentador, y dependía de ella tener la voluntad para vivir y recuperarse. Aun así, me contó que en sus días más duros no dejaba de pensar en una sola cosa: «Sabía que estarías bien —Yo tenía veintiocho años y era autosuficiente—. «Pero tenía que sobrevivir por Wade», haciendo referencia a mi hermano mucho menor, quien tenía ocho años en ese momento. En otras palabras, Wade era el propósito que impulsaba su perseverancia. Él era la razón para que ella luchara por su vida.

Renunciar a lo equivocado es a menudo la única forma de hacer lugar para lo correcto.

La resiliencia que necesitas podría, en realidad, tener consecuencias de vida o muerte. Aunque en la mayoría de las instancias los riesgos no son tan altos, el principio todavía aplica. Si quieres tener la determinación de perseverar ante los desafíos más difíciles, tu razón para perseverar debe tener significado para ti. La perseverancia en sí misma no es un propósito lo suficientemente fuerte como para soportar las dificultades. El propósito debe preceder a la perseverancia.

Cuando llevas mucho tiempo haciendo algo, corres el riesgo de caer en la trampa de creer que las cosas se mantendrán siempre iguales. Pero a veces es tiempo de cambio. Por lo general, eso se evidencia a través de la energía y el propósito que percibes en el camino que estás recorriendo. A esa energía y propósito la llamo «gracia».

Hay una pregunta de entrenamiento que me encanta hacer cuando una persona está luchando con la decisión de quedarse en el camino actual o permitirse cambiar de rumbo. A la hora de decidir a qué dedicas tu tiempo, pregúntate lo siguiente: *¿Tengo la gracia para hacerlo?*

Si la respuesta es sí, eso significa que tienes la energía y el propósito para hacerlo. Entonces, sigue adelante. Mantén el rumbo. Tiene propósito. Y con la gracia de tu lado, tendrás la energía para lograrlo. A pesar de que el camino sea difícil, tener la gracia para hacerlo es una señal. Cuando la gracia se va, también es una señal. Por lo tanto, si tu respuesta a la pregunta «¿Tengo la gracia para hacerlo?» es no, debes permitirte hacer un cambio.

HACER O NO HACER

Cuando los clientes se preguntan si deberían seguir buscando una meta en particular, les recomiendo que hagan los siguientes ejercicios:

- Identifica la meta, la oportunidad o el desafío.
- Ten en claro tu propósito al perseguirla.
- En una escala del 1 al 10, ¿concuerdan tu meta y tu propósito?
- Si estás satisfecho con cómo concuerdan, hazlo. Si no puedes darle una calificación elevada, quizás necesites hacer una leve modificación o escoger una de estas tres opciones:
  - Demóralo (si el tiempo, pero no el propósito, es inadecuado).
  - Delégalo (si tiene propósito pero no para ti).
  - Elimínalo (si no tiene un propósito significativo o ya no sirve a un propósito significativo).

Si dices que sí a cosas a las cuales deberías decir que no, les estás diciendo que no a cosas a las cuales deberías estar diciendo que sí. Quizás sea tiempo para un cambio: tal vez tengas que decir que no o, por el contrario, asumir un nuevo desafío que te ayude a crecer hasta que llegues a ser la persona que debes ser en esta etapa. Si persigues compromisos y oportunidades que no son para ti, es probable que estés impidiendo que otra persona tenga la oportunidad y la experiencia. No tengas miedo de reevaluar tus compromisos y de hacer algunos cambios. La gracia puede ser tu guía.

Estos pasos garantizarán que digas que sí solo a las cosas correctas.

En las pequeñas y grandes decisiones, en las metas pequeñas o en una visión monumental, la resiliencia se fortalece con un sentido de propósito. Abandona la idea de que renunciar es siempre malo. Aunque renunciar a veces no es la señal más resiliente, sí hay ocasiones en las que es, sin lugar a duda, la decisión más sabia y resiliente que puedes tomar. Las personas resilientes aprenden a discernir la diferencia.

Entrénate a ti mismo

- ¿En qué área(s) notaste que el camino hacia adelante es duro o difícil en este momento?
- ¿El desafío es gravoso o solo «difícil»? Difícil significa que tienes la gracia para hacerlo aunque sea difícil de lograr. Gravoso significa que no tienes la gracia para hacerlo, sea difícil o no.
- ¿Cuál es el propósito de perseverar en esta dificultad?
- En una escala del 1 al 10, ¿cuán significativo es ese propósito para ti en esta temporada?
- ¿Cuál es el mensaje que te deja la calificación que le diste a la pregunta anterior?
- ¿Cómo deseas avanzar a la luz de tus respuestas a las preguntas?

- ¿Cuáles son las próximas medidas que tomarás?
- ¿Qué recursos o personas podrían facilitar esas medidas?

Intenta lo siguiente

- ☐ Identifica el propósito para perseverar en tu desafío.
- ☐ Una vez que identifiques el propósito, aclara si el propósito es lo suficientemente fuerte para alimentar tu perseverancia o si la meta y el tiempo necesitan ser ajustados.
- ☐ Si el propósito es lo suficientemente fuerte, hazlo. Si no lo es, ten en cuenta estas tres opciones:

  Demóralo (si el propósito es fuerte, pero no es el momento).

  Delégalo (si tiene propósito, pero no tiene propósito para ti).

  Elimínalo (si no tiene un propósito significativo o *ya no* sirve a un propósito significativo).
- ☐ Prioriza el propósito por encima de la perseverancia. No perseveres por la perseverancia en sí, sino porque hay un claro propósito para hacerlo.

DI CONMIGO:

«El propósito alimenta la perseverancia».

REGLA DE RESILIENCIA N.º 10

CIERRA TU BRECHA DE ENERGÍA

Descubre la verdadera razón por la cual llegas al punto del agotamiento y aprende a reponer tu energía de la manera correcta para que el ciclo deje de repetirse.

MENSAJES CLAVES

- Tu nivel de energía debe coincidir con tu nivel de visión, o terminarás exhausto.
- El cuidado personal y la autocompasión son propulsores cruciales de la energía.
- Lo negativo es más poderoso que lo positivo; por lo tanto, cultiva con cuidado lo positivo.

Nunca olvidaré la primera vez que mi papá me dejó manejar su coche de reserva hasta la escuela. Fue la primera vez ¡y la última! que me quedé sin combustible. Hacía casi tres semanas que me habían otorgado la licencia de conducir, y lo fastidiaba constantemente para que me dejara manejar a «Flo», el Volkswagen Rabbit color amarillo fluorescente de doce años, el cual había comprado para evitar el desgaste de su vehículo principal en esos días nevados de Colorado. Finalmente, cedió. Supongo que cuando me dijo que sí, pensó que manejaría hasta la escuela, me quedaría para la práctica de porristas después de clase, y luego regresaría a casa. A pesar de que no me había preguntado de manera específica cuál sería mi itinerario, estoy bastante segura de que no contaba con que yo haría todo lo que hice ese día después de la escuela.

Entusiasmada por la libertad de tener el vehículo, les avisé a todas mis amigas que había manejado hasta la escuela. Varias me pidieron que las llevara hasta la casa. Resultó que ese día no tenía práctica, de modo que respondí alegremente: «¡Seguro! ¡Puedo llevarte!». Primero pasamos un rato juntas y nos detuvimos a comer un bocado en Taco Bell. Una de mis amigas vivía en el vecindario más alejado de la escuela, en dirección opuesta a las otras dos que iban en el coche. Después de dejar a mis tres amigas, decidí ir al centro comercial donde trabajaba. A pesar de que ese era mi día libre, encontré una razón para ir.

Cuando decidí regresar a casa ya era tarde, probablemente cerca de las 7 p. m. Recién entonces noté la luz roja en el tablero. ¡El tanque de combustible estaba en *E*! No tenía idea por cuánto tiempo había estado encendida la luz roja. Posiblemente tenía un tercio de tanque cuando mi padre me entregó las llaves, pero al haber manejado por todos los suburbios de Denver, usé casi todo el combustible. *No hay problema. Me detendré para cargar combustible*, pensé. Me detuve en una estación de servicio para cargar combustible, y ahí fue cuando me di cuenta de que tenía un problema todavía mayor. Necesitaba una segunda llave para abrir el tanque de combustible, y ¡no la tenía!

Estaba a apenas unos pocos kilómetros de casa, así que continué mi marcha, conteniendo el aliento y orando para llegar. Ahí fue cuando sentí una sensación que juré nunca volver a sentir: el sentimiento inútil de apretar el acelerador y no sentir ninguna aceleración. Seguí presionándolo con el pie, insistiéndole al automóvil que avanzara, pero no logré nada. No quedaba nada en la reserva; el tanque estaba completamente vacío. Algo parecido sucede en el camino de la vida, en especial durante los tiempos difíciles, lo cual nos lleva a la Regla de resiliencia n.º 10: «Cierra tu brecha de energía».

Las grandes metas y los grandes desafíos requieren mucho combustible para llegar a tu destino. Si no prestas atención, no solo terminarás en *E*, sino que también podrías usar toda la reserva que tienes y quedarte sin nada de combustible. Debes reponer tus reservas y luego llenar tu tanque una y otra vez para no terminar exhausto ni renunciar.

Repone y recarga

Es fácil subestimar la cantidad de energía que hace falta para impulsar tu visión. Aun cuando tuvieras suficientes reservas para abrirte camino ahora mismo, si no repones tu energía en algún momento tu visión dejará atrás a tu resistencia. Una de las formas más efectivas de evaluar si necesitas incrementar tu nivel de energía es calificar tanto tu energía como la visión o desafío que enfrentas. No podrás lograr un desafío que esté en un nivel 10 si tu energía está en un nivel 6. Podrás avanzar un poco, pero en algún punto del viaje te ahogarías. Si no reconoces que la falta de combustible para el viaje es la razón por la cual no puedes avanzar, atribuirás tus errores a la falta de motivación y el lento progreso a otros factores. Quizás incluso te mortifiques pensando: *Soy perezoso. No tengo motivación. No puedo hacerlo.* Pero ¿y si no se tratara de nada de eso? ¿Si se tratara simplemente de que estás exhausto y necesitas un descanso? ¿Si en realidad subestimaste la cantidad neta de esfuerzo y resistencia que se necesita para enfrentar el desafío y llegar a la meta?

LA LUCHA ES REAL

Ashley no podía entender por qué le estaba resultando difícil cumplir con su carga de trabajo. Lo que tenía que hacer no había cambiado mucho con los años, pero no podía cumplir con los tiempos asignados y le llevaba más tiempo completar su tarea. Se sentaba al escritorio para comenzar sus actividades, pero le costaba organizar su lista de tareas pendientes o seguir enfocada. Esto no había sido un problema hasta ahora.

Durante una sesión de entrenamiento, le pregunté: «¿Hubo algunos cambios que te hayan afectado este año?».

Al principio, no se le venía ninguno a la mente. Pero cuando le pedí que considerara sus niveles de energía mental, física y emocional, se tomó un momento para reflexionar.

«Sabes, esta falta de energía no solo se está evidenciando en mi trabajo —declaró—. También me afecta con las tareas en mi hogar.

Estuve menos organizada y motivada de lo que solía estar, en particular en los últimos seis meses».

Mientras Ashley consideraba los cambios en ese periodo de tiempo, se le ocurrió que estaban conectados con dos cosas: la cirugía que había tenido siete meses antes por un desgarro del ligamento cruzado anterior y el hecho de que su sobrino vino a vivir con ella debido a que su hermana había sido desplazada al extranjero por unos meses. Aunque su sobrino estaba bien, ella se había visto forzada a hacer grandes cambios en su agenda. Los muchos ajustes y la coordinación para organizar su vida cotidiana en torno a las necesidades del niño habían requerido mucha energía mental. También recurrió a su energía emocional para ayudarlo a superar el cambio y la nostalgia por su hogar.

La recuperación de la cirugía había generado que su energía física cayera de manera inesperada. Ashley había sido disciplinada con respecto a hacer ejercicios pero, cuando la cirugía interrumpió esa disciplina de manera temporal, también perdió el incremento de energía que le proporcionaba el ejercicio. Antes de la cirugía, había empleado su tiempo matutino diario en la máquina elíptica para planear sus días, dictar y enviar correos electrónicos, y estar al día con sus amigos y familia. Cuando cesó el entrenamiento, también se detuvo ese tiempo de planeación informal, lo cual dio como resultado que estuviera más apurada y menos organizada durante el día. Para el tiempo en que se recuperó físicamente, su sobrino llegó para quedarse con ella, y en consecuencia nunca volvió a su rutina de entrenamiento.

Le pedí a Ashley que reflexionara sobre la energía requerida para tener éxito en esta nueva etapa y sobre la energía que tenía disponible. Definiendo la energía requerida como (1) cantidad e intensidad de esfuerzo, (2) periodo de tiempo que necesitaba para ejercer el esfuerzo y (3) circunstancias y compromisos que afectaban su capacidad, se percató de que la energía requerida estaba ahora aproximadamente en un nivel 10. Apenas seis meses antes, calculaba que había estado entre 5 o 6. Había estado navegando su vida personal y profesional sin muchas exigencias y con mucho tiempo libre. En ese entonces, solo tenía que cuidar de sí misma. Cuando consideró la energía disponible teniendo en cuenta el cuidado de su sobrino, recuperarse de la cirugía, y la falta de tiempo para hacer ejercicios —que le había provisto bastante estímulo físico, mental y emocional—, se percató de que su energía disponible había descendido aproximadamente de un nivel 9 a un 4 o 5.

Este ejercicio de reflexión fue revelador. Ashley al fin pudo reconocer que había experimentado cambios significativos y que esos cambios generaban los desafíos que la estaban acosando. Se había estado mortificando, atribuyendo su cansancio extremo y el no poder estar en control de las cosas a su falta de organización, pero ahora se daba cuenta de que las exigencias que se había impuesto eran poco realistas. «Siempre me habían considerado una supermujer capaz de hacer todo. No estoy acostumbrada a sentirme tan estresada y atrasada en todo», declaró. Invité a Ashley a probar la autocompasión: hablarse a sí misma del mismo modo que le hablaría a su mejor amiga si estuviera pasando por las mismas adversidades. «No la mortificaría sobre esto. ¡Señalaría lo mucho que tiene que hacer mientras se está recuperando de una cirugía! Y es muy probable que le dijera que se tome un tiempo libre para descansar y ponerse al día», afirmó.

Ashley sabía lo que necesitaba hacer. Decidió controlar lo controlable, comenzando por retomar la actividad que siempre le había dado energía física, tiempo para organizar sus pensamientos, y el estímulo emocional que tanto necesitaba. Propusimos ideas para elaborar un plan que le permitiera regresar a su rutina de ejercicios físicos, aun cuando su agenda actual necesitara incluir a su sobrino. Apartó algo de tiempo temprano por las mañanas, antes de que él se levantara, y se iba a la cama más o menos cuarenta y cinco minutos antes para dormir la misma cantidad de horas a la cual estaba acostumbrada. En unas pocas semanas, notó el impacto en su productividad tanto en el trabajo como en casa.

¿CUÁNTO COMBUSTIBLE TIENE TU TANQUE?

Usando la estructura de cuidado personal que diseñé, le pedí a Ashley que prestara atención a lo que su vida le estaba diciendo y que luego honrara lo que escuchó. Muy a menudo, ignoramos las señales que nos indican la necesidad de cuidarnos mejor. Puedes utilizar esta misma estructura. Simplemente haz dos cosas:

1. **Escucha.** ¿Qué circunstancias, situaciones o cambios en tu vida o trabajo podrían ser señales de que necesitas cuidarte mejor? Por ejemplo, tal vez estás tratando de equilibrar nuevas responsabilidades en la casa o en el trabajo, o quizás estás lidiando con nuevas dificultades que tienen que ver con tu salud, finanzas o relaciones. Permanentes dolores de cabeza, agotamiento o irritabilidad, incapacidad para recordar, impuntualidad crónica, falta de cumplimiento de los plazos y falta de tiempo de esparcimiento, de vida social o de rutina de ejercicios pueden ser señales de que tus reservas están peligrosamente bajas.

2. **Honra.** No es suficiente con escuchar y tener en cuenta lo que llama tu atención. También debes honrar lo que escuchas y hacer algo acerca de ello. ¿Qué podrías hacer para honrar lo que estás percibiendo en esas áreas en las cuales estás agotado? Quizás establecer límites, buscar pequeños espacios de tiempo libre en tu rutina diaria o compartir ideas con una amiga o amigo, vecino o cónyuge a fin de encontrar la forma en que ambos tengan un espacio de descanso y reflexión; encontrar maneras sencillas de honrar tu necesidad de descanso y renovación es siempre posible.

¿Cuál es tu brecha de energía?

La necesidad de resiliencia crece cuando no tienes los recursos para encontrarte con los estresores que enfrentas. Uno de tus recursos más importantes es la energía, la cual alimenta tu capacidad no solo para seguir adelante, sino también para ser consistente, creativo y comprometido.

Cuanto mayor sea tu desafío, mayor debe ser tu compromiso para hacer lo que sea necesario para alcanzarlo. Y cuanto mayor sea la meta, más energía se necesita para llegar. Sin importar si necesitas recurrir a tu energía física, mental o emocional, es fácil subestimar cuánta energía necesitas para llegar a la meta. Cuando evalúas con precisión lo que realmente te detiene, estás en condiciones de determinar de manera más efectiva las medidas que necesitas tomar para lograr tu avance.

Cuando piensas acerca de tu dificultad actual y el resultado que te gustaría tener, ¿qué nivel de energía igualará el nivel del desafío que enfrentas? Si tu nivel de desafío es mayor que tu nivel de energía, tienes una brecha que debes cerrar en al menos una de estas áreas: energía mental, energía emocional o energía física.

Analicemos con más detenimiento los tres tipos de energía para que puedas identificar dónde tienes la oportunidad de reponer.

ENERGÍA MENTAL

La energía mental es la clase de energía que se necesita para realizar tareas cognitivas tales como la resolución de problemas, toma de decisiones, enfoque y dominio propio. Así como necesitas energía física para levantar algo pesado o correr una cierta distancia, necesitas energía mental para llevar la carga mental de las tareas que requieren pensar y procesar información.

La energía mental afecta el humor, la cognición y la motivación. Cuando se agota, te distraes con facilidad, no puedes enfocarte e incluso te vuelves irritable y desmotivado. En mis primeros estudios sobre psicología positiva, dos conceptos arrojaron luz sobre los problemas crónicos que agotaban mi energía: la fatiga de decisión y la fatiga de meta. ¡Ambas existen! Y cada vez que hablo sobre estos conceptos, independientemente del lugar en el mundo, quienes escuchan asienten con la cabeza, indicando lo mucho que se identifican con lo que describo.

La fatiga de decisión ocurre cuando te agotas mentalmente por la pura cantidad de decisiones que necesitas tomar. La fatiga de meta es bastante similar. Los estudios muestran que tienes una cantidad finita de energía mental, y tratar de alcanzar una meta o tomar una decisión utiliza algo de esa energía[1]. Cuánto más numerosas sean las metas o decisiones, más agotado quedas. Si no repones esa energía, en algún momento se te acabará. Cuando eso sucede, es probable que experimentes agotamiento, frustración, agobio o desinterés. Las oportunidades que solían entusiasmarte ahora te drenan. Y cuando aparecen nuevos desafíos, te sientes incapaz de superarlos.

Sin importar si estás gestionando personas, dirigiendo un negocio o enfrentando una situación de salud complicada, ten en cuenta que tomar buenas decisiones que te empoderen para ser resiliente durante el desafío requiere mucha energía mental. Cuando esa energía se agota y no puedes o no quieres reponerla, te resultará difícil tomar buenas decisiones. Es posible que tu estado de ánimo se torne más negativo ante tu dificultad y las decisiones que debas tomar. Quizás las preguntas que te hacen los demás te irritan porque te piden que tomes otra decisión más. Incluso los pedidos pequeños pueden comenzar a causarte estrés o irritabilidad.

La fatiga de decisión y la fatiga de meta son solo dos de las formas en que la energía mental se agota. Uno de los modos más insidiosos en que la energía mental socava tu capacidad para ser resiliente es la fuerza de voluntad. Cuando enfrentas algo difícil, la disciplina es una de las características más importantes para el éxito. Las investigaciones incluso muestran que, en los niños, la capacidad para ejercer dominio propio es un mejor predictor del éxito futuro que las notas o los resultados de las evaluaciones estandarizadas[2]. No es de sorprenderse, teniendo en cuenta que hábitos como el estudio requieren disciplina y la habilidad de desconectarse de la distracción de actividades más interesantes a fin de hacer lo que es necesario en el momento. Pero la fuerza de voluntad es un recurso finito que exige una gran cantidad de energía mental.

Cuando tienes que tomar decisiones difíciles y buscar soluciones intermedias de manera repetida, la realidad de que la energía mental es finita se hace más evidente. Por ejemplo, si el dinero es un problema y continuamente tienes que elegir comprar lo más prioritario, la fatiga mental puede ser devastadora. Por lo tanto, agotado por la necesidad constante de ser disciplinado respecto a tus gastos, es posible que en un momento de locura sucumbas a la tentación de derrochar dinero y de esa forma sabotees un mes de buenas decisiones en el proceso. Sin recursos para compensar esa mala decisión, es probable que generes una situación que requerirá más disciplina y decisiones difíciles, desgastando aún más tu energía mental. Este ciclo vicioso puede provocar que sea difícil recuperarse y ser resiliente.

La fatiga de meta ocurre cuando persigues demasiadas metas de manera simultánea o no repones tu energía entre metas y fechas límites. Cuando llegas a una meta, debería ser como llegar a tu destino después de un viaje en ruta. No comienzas de inmediato a manejar de regreso a casa. Es de esperar que tengas la oportunidad de permanecer en el lugar y disfrutar de tu destino por un tiempo. Aun si dieras la vuelta y regresaras pronto, te reabasteces de combustible o llenas el tanque antes de volver a la ruta. Lo mismo deberías hacer cuando cumples con una fecha de entrega o una meta. Saborea el logro celebrándolo. Descansa un poquito, si es posible. Y luego, cuando hayas repuesto tu energía, ponte en marcha de nuevo. Este enfoque es importante tanto para los logros pequeños a lo largo del día como así también para las metas considerables. Divide tus tareas en pequeñas partes y tómate descansos o prémiate cuando estén completas. Respecto a las metas importantes, planea recesos, premios o periodos de descanso y recuperación al alcanzarlas. Recuerda, cuanto mayor sea el desafío, mayor energía necesitarás para vadearlo.

ENERGÍA EMOCIONAL

La energía emocional es la energía motivada por tus sentimientos, incluyendo tu estado de ánimo, motivación, pasión y entusiasmo... o la falta de ellos. Mientras que la energía mental se requiere para las tareas cognitivas, como enfoque y toma de decisiones, la energía emocional se consume en todo lo que afecta tus sentimientos. Las dos energías están entretejidas, pero son diferentes.

Cómo te sientes puede influir mucho en lo que escoges hacer o no hacer. Es más, la emoción positiva puede ser un predictor de éxito. Las investigaciones muestran que cuando nos sentimos bien o felices, somos más propensos a escoger metas más grandes, perseverar en ellas y alcanzarlas[3]. También podríamos ver más opciones y tomar mejores decisiones.

De hecho, justo antes de comenzar a escribir esta sección sobre energía emocional, la mía se descargó abruptamente. Quién lo hubiera dicho. Cuando me tomé un descanso de quince minutos, mi plan era sentarme y relajarme en el sillón reclinable que estaba cerca de mi escritorio mientras escuchaba un poco de jazz suave. Me puse ansiosa, sin embargo, y decidí revisar mi correo electrónico y mi teléfono. Mala idea. Mi asistente me había reenviado un mensaje de nuestra cuenta de correo electrónico general. Alguien había entrado a nuestra página digital y llenado el formulario «contáctenos»; esta persona afirmaba ser un detective de la policía.

Mi asistente solo dijo: «Solo quería saber tu opinión sobre esto. Podría ser un fraude electrónico, pero pensé que valía la pena compartirlo antes de ignorarlo o hacer algo al respecto».

Desplacé la pantalla hacia abajo para ver todo el contenido de la conversación y vi el correo electrónico de un detective de la policía de otro estado pidiendo una dirección de correo para un citatorio. De inmediato comencé a pensar en situaciones escandalosas e irracionales. ¿Alguien está tomando acciones legales? Si es así, ¿quién? ¿Y por qué razón? ¡Me devanaba los sesos en busca de razones por las cuales estaríamos recibiendo una citación! Me sumergí de lleno tratando de confirmar si el mensaje era legítimo. Una búsqueda rápida confirmó que la extensión de la dirección de correo coincidía con la cuenta electrónica de los empleados públicos que trabajaban en esa ciudad. Era verdadero, no era un fraude electrónico. Envié un mensaje de texto a nuestro abogado y a mi esposo. Debería haberme detenido en ese momento para volver a trabajar y encargarme del asunto después. No era urgente. Pero no podía concentrarme porque estaba muy intrigada por ese correo. Mi pausa de quince minutos se convirtió en una hora que culminó en una llamada telefónica de mi esposo, quien, mientras yo imaginaba una batalla legal para defenderme de acusaciones falsas, llegó al fondo del asunto buscando el número del departamento de policía y llamando al detective.

Ni estábamos siendo demandados judicialmente ni estábamos en ninguna clase de problema. Alguien había usado una tarjeta de crédito robada en una transacción digital en nuestra tienda. Eran daños agravantes, pero nada en lo cual me vería involucrada. Pero ¡había perdido más de una hora de tiempo y mi concentración matutina!

¿Alguna vez te sucedió lo mismo? La mayoría de las veces, no pierdes energía emocional por algo tan dramático como el correo electrónico de un detective de la policía que quiere enviarte una citación, sino por la interrupción de una persona que te llama por teléfono o se detiene en tu puesto de trabajo, por alguna interacción grosera que te cambia el estado de ánimo o por la tentación de los avisos de correo electrónico o las publicaciones de las redes sociales. Las emociones que se amargan por cualquier razón pueden impedir que mantengas el enfoque y la constancia. Por lo general, revisar el correo electrónico mientras trabajas en algo que requiere concentración no es una buena idea. Drena tu energía mental y, dependiendo de lo que encuentres en la bandeja de entrada, puede desviar tu energía emocional hacia una dirección negativa. Los problemas relacionales, las pérdidas, las decepciones y las traiciones también pueden perturbar tu energía emocional.

Según algunos estudios, las emociones negativas son mucho más poderosas que las emociones positivas. En promedio, se necesitan tres interacciones positivas para deshacer los efectos de una interacción negativa[4]. Las emociones negativas reducen tu capacidad para enfrentar desafíos y adversidades. Tu capacidad de pensamiento se reduce y, como consecuencia, te dificulta ver las opciones disponibles y tomar decisiones acertadas.

La sensibilidad a lo negativo es, en parte, la forma en que estamos diseñados para sobrevivir. Necesitamos ver las amenazas y los peligros con claridad para poder protegernos. De hecho, el prospecto de un resultado negativo en el horizonte puede motivarte a realizar cambios a fin de impedir que ese resultado se haga realidad. La motivación sostenida por emociones negativas, sin embargo, tiene un límite, lo cual puede volverte más indeciso, ansioso y pesimista ante los desafíos. Debido a esto, la energía emocional negativa dificulta tu recuperación y perseverancia. Es más, demasiada negatividad puede ocasionar que desarrolles lo que los psicólogos llaman sesgo de negatividad. Esto significa que tu mente se enfoca con mayor rapidez en lo negativo y es menos propensa a ver lo positivo. Por ejemplo, ¿alguna vez tuviste una época difícil en una relación y, de repente, todo lo que ves en la otra persona son las cosas negativas que hizo? Cuando alguien señala algo positivo, lo rechazas porque parece casi irrelevante en comparación con sus faltas. Eso es el sesgo de negatividad. Para que esa relación se recupere, es esencial que haya un giro hacia lo positivo.

ENERGÍA FÍSICA

Tu energía física se relaciona con cómo se siente tu cuerpo y cómo tu salud influye en lo que puedes o no hacer. ¿Estás cansado o enérgico? ¿Estás sano o enfermo ? ¿Puedes seguir el ritmo de las exigencias físicas de tus desafíos o estás exhausto, lento y débil? Todos estos factores afectan tu resiliencia, para bien o para mal.

Las dificultades que enfrentas mental y emocionalmente pueden tener un impacto negativo en tu salud física. Tal vez recuerdas lo que compartí acerca del aneurisma cerebral de mi madre, donde mencioné que estábamos hablando sobre un tema estresante cuando el vaso sanguíneo de su cerebro explotó.

Tenía una audiencia por custodia programada para la semana siguiente como parte de su divorcio y solo podía pensar y hablar de eso. En realidad, cuando me tomé un descanso en la sala de espera de la UCI la mañana siguiente, dos de los integrantes de su equipo estaban sentados allí, nerviosos. Comentaron que cuando llegaron al trabajo esa mañana y se enteraron sobre el aneurisma de mi madre y la posterior cirugía cerebral, muchos de sus compañeros de trabajo les dijeron: «Lee estaba muy nerviosa y distraída ayer. No sabíamos que tenía tantas dificultades». Mi mamá tenía solo cuarenta y nueve años, y el aneurisma cerebral cambió su vida por completo. Es posible que hubiera tenido un aneurisma incluso si no hubiera estado bajo tanto estrés, pero lo dudo. Es probable que la presión que sentía y el hecho de que estuviéramos hablando por teléfono cuando ocurrió no fueran coincidencias. El estrés mental y emocional puede hacer estragos en tu salud física. Sin salud física, es difícil presentarse de manera constante con la energía que se necesita para adaptarse, reunir los recursos o tomar decisiones preventivas.

Espero que nunca te encuentres con un problema de salud física devastador, pero todos enfrentamos agotamiento, falta de sueño y enfermedades temporales en ocasiones. Cuando eso sucede, ten en cuenta el impacto que tiene en tu energía. Quizás necesites reprogramar tus expectativas, pedir ayuda o hacer ajustes que reflejen tu realidad actual. Si no lo haces, es posible que te resulte más difícil mantener tu ritmo normal y tal vez tu «óptimo» no sea el habitual.

Cuando consideras esas tres categorías de energía, ¿cómo te va en cada área? ¿Tu nivel de energía es igual al nivel de los desafíos que enfrentas? ¿Notaste que estuviste dando rodeos o manejando en círculo? Quizás haya una brecha de energía que debas cerrar, y así tendrás el impulso que necesitas para seguir avanzando o incluso poner en marcha tus esfuerzos.

Autoevaluación de energía

Para evaluar tu brecha de energía, debes calificar dos factores: (1) el nivel de energía que necesitas para enfrentar el desafío y llegar a la meta (tu «energía requerida») y (2) el nivel de energía que dispones en la actualidad (tu «energía disponible»). Antes de comenzar, ten presente que puede ser tentador calificar tu energía según lo que *quieres* que sea, en lugar de lo que es en realidad. Recuerda la Regla de resiliencia n.º 7: «No finjas y no te defiendas», y resiste esa tentación. Las respuestas honestas te proveerán la información que necesitas para tomar medidas que te ayudarán a ser más resiliente.

Antes de comenzar, decide qué desafío quieres superar.

1. ENERGÍA REQUERIDA

Para calcular la energía que te ayudará a afrontar con éxito el desafío que acabas de identificar, debes calificar las siguientes áreas y luego promediarlas para determinar un número en una escala del 1 al 10. Para calcular, usa las preguntas que aparecen más abajo con cada factor.

___La cantidad e intensidad de esfuerzo que se requerirá

___La cantidad de tiempo que debes dedicar a ese esfuerzo

___La capacidad que tienes para hacer ese esfuerzo, teniendo en cuenta tus demás compromisos, circunstancias y recursos actuales

Según el promedio de tus respuestas arriba, ¿cuál es tu nivel de energía requerido?

2. ENERGÍA DISPONIBLE

Para calcular la energía mental, emocional y física actual, debes calificar las tres áreas siguientes y luego promediarlas para determinar un número en una escala del 1 al 10. Usa las preguntas para ayudarte a analizar y determinar una calificación precisa.

TU ENERGÍA Y CAPACIDAD MENTAL

___¿Puedes enfocarte y ejercer el dominio propio que se necesita para llegar a tu meta?

___¿Cuánta energía mental tienes para pensar, elaborar estrategias y sostener la constancia en tu esfuerzo para superar la dificultad y alcanzar tu visión?

___¿A qué grado se ven afectadas tu energía y tu capacidad mental por tus compromisos, tus circunstancias o tus desafíos mentales?

Según tus respuestas a las preguntas arriba, ¿cómo calificarías tu energía mental en una escala del 1 al 10?

TU FORTALEZA Y ESTABILIDAD EMOCIONAL

___¿Estás experimentando algún trastorno emocional en este momento debido a circunstancias, eventos o cambios en tu vida o trabajo?

___¿Tus emociones están estables o están afectando tu capacidad para superar temores y trabajar de manera constante hacia la meta?

___¿Las emociones positivas superan a las negativas en tu vida en este momento?

Según tus respuestas a las preguntas arriba, ¿cómo calificarías tu energía emocional en una escala del 1 al 10?

TU ENERGÍA Y FORTALEZA FÍSICA

___¿Cuál es tu energía y capacidad física? ¿Te sientes cansado o dinámico? ¿Fuerte o débil?

___¿Actualmente estás herido, enfermo o lidiando con problemas de salud, o más bien estás fuerte y en pleno uso de tu capacidad física desde una perspectiva de salud?

Según tus respuestas a las preguntas arriba, ¿cómo calificarías tu energía física en una escala del 1 al 10?

ENERGÍA DISPONIBLE

Según tu respuesta a la ecuación abajo, ¿cuál es tu energía disponible?

energía mental + energía emocional + energía física ÷ 3 =

____

BRECHA/EXCEDENTE DE ENERGÍA

Según tu respuesta a la ecuación abajo, ¿cuál es tu brecha o excedente de energía?

energía disponible – energía requerida =
brecha o excedente de energía

EL MENSAJE EN TU BRECHA DE ENERGÍA O EXCEDENTE DE ENERGÍA

Si la respuesta a esta ecuación es cero o un número positivo, tienes suficiente energía para el desafío. Incluso podrías tener un excedente de energía. Si la respuesta es un número negativo, tienes una brecha de energía. Para superar tu desafío, debes incrementar tu energía o ajustar tu meta de modo que el nivel de energía requerida sea el mismo o menor que tu nivel de energía disponible.

Ten presente que, por lo general, tu energía requerida y tu energía disponible suelen fluctuar. Habrá días en los cuales tendrás más energía y otros en los cuales tendrás menos. Presta atención a eso para poder responder en tiempo real y ser resiliente en el momento. Habrá semanas en las cuales habrás hecho un gran esfuerzo, utilizando más energía de lo normal. En algún momento, simplemente no tendrás energía suficiente para seguir adelante porque gastaste todas tus reservas. Como en mi caso con Flo en ese espantoso día de febrero, cuando la distancia que anduve secó mi tanque de combustible, también puedes quedarte sin combustible. Y, como yo, ¡quizás necesites acudir a tus recursos cuando te des cuenta de que ni siquiera puedes abrir el tanque de combustible sin un poco de ayuda! Está bien acudir a quienes pueden llenar tu tanque emocional con estímulo, risas y prestándote un oído.

En otras ocasiones, notarás que no solo te quedaste sin energía al final de una semana dura, sino que adoptaste un estilo de vida que está lleno hasta más no poder: sobrecargado, agobiado y sin recursos suficientes. Debes hacer cambios significativos para reponer tus reservas y llenar tu tanque de energía de una forma sostenible para apoyar tu visión y los desafíos que tienes que superar para alcanzarla.

Cómo reponer la energía mental

Si percibes una brecha entre tu visión y la energía cognitiva que se necesita para alcanzarla, ¿qué necesitas hacer para reponer de manera constante tu energía mental?

El primer paso es simplemente estar consciente de cuánta energía cognitiva requiere la tarea. Luego, proponerte cuidar tu mente. Cuando piensas sin parar, debes tomar la decisión de darle un descanso a tu cerebro. Eso no solo significa dejar de pensar, si bien es una forma de descanso. Una forma de descansar importante y contraria a la lógica es jugar.

El juego activa una parte de tu cerebro diferente a la del descanso. El juego que involucra actividad física tiene beneficios adicionales para tu energía mental. El ejercicio potencia tu memoria y tiempo de atención. Incrementa el flujo de sangre al cerebro y mejora tu concentración y tu humor[5]. Para potenciar tu energía mental, considera incorporar estas actividades como un hábito:

- Caminar rápido, trotar, bailar y elongar
- Jugar, hacer actividades divertidas
- Reír y relajarte
- Dividir los proyectos en tareas más pequeñas y premiarte cuando las termines
- Tomar descansos regulares a lo largo del día, en especial cuando cumples metas pequeñas
- Ir de vacaciones y tomarte unos días de salud mental
- Celebrar tus triunfos
- Automatizar y delegar las decisiones que no requieran tu participación

Además, pasa de manera regular tu lista de cosas que hacer por el siguiente filtro:

- **Delégalo.** Haz un hábito de gastar tu energía mental en cosas que solo tú puedes hacer. Si alguien más puede hacerlo o decidir de manera eficaz, permite que lo haga. De ese modo, no gastas tu energía de manera innecesaria.
- **Demóralo.** A menudo, pensamos que las decisiones y las cosas pendientes son urgentes cuando no lo son. Después de todo, nuestro mundo está organizado con comunicación y acceso a la información de manera instantánea. Esto puede causar que sea más difícil decidir qué es urgente y qué no. Haz una pausa y prioriza. No todo tiene que ser hecho en el instante. Algunas cosas se pueden hacer más tarde. Es necesario que conozcas la diferencia.
- **Elimínalo.** Date permiso para tachar de tu lista de cosas por hacer tareas y actividades que ya no tengan sentido. De inmediato tendrás una sensación de alivio y recuperarás energía mental.
- **Hazlo.** ¿Notaste un incremento en tu energía mental cuando finalmente lograste terminar algo que habías postergado? La productividad potencia la energía. Cuando logras claridad mental para decidir en qué gastar tu energía y luego la inviertes en eso, en realidad recibes una inyección de dopamina. La práctica de ser intencional y constante fortalece un músculo de resiliencia poderoso.

REPONE TUS RECURSOS MENTALES

Toma en serio tu energía y tu salud mental. Sigue aprendiendo y creciendo, así como lo estás haciendo al leer este libro en este momento. Si puedes, invierte en un entrenador. Haz terapia cuando lo necesites. Limita tu ingesta de influencias negativas de los medios: películas, televisión, noticias o redes sociales. E involúcrate de manera activa en una comunidad de personas mentalmente saludables y con propósito.

Cómo reponer tu energía emocional

Parece contrario a la lógica que, cuando te enfrentas con dificultades e incluso con circunstancias negativas, la emoción positiva sea una estrategia para ayudarte a superarlas. Pero es verdad. Los químicos y hormonas que se liberan en el cerebro y el cuerpo cuando experimentas energía positiva te capacitan mejor para soportar y vencer el estrés y los desafíos[6]. Cuando estás en un estado mental positivo, tu rango de pensamientos se ensancha y te ayuda a ver más opciones y a pensar de manera más creativa, lo cual te lleva a tomar mejores decisiones y a tener una mentalidad excelente. Esto, a su vez, fortalece tus relaciones, tu capacidad para perseverar y tus deseos de perseguir metas superiores. También fortalece tu sistema inmune; por lo tanto, es menos probable que te enfermes y más probable que vivas más años. La emoción positiva es literalmente una estrategia para el éxito.

La emoción positiva se construye con el tiempo y, como un colchón, amortigua el golpe de la adversidad. Experimentar abundante emoción positiva y perder el rumbo ante una dificultad inesperada puede sentirse como caer sobre un colchón. Por el contrario, si tuviste emoción negativa excesiva por un periodo prolongado, puede sentirse más como caer sobre concreto sin ninguna amortiguación que absorba algo del impacto. Por eso, es importante ser intencional respecto a cultivar emoción positiva como una habilidad de adaptación y elección preventiva que te pongan en una mejor posición para manejar la adversidad inesperada.

La emoción positiva es literalmente una estrategia para el éxito.

Para mejorar tu energía emocional, ten presente estas sugerencias:

- **Genera emociones positivas a diario con hábitos sencillos.** Por ejemplo, expresa gratitud y reflexiona sobre *por qué* estás agradecido. Sabemos que el solo hecho de reflexionar sobre la razón de tu gratitud realmente incrementa la cantidad de emoción positiva que sientes. Saborea los buenos momentos. Construye esperanza buscando y creando algo que anhelar. La esperanza positiva es un detonante de la felicidad.

- **Acepta que puede llevar tiempo y voluntad deshacer los efectos de las emociones negativas.** ¿Te sucedió alguna vez que todavía estabas molesto por algo desagradable que te hicieron, incluso después de que esa persona tratara de compensar la situación haciéndote un cumplido o un regalo? Eso se debe a que la emoción negativa es más poderosa. Permanece. Es probable que recuerdes tus errores y fracasos con mayor facilidad que tus triunfos y buenas decisiones. Y si tuviste una serie de desafíos difíciles, necesitas varios triunfos para recuperar la confianza y sentirte de nuevo satisfecho. Ten en cuenta esto cuando enfrentes desafíos y encuentros negativos, en particular en las relaciones. Puede llevar tiempo y voluntad deshacer los efectos de las emociones negativas.

- **Date permiso para sentir emociones negativas.** Cultivar emociones positivas no significa ignorar las negativas. Es más, ignorarlas puede multiplicarlas. Son una respuesta natural y saludable al dolor, la decepción, la ira y el estrés. No las catalogues de malas. No finjas que te sientes bien cuando no es así. Las cosas son lo que son. Cuando se trata de emociones negativas, procésalas en lugar de reprimirlas. Para procesar las emociones negativas, reconoce lo que sientes. Acepta tu derecho a sentirte de la manera en que te sientes. Dale sentido a tus emociones reflexionando en el mensaje que subyace. Date espacio para sentir lo que sientes, y busca apoyo, un oído dispuesto a escuchar, tiempo para sanar o descansar. Toma decisiones conscientes de no permitir que tus emociones se apropien de tus próximos pasos; en lugar de eso, haz una pausa y escoge tu respuesta.

  Una vez que procesaste tus emociones negativas, puedes hacer lugar para que las emociones positivas —como la esperanza, la determinación e incluso la gratitud— surjan de manera natural.

- **Reconoce la gran contribución que haces a tu propia felicidad.** Según la investigación de la Dra. Sonja Lyubomirsky, autora del libro *The How of Happiness* (El cómo de la felicidad), podemos pensar en los componentes de la felicidad como un «pastel». *La felicidad es 50 % genética y 10 % circunstancial, pero el 40 % restante se debe a las elecciones intencionadas*[7]. No hay nada que puedas hacer en cuanto a la genética. Las circunstancias a veces están fuera de tu control, a pesar de que las elecciones preventivas pueden ayudarte a crear los mejores escenarios posibles. El 40 % de tu felicidad, sin embargo, se debe simplemente a las decisiones que tomas a diario. Los actos de bondad y de servicio, el conectarse con los demás, el reírse y el jugar ayudan a cultivar las emociones positivas.

  Todos los días, haz algo para construir activamente emociones positivas. Estas son algunas ideas:

  - Escribe tres cosas por las cuales estás agradecido y explica por qué.
  - Haz algo útil o amable por otra persona.
  - Conéctate a través de una conversación genuina sin dispositivos electrónicos ni distracciones.
  - Juega. Haz algo solo para divertirte y disfrutar, no por el desempeño.
  - Apaga tu teléfono; no hagas absolutamente nada y disfrútalo.

Contando con energía emocional positiva es mucho más fácil poner en práctica habilidades de adaptación tales como la consciencia, la sustitución y la planeación de pensamientos, como así también mantenerse enfocado en la visión en lugar de distraerse con los obstáculos.

REPONE TUS RECURSOS EMOCIONALES

La felicidad y la emoción positiva son contagiosas; también lo es la negatividad. Debes ser selectivo respecto a con quién pasas tiempo.

Cultiva relaciones con personas cuya actitud y disposición reflejen lo que tú anhelas, personas que te hagan reír, que sepan perdonar y tengan una actitud positiva hacia la vida. Si estás luchando con emociones negativas y te sientes atascado, busca ayuda. Habla con un amigo sabio o un miembro confiable de la familia. Únete a un grupo de apoyo de personas que estén enfrentando los mismos desafíos. Haz una cita con un terapeuta, un clérigo o tu profesional de salud.

Cómo reponer tu energía física

Para mantener o incrementar tu energía física, ten en cuenta tres áreas:

- **Descansa bien.** Cuando duermes lo suficiente, descansas y disfrutas de los tiempos de ocio, te sientes revitalizado. Para incrementar tu energía disponible, duerme ocho o más horas por las noches. Escucha a tu cuerpo. Toma una siesta si estás cansado. Date permiso para no hacer nada en tus días libres. Si eso nunca sucede durante los fines de semana, quizás sea tiempo de tomar un día libre solo para descansar.
- **Aliméntate bien.** Una dieta rica en alimentos frescos, vegetales, frutas, frutos secos y cereales puede hacerte sentir liviano y saludable. Las comidas pesadas te harán sentir agobiado; por eso, cuando necesites energía extra, decide con cuidado lo que comerás. Asegúrate de beber suficiente agua. La deshidratación puede hacerte sentir cansado, drenar tu energía y causar dolores de cabeza y fatiga mental.
- **Haz ejercicio.** El ejercicio es en realidad un detonante de la felicidad. Libera endorfinas y serotonina, las cuales mejoran tu humor e incluso te ayudan a prevenir la depresión leve. Apenas veinte minutos de movimientos cardio revitalizarán tu estado de ánimo hasta por veinticuatro horas. Como probablemente sepas, el ejercicio tiene una multitud de beneficios físicos también.

REPONE TUS RECURSOS FÍSICOS

Hazte chequeos físicos anuales y busca atención médica cuando sientas que algo no está bien. No te demores, porque la detección temprana de los problemas de salud puede salvar tu vida o, por lo menos, minimizar la interrupción que puede causar una enfermedad. Toma clases de gimnasia. Si puedes costearlo, trabaja con un entrenador, nutricionista u otro especialista que pueda ayudarte a lograr metas específicas. Emplea la presión positiva de grupo haciendo ejercicio con otras personas o estableciendo metas conjuntas y animándose mutuamente.

Cuanto mayor el desafío, más energía necesitas

Tu crecimiento personal es la clave invisible para cerrar la brecha entre dónde estás y dónde quieres estar en realidad. El nivel de energía es otro ingrediente para la resiliencia que a menudo se pasa por alto. Tendemos a subestimar el esfuerzo que en verdad hay que hacer para conquistar un desafío o lograr una visión. Si la energía requerida para tu desafío es nivel 10, no puedes vencerlo con un nivel 5 de energía disponible. Pero eso es lo que muchos de nosotros intentamos hacer día tras día. Hacerlo te frustrará e incluso causará que utilices esa frustración erróneamente de modo que tu energía se agote todavía más. «Ábrete camino a cualquier precio» a veces funciona, pero si tu estrategia es presionarte crónicamente hasta el límite, la reserva de energía a la cual recurras de manera repetida en algún momento se secará. Si te encuentras exhausto, podrías ponerte en la situación de renunciar por completo y sabotear tus deseos más auténticos.

Ahora conduzco un coche eléctrico, pero nunca olvidaré la lección que aprendí ese día cuando me quedé sin combustible un mes después de cumplir dieciséis años. A pesar de que mi vehículo puede transitar una distancia bastante larga con una sola carga, lo recargo todas las noches, decidida a no quedarme nunca sin energía. Así como a mi coche, me recargo de manera constante para tener la energía disponible que necesito según la distancia que debo recorrer para satisfacer las exigencias de la vida y el trabajo.

Por lo tanto, observa a diario, una vez por semana o incluso anualmente para ver si tienes una brecha de energía. ¿Tu energía disponible satisface o excede el nivel de energía requerido para tu visión? Si es así, estás equipado para enfrentar el desafío. Si no es así, elabora un plan para cerrar esa brecha: ajustando la meta para que exija menos energía o incrementando tu nivel de energía disponible a través de decisiones intencionales que aumenten tu capacidad mental, emocional y física.

Entrénate a ti mismo

- En una escala del 1 al 10, ¿cuánta energía tienes disponible para lograr tu visión?
- En una escala del 1 al 10, ¿qué nivel de esfuerzo y energía requiere tu visión?
- ¿Qué te da energía?
- ¿Qué necesitas hacer diaria y semanalmente para mantener el nivel de energía que requiere tu visión?
- ¿Qué impide que incorpores esas acciones a tu vida?
- ¿Cómo podrías eliminar o minimizar esos impedimentos?
- ¿Qué experimento podrías hacer para reponer tus reservas e incrementar tu nivel de energía?
- ¿Cuándo avanzarás con tu experimento?

Intenta lo siguiente

- ☐ Identifica tu brecha de energía.
- ☐ Decide qué pasos dar para cerrarla y cuándo los darás.
- ☐ ¡Cierra esa brecha de energía!

DI CONMIGO:

«Repongo mis reservas para evitar el agotamiento o la renuncia».

REGLA EXTRA

HAZ EL BIEN A OTROS

Cómo poner en práctica las capacidades de la resiliencia para ayudar a quienes te rodean.

MENSAJES CLAVES

- Alcanzas el quinto nivel de resiliencia cuando transmites lo que aprendiste.
- Satisfacer las necesidades de otros incrementa tu propia resiliencia.
- La única persona que puede decidir cómo hacer el bien a otros eres *tú*.

Esta última regla es sencilla pero valiosa: «Haz el bien a otros».

Ahora que aprendiste las diez reglas de resiliencia que puedes aplicar en cualquier problema que enfrentes, me gustaría que tomes en cuenta una regla extra. No se enfoca tanto en cómo puedes ser resiliente, sino en cómo puedes difundir la resiliencia. Algunos estudios muestran que la felicidad es contagiosa[1]. Creo que la resiliencia también lo es. Utiliza lo que aprendiste para ayudar a los demás a ser más resilientes. Nuestro mundo necesita resiliencia ahora más que nunca, y la forma en que vives puede tener una reacción en cadena en tu esfera de influencia. Considera esta historia que se cuenta a menudo, la cual habla de la importancia de posibilitar mayor resiliencia en otros. Comienza con una pregunta formulada durante una conferencia por Margaret Mead, la pionera en antropología cultural.

> ¿Cuál es la señal más temprana de la civilización? ¿Una vasija de arcilla? ¿El hierro? ¿Las herramientas? ¿La agricultura? No,

> afirmó. Para ella, la evidencia más temprana de la verdadera civilización fue un fémur curado, un hueso de la pierna, al que sostuvo en alto delante de nosotros en la sala de conferencia. Explicó que tales curaciones no se encontraron nunca en los restos de las sociedades salvajes y competitivas. Allí abundaban los indicios de violencia: costados de la cabeza atravesados por flechas, cráneos aplastados por garrotes. Por el contrario, el fémur curado mostraba que alguien se había preocupado por la persona herida: cazó para esa persona, le trajo comida y la atendió haciendo un sacrificio personal[2].

Estar dispuesto a ayudar a los demás a soportar la adversidad es una señal de compasión. Comencé este libro compartiendo los cuatro niveles de la resiliencia. Como podrás recordar, hay dos niveles de resiliencia debajo de la línea (disfuncional y no funcional) y dos niveles por encima de la línea (funcional y floreciente). En cualquier desafío, podríamos estar en un rango que oscila entre esos cuatro niveles. Ahora deseo añadir un quinto nivel: hacer el bien a otros.

El quinto nivel de resiliencia se encuentra por encima del nivel floreciente. En esta etapa, no solo superaste tus adversidades con resiliencia, sino que sanaste, reflexionaste y cosechaste las lecciones de tu experiencia con la finalidad de emplearlas para apoyar y motivar a otros, de modo que sean resilientes cuando enfrenten sus propios desafíos. Muestras compasión y empatía, inspiras con el ejemplo, compartes la sabiduría de tu propia experiencia y retribuyes de maneras tangibles.

Con esto en mente, te invito a que imagines cómo se ve para ti este quinto nivel de resiliencia. Esta parte de tu visión, y la resiliencia que requiere, *no* tiene que ver contigo, sino con el impacto que tienes en la resiliencia de *otros*.

A fin de cuentas, cada uno de nosotros tiene el potencial de servir a un propósito mayor. Ese propósito siempre radica en el impacto que generamos en el mundo que nos rodea. Nuestro mundo es un lugar cada vez más estresante y desconectado, demasiadas personas carecen de capacidades de resiliencia que, idealmente, les deberían haber transmitido en su infancia. Otras, que resistieron un bombardeo constante de adversidades, quizás están luchando para ser resilientes a pesar de que alguna vez lo fueron.

Incluso antes de alcanzar un nivel de resiliencia que podamos llamar floreciente, tu buena disposición a ver las necesidades de los demás, a animarlos o ayudarlos, tiene el potencial de incrementar tu resiliencia. Eso se debe a que, cuando pones tu vida en perspectiva, te resulta más fácil escoger pensamientos que te fortalezcan. Enfrentar tus desafíos requiere de mucho enfoque personal. Cuando enfrentas esas dificultades, es probable que te enfoques demasiado en tus problemas y desafíos. De hecho, podrías comenzar a cavilar sobre la situación al punto de generarte ansiedad u otros problemas. Aquello en lo que te enfocas se expande. Eso significa que tus problemas y desafíos pueden apropiarse de tus pensamientos y acciones. Una de las mejores medidas que puedes tomar es dejar de pensar en ti mismo. Enfocarte en cómo podrías servir a otros pone tus desafíos en perspectiva porque te das cuenta de que no eres la única persona que tiene luchas. Esto te saca del centro de tu enfoque y pone tu vida en perspectiva. Algunos estudios demuestran que tener un sentido de servicio y propósito incrementa tu felicidad al producir emociones positivas, las cuales fortalecen tu resiliencia[3].

Además, si tienes una tendencia a hacer «comparaciones sociales ascendentes», donde determinas tu desempeño solo observando a personas a las que, según tu opinión, les va mucho mejor que a ti, estarás menos satisfecho con la vida. Tales comparaciones disminuyen la felicidad e incrementan el índice de ansiedad y depresión. Si tienes este hábito, puedes contrarrestarlo teniendo en cuenta los aprietos de quienes son menos afortunados. Incluso puedes optar por servirles de alguna forma.

La resiliencia se construye sobre las habilidades de adaptación, los recursos protectores y las medidas preventivas, pero cada uno de estos pilares se debe cultivar con más intención que nunca. Los recursos protectores —como las relaciones familiares y las amistades cercanas, así como la garantía de seguridad que brindan los ahorros y las comunidades fuertes— han disminuido. Hace varias décadas que los estadounidenses tienen familias más pequeñas, viven más lejos de sus parientes, tienen menos amigos cercanos y están menos dispuestos a participar en los cultos de la iglesia y en una comunidad de fe. Muchas personas también cuentan con menos seguridad financiera porque tienen mayores deudas, menos ahorros y altos costos de educación y vivienda.

Para hacer el bien a otros, debes recurrir a la sabiduría que obtuviste de tu resiliencia. En lugar de gloriarte en los tiempos en que utilizabas tu resiliencia para lograr tus metas, reflexiona sobre un momento en el que hiciste tu mejor esfuerzo. Una forma de hacer esto es a través de la indagación apreciativa, un sistema desarrollado por el profesor de negocios David Cooperrider[4]. Como parte de este enfoque, piensa en un éxito que hayas tenido y pregúntate: *¿Qué lo hizo posible?* Al responder esa pregunta, recreas de manera intencional lo que te capacitó para dar lo mejor de ti. Luego, cuando te encuentras con alguien a quien deseas ayudar, puedes transmitirle las lecciones que aprendiste de tu propia experiencia. Mientras consideras ese éxito, reflexiona sobre estos tres pilares que pueden revelar más sabiduría que compartir con los demás:

Habilidades de adaptación: ¿Cuáles fueron los pensamientos que amenazaban mantenerte atascado y cómo los cambiaste? ¿Cuál es la lección más importante que aprendiste al hacer ese cambio a favor de pensamientos que te fortalecieron?

Recursos protectores: ¿Cuáles fueron los recursos protectores más importantes que te ayudaron a ser resiliente ante este desafío? ¿Cuál es el mensaje o la lección que aprendiste al aprovechar tus recursos protectores que quisieras compartir con otros?

Medidas preventivas: Como resultado de pasar por este desafío, ¿qué medidas preventivas implementaste con el fin de estar mejor equipado para lidiar con un desafío similar o minimizar la probabilidad de volver a enfrentarlo?

Cuando puedes identificar y nombrar lo que te posibilitó hacer tu mejor esfuerzo, puedes compartirlo con los demás.

Las habilidades de adaptación, tales como la consciencia de pensamiento, la planeación y la toma de decisiones son más fáciles gracias a la consciencia plena: es decir, gracias a estar completamente presente. Para ser consciente de lo que piensas y para seguir siendo intencionado al pasar por las cinco etapas del éxito para superar un desafío (ver las páginas 80–86), necesitas consciencia plena y energía. Pero la arremetida de la tecnología compitiendo por tu atención es implacable, y el periodo de atención se ha acortado en las últimas décadas.

Eso significa que incluso cuando sí nos conectamos con los demás, nuestro modo de comunicación cambió las reuniones cara a cara y las conversaciones telefónicas por mensajes de texto aislados, charlas de grupo en línea y publicaciones en las redes sociales. El contenido de los medios de comunicación es personalizado, pero nos aísla. Eso puede ser particularmente problemático para quienes tienen pocos recursos protectores y pocas oportunidades para tomar medidas preventivas.

Así que, al igual que el estudiante que le pidió a Margaret Mead que identificara la primera señal de civilización, una vez le pregunté al Dr. Martin Seligman durante una clase: «Estamos estudiando el desarrollo y la felicidad humana. ¿Cuál es la aplicación de la psicología positiva en las comunidades desatendidas, desamparadas, donde hay poco desarrollo y, por el contrario, muchas dificultades económicas, dinámicas familiares inestables y crímenes?».

Sin perder un segundo, el Dr. Seligman dijo que la clave es estudiar a aquellos que de algún modo encuentran la forma de progresar a pesar de las escasas probabilidades. ¿Qué fue diferente en ellos y en la situación en la que vivían que les posibilitó superar las circunstancias y los empoderó para progresar? Analiza eso, luego emplea esas historias para encontrar soluciones y enseñar a otros a hacer lo mismo. Hacer el bien a otros no radica solo en compartir tu historia, sino también en transmitir la sabiduría que obtienes a través de la observación.

Una de mis preguntas favoritas de entrenamiento es una con la cual me encontré por casualidad, hace casi veinte años, mientras trabajaba con una clienta nueva. Ella se esforzaba por expresar con claridad el propósito de su vida: *¿De qué manera la vida de otra persona es mejor porque te cruzaste en su camino?*

La clienta, quien había pasado un par de años intentando infructuosamente encontrar el modo de resumir su propósito de manera sucinta, respondió sin esfuerzo describiendo su propósito en una oración. Estaba fascinada, al igual que yo. Estuve compartiendo la pregunta desde entonces. ¿Cuál es tu respuesta a esa pregunta?

El propósito a menudo surge del dolor. Tu sufrimiento puede variar entre malestar y desolación. Cuando eres resiliente, tu recuperación es una jornada que te brinda la oportunidad para mejorar y volverte más sabio y fuerte. Cualquiera sea el desafío que soportes, una señal definitiva de tu resiliencia es cuando llegas al punto en que comienzas a preguntar: «¿Cómo puedo hacer la diferencia con esta sabiduría nueva que he ganado?».

PREGÚNTATE

¿Cómo ha mejorado la vida de otra persona gracias a que te cruzaste en su camino?

Mi propósito de inspirar a las personas a tener una vida más satisfactoria surgió de esa etapa temprana en mi carrera cuando no había conseguido la clase de trabajo que deseaba. Tampoco escuché ni honré a mi yo auténtico en las relaciones. Me limité a mí misma y pagué el precio. Aun así, el viaje me moldeó para bien.

Chaunté Lowe comenta que, cuando estaba en su peor momento de batalla contra el cáncer, perdiendo su fortaleza física, pero luchando mediante los tratamientos de quimioterapia, «el cáncer de mama [le] hizo ver que los demás también sufren. [Sus] ojos se abrieron a la realidad de quienes enfrentan experiencias similares».

Puedo entenderla porque yo solía decir algo parecido después de la experiencia devastadora y vergonzosa del divorcio. Una vez que pasé por eso, sentí el dolor de los demás con mayor profundidad. Me hizo una persona más compasiva. No es que no tuviera compasión antes de esa experiencia, sino que cuando algo sacude de ese modo el fundamento de tu identidad y de tu vida cotidiana, de pronto ves todo de manera diferente. Si lo permites, el dolor y el temor remueven el engaño y el espejismo de lo superficial. En lugar de eso, una vez que la niebla se disipa, ves la experiencia humana con mayor claridad.

Chaunté dice: «Aprendí la lección y quise hacer algo para ayudar a otras personas». Comenzó a hacer publicaciones en línea, a escribir sobre la caída de su cabello y luego sobre la pérdida de las uñas de las manos. Decidió que, en cada publicación, no solo sería auténtica acerca de lo que estaba viviendo, sino que también compartiría esperanza. «Las personas necesitan más que solo ver tus momentos difíciles; necesitan ver que, sí, es difícil, ¡pero hay esperanza! Estaba muy vulnerable y fui transparente acerca de la enfermedad por la que estaba pasando», señala.

No mucho después de que Chaunté sanara del cáncer, llegó la pandemia. Como exatleta olímpica y sobreviviente de cáncer que había compartido abiertamente su experiencia en las redes sociales, Chaunté comenzó a recibir invitaciones para hablar en eventos virtuales. «Sentí que era muy importante tomar las lecciones que aprendí como atleta y sobreviviente de cáncer y compartirlas con otras personas», comenta. Consideró un don ayudar a otros a superar desafíos, ya fuera un cáncer de mama, un divorcio o la ejecución de una hipoteca.

Cuando pienso en mis convicciones fuertes sobre la resiliencia, pienso en las semillas que fueron plantadas por quienes me precedieron, incluyendo a mi bisabuelo por parte de madre, «Papá Joe». Murió cuando mi madre tenía apenas once años, pero tengo su retrato colgado en nuestra casa. Joe Greenlee nació en Carolina del Sur en 1898 y les enseñó a sus hijos, incluyendo a mi abuela Mamá Pearl, la importancia de tener un emprendimiento propio como un medio para reivindicar independencia y dignidad durante la época de Jim Crow. De algún modo se las arregló para ser propietario de un negocio floreciente en el centro del pueblo natal de mis padres y, en un tiempo de feroz segregación, prestó servicio a muchos clientes leales, tanto negros como blancos. El suyo era el único negocio del ramo en el área. Tres de sus cuatro hijas también tuvieron sus propios negocios. Cada vez que mi madre hablaba acerca de Papá Joe cuando yo era niña, sentía crecer mi autoestima, así como las convicciones y la resiliencia de donde veníamos, y encendía mi interés por tener mi propio negocio.

Asimismo, mis abuelos paternos compartieron sabiduría en abundancia a pesar de su educación formal limitada. Mi abuelo falleció cuando yo tenía nueve años y mi abuela, cuando yo tenía once años. Yo había pasado todos los veranos de mi niñez con ellos. A pesar de que experimentaron tiranía e injusticia, eran personas amables y generosas con quienes se cruzaban por su camino. Recuerdo a mi abuelito compartiendo conmigo la vez que, tras la desaparición de su padre cuando él estaba en quinto grado, tuvo que abandonar la escuela para ayudar a la familia a ganar dinero. Hubo días, dijo, cuando lo único que comía era una manzana del árbol de otra persona. Eso explicaba por qué mis abuelos no desperdiciaban nada, administraban tan bien sus recursos y ayudaban a otros. Compartieron conmigo sus historias sobre cómo habían crecido en el sur rural como arrendatarios durante la Gran Depresión. Fue un trabajo duro y una vida honesta y precaria. Cuando yo tenía unos nueve años, sin embargo, mi abuela me contó que, luego de haber sido estafados en sus ganancias de un año, abandonaron. Mi abuelito estaba tan furioso por haber sido engañado otra vez al final de ese año, que entró como una tromba en la casa para sacar su escopeta con el propósito de enfrentar al dueño de la tierra. Mi abuela le rogó que se calmara, porque sabía que, si hacía eso, terminaría muerto y colgado de un árbol. Esa era su realidad.

Después de eso, mis abuelos decidieron hacer un cambio para tener mejor control de su vida. Controlaron lo controlable trasladándose del pueblo rural Iva, Carolina del Sur, al centro administrativo del condado, Anderson. Mi abuelo consiguió trabajo en una fábrica textil, donde hacía trabajo manual pesado con otros hombres negros, nunca bajo techo, hasta que la compañía finalmente abolió la segregación en la década de los 60 y ganaron el derecho a trabajar dentro de la fábrica. Mi abuela trabajaba como empleada doméstica, limpiando la casa de un médico local y cuidando a sus hijos. Ambos trabajaban duro y, al final, consiguieron mejores trabajos. Criaron no solo a mi padre, sino a varios sobrinos y sobrinas como si fueran suyos. Compraron una casa, alimentaron a sus hijos y tuvieron bastante éxito. Cuando una de mis primas le preguntó al abuelito si éramos ricos, recuerdo que le respondió: «No somos ricos; simplemente nos va bien». Era su forma campestre de decir que teníamos todo lo que necesitábamos.

Este sentido de pertenecer a una historia más grande y de decidir cómo llevar adelante ese relato me fue infundido a una edad temprana a través del poder de la historia de mi familia. A menudo, la compartían conmigo de manera informal mientras estaba sentada debajo del manzano del patio de mis abuelos en las tardes de verano, desgranando judías verdes o pelando maíz con ellos. Mis padres la compartían cuando cenábamos o durante los viajes en coche. Una vez, mi madre me contó acerca de su experiencia desagradable como una de las primeras alumnas integradas en la escuela secundaria. Mi padre hablaba acerca de la comunidad cerrada y segregada en la que creció, como así también sobre las lecciones que mi abuelito le enseñó respecto al trabajo duro, a no justificarse y a construir algo que les diera a sus hijos un mejor comienzo que el que él tuvo.

Me impactaron, no solo por sus historias, sino por mis observaciones sobre la forma en que afrontaron los desafíos: desde la bondad y el amor de mis abuelos, a pesar de todas las injusticias que habían enfrentado, hasta la pérdida de sus dos padres y su hermano a los treinta y tres años, y la lucha de mi madre para recuperarse y adaptarse a la incapacidad y la pérdida. Su resiliencia ante circunstancias y desventajas que no tuve que enfrentar me dio el sentido de responsabilidad para aprovechar al máximo aquello a lo cual ellos no tuvieron acceso. Además, me inspiró a seguir construyendo sobre su fundamento.

Hasta el día de hoy, cuando me siento desanimada, su historia pone en perspectiva mis desafíos. *Si ellos superaron eso, yo puedo superar esto.* Todos ellos hicieron bien a otros, y eso me inspira a compartirlo con otros también, no solo con mis hijos y los miembros de mi familia más jóvenes que yo, sino con los integrantes de mi equipo, mis vecinos, mi comunidad y cualquier otra persona que se encuentre con las palabras que escribo y pronuncio. Ciertamente, cuando haces bien a otros brindas perspectiva, esperanza y sabiduría a otra persona. También te ayudas a ti mismo.

¿Y tú?

Hacer el bien a otros

¿A QUIÉN QUIERES IMPACTAR?

Tienes una esfera de influencia. Decide la clase de impacto positivo que deseas tener en quienes te rodean, y luego disponte a influenciarlos. Tal vez haya algunos grupos a los cuales apuntar: aquellos cuyas circunstancias reflejan tu propósito y tu pasión, o tienen un punto de conexión contigo. Si tuviste patrones de disfuncionalidad en el pasado, hacer el bien a otros podría significar que comienzas a comportarte de una forma diferente en la relación. Puedes quebrar el ciclo. Puedes controlar tus palabras y acciones y cambiar la dinámica. Si tuviste relaciones que fueron funcionales pero no intencionadas, puedes compartir tu sabiduría e interés. Decide a quién quieres hacer el bien.

¿CÓMO QUIERES HACER EL BIEN A OTROS?

Quizás quieras enseñar tus reglas favoritas de resiliencia a los miembros de tu familia o a integrantes de tu equipo. Podrías hacerte el hábito de dialogar acerca de las reglas de resiliencia que empleas cuando enfrentas desafíos específicos. Puedes compartir lecciones auténticas que aprendiste de tus éxitos y fracasos. Lo esencial es tu buena disposición a verte como parte de una solución mayor.

Hay cuatro formas de sembrar semillas que hagan bien a otros.

- **Compasión: Muestra empatía.** La compasión es la sensibilidad al sufrimiento mental, emocional y físico de otros y el deseo de aliviar o reducir ese sufrimiento cuando sea posible. Recuerda cómo fue cuando estuviste en la misma situación, cómo te sentiste y qué fue lo más difícil. Hacerlo te orientará respecto a cómo animar y apoyar a otros en su adversidad.
- **Inspiración: Sé un modelo de resiliencia a seguir.** Cuando empecé mi carrera como entrenadora, tuve una gran instructora llamada Michele. Un día, mientras compartía sobre un proyecto que deseaba usar para inspirar a las personas, me dijo: «Tú *eres* inspiración». Al principio no lo entendí, pero sus palabras pronto cambiaron mi perspectiva. Me explicó que, al vivir y trabajar de una manera que reflejara mis valores, inspiraría y animaría a los clientes que buscaban alinear mejor sus vidas con sus propios valores. Lo mismo aplica para ti. Las personas que están dentro de tu esfera de influencia pueden ser inspiradas para ser más resilientes y fuertes porque observan que enfrentas tus desafíos con resiliencia; de manera imperfecta quizás pero con consistencia.
- **Sabiduría: Comparte tus lecciones.** Identifica las lecciones que aprendiste y las reglas de resiliencia que utilizaste para vencer los desafíos. Compártelas con quienes busquen retroalimentación, apoyo u organización. Después de que Michelle Williams encontrara su camino de regreso a la salud mental, descubrió una nueva pasión: crear consciencia acerca de la salud mental y el bienestar. Escribió un libro, *Checking In*, y decidió ser la anfitriona de un pódcast con el mismo nombre. Comenzó a dar conferencias, terminó su formación en el instituto CaPP, y se graduó como entrenadora personal y ejecutiva certificada, añadiendo a sus habilidades la capacidad para entrenar personas, todo esto mientras seguía actuando en Broadway. Anhelaba ayudar a otros a crear oportunidades que los hicieran avanzar desde donde estaban al lugar donde realmente querían estar mientras enfrentaban los obstáculos a lo largo del camino. Recuerda, el propósito puede surgir de las

circunstancias dolorosas. Alcanzas el nivel más alto de resiliencia no solo cuando progresas, sino cuando apoyas y compartes las habilidades y las lecciones de resiliencia con otros.

- **Acción: Haz el bien de manera tangible.** La última manera de hacer el bien a otros es devolverlo en formas tangibles, sea como mentor, como voluntario o simplemente proveyendo información o contactos valiosos. Podrías proveer acceso a recursos protectores tales como dinero, educación, capacitación, tiempo y conexiones. El acceso a cualquiera de estos recursos podría posibilitar que otros fueran más resilientes. Piensa en las personas o grupos en particular a quienes te apasiona ayudar o en una causa que sea personal y emocionalmente importante para ti.

Reflexiona sobre cómo los demás te ayudaron a ser más resiliente compartiendo sus lecciones, empatizando o inspirándote, proveyéndote recursos tangibles que posibilitaron que superaras tu desafío. ¿Cómo podrías hacer algo similar por otra persona? La ayuda que obtuve de parte de un miembro del equipo de la universidad, cuyo nombre ni siquiera conozco, cuando era una estudiante de diecinueve años bastante desordenada embarcada en una experiencia de estudio universitario, fue crucial en mi vida. Recibir una segunda oportunidad y una beca después de un primer año fallido en una universidad diferente influenció en mi forma de dar. Me condujo a apoyar fondos de becas para estudiantes no convencionales y para quienes sobresalen por su liderazgo, responsabilidad o resiliencia, y no solo por su rendimiento académico. Sé lo que significa construir una vida universitaria y ser creativa para encontrar formas de pagar la universidad sin tener un expediente académico impresionante, sino con la habilidad y el impulso para hacer un trabajo que impacte. Todo lo que necesitaba era que la persona correcta estuviera dispuesta a escuchar mi historia.

¿Cuál es la causa que más te inspira? Piensa en tus adversidades o desafíos pasados e identifica una experiencia en la que alguien te tendió una mano o te dio un empujón con el propósito de guiarte, te brindó recursos o acceso a ellos, y te ayudó a ser resiliente y a pasar por tu desafío con éxito. Piensa en la forma en que te gustaría hacer el bien a otros.

Necesitamos la resiliencia no solo a nivel individual, sino también para hacerles frente a los desafíos y a los estresores en el mundo que nos rodea. Piensa en las personas, las causas y los problemas que más te afectan, y ten en cuenta que la forma en la que te comportas afecta cómo se comportan quienes te rodean. Eso además te ayuda a alcanzar la meta o a vencer el desafío. Pero la siguiente pregunta es muy importante: ¿De qué forma tu resiliencia servirá a los demás? Lo que hagas por los demás puede tener un efecto dominó en tus relaciones más cercanas, tu familia, tu lugar de trabajo, tu comunidad y el mundo.

Haces el bien a otros cuando alguien que enfrenta un desafío obtiene inspiración, sabiduría y confianza de tu resiliencia. Esta clase de contagio se disemina a través de las familias, los lugares de trabajo y las culturas. Es el poder de ver a alguien modelar cómo cambiar y adaptarse, perdonar y seguir adelante, y proponerse tomar decisiones que preparan para el éxito en lugar del fracaso. A veces, lo único que alguien necesita para actuar de manera diferente es ver que sí se puede.

Mientras practicas las reglas de resiliencia y eres testigo de la forma en que estas habilidades y herramientas transforman la manera en que enfrentas las adversidades, no te guardes lo que aprendiste. Enseña esas lecciones. Compártelas.

¿Qué te gustaría enseñar a las nuevas generaciones de tu familia a través de tus acciones?

¿Cómo podrías modelar y abogar en tu trabajo por una cultura de resiliencia y bienestar, dos características que promueven la productividad y la excelencia?

¿Cómo podrías cultivar en tu comunidad conexiones que construyan puentes en lugar de divisiones?

No necesitas hacer el bien a otros desde un escenario como

conferencista ni a través de un libro como escritor. Puedes hacerlo con trabajo voluntario o mediante las conversaciones cotidianas durante la cena o el almuerzo.

Permite que tus hijos te vean crecer. Permite que te vean cometer errores, admitirlos y luego mejorar como persona y volverte más sabio y fuerte. En tu lugar de trabajo, introduce el concepto de resiliencia como una habilidad necesaria entre los miembros del equipo para que la organización, y todos lo que pertenecen a ella, progresen. Permite que tus compañeros de trabajo y miembros de equipo te vean liderar con autenticidad, adaptarte con dignidad a los cambios y cerrar las brechas de tu energía y crecimiento para alcanzar tu potencial. En tu comunidad, sé compasivo y amable. Mira a las personas a los ojos. Baja la velocidad y conéctate. Sé intencional en tu forma de actuar.

Habla con otras personas acerca de las reglas de resiliencia con las que más te identificas. Ayuda a los demás a entender que, si tú puedes hacerlo, ellos también pueden. Nunca subestimes el efecto dominó que la resiliencia puede generar en tus relaciones más íntimas, tu familia, tu lugar de trabajo, tu comunidad y el mundo.

Entrénate a ti mismo

- ¿De qué forma(s) fuiste resiliente el último año? ¿Qué adversidad venciste?
- ¿De qué forma(s) estuviste superenfocado en un problema o desafío?
- ¿De qué forma(s) te hizo más sabio, más fuerte o más compasivo este desafío?
- ¿A quién podrías impactar con esa nueva sabiduría, fortaleza o compasión?
- ¿Y cómo se beneficiaría de eso?
- ¿Qué harás este mes para servir a otros? ¿Cómo esperas que eso ensanche tu propósito o cambie tu perspectiva?

Intenta lo siguiente

- ☐ Recuérdate tu propósito.
- ☐ Busca el propósito en las circunstancias dolorosas y el mensaje en el desastre.
- ☐ Actúa basándote en ese propósito.
- ☐ Identifica a quién puedes servir o dónde puedes servir, luego ayuda y genera un impacto con tu compasión, inspiración, sabiduría o actos de servicio.
- ☐ Reflexiona sobre el cambio de perspectiva que se produce cuando haces el bien a otros.

DI CONMIGO:

«Cuando me enfoco en servir a otros, fortalezco mi propósito y mi perspectiva».

EPÍLOGO

Las reglas como herramientas

Las reglas a veces tienen mala reputación.

Y lo entiendo. Después de todo, la resiliencia requiere flexibilidad y pensamiento creativo, y tendemos a pensar que las reglas son rígidas y limitantes. Ahora que llegaste al final de este libro, sin embargo, sin lugar a duda te diste cuenta de que las diez reglas de resiliencia no proveen recetas para todas las situaciones que enfrentarás. Por el contrario, son principios que por lo general son válidos para todos, pero tendrás que aplicarlos y adaptarlos a tus propias circunstancias. Por ejemplo, aunque es verdad que todos necesitamos esperar lo inesperado (Regla de resiliencia n.º 1), tu respuesta a cómo planeas, piensas y respondes a las oportunidades y a los desafíos inesperados puede ser diferente al enfoque que otros adoptan.

Entonces, ¿cómo te ayuda todo esto?

Cada vez que una oportunidad o desafío inesperado te sorprenda, te animo a que consideres este libro como un recurso al cual puedes acudir. Revisa la lista de reglas y los mensajes claves en las páginas 258–260. Una vez que hayas identificado la regla o el paso que tiene relación con el problema al cual te enfrentas, te sugiero que regreses a ese capítulo y trabajes con las preguntas y ejercicios de autoentrenamiento. Al analizarlos de manera cuidadosa y honesta descubrirás la dirección, las respuestas y los pasos que necesitas.

Aun cuando todo parezca estar bien, continúa edificando tus

habilidades de adaptación, recursos protectores y medidas preventivas. (Para repasar estos tres pilares, ver las páginas 11–16). A medida que te esfuerzas para ser una persona más positiva, equilibrada y disciplinada, a medida que mejoras la administración de tus finanzas, buscas oportunidades para aprender y nutres tus relaciones, y a medida que te preparas para enfrentar los desafíos conocidos y desconocidos, te volverás una persona más resiliente de forma natural. No solo eso, sino que estarás listo para transmitir tu sabiduría y experiencia a quienes te abran las puertas y puedan beneficiarse de ellas.

Estas reglas, por lo tanto, no tienen el propósito de ser un fin en sí mismas; en vez de eso, son herramientas que puedes emplear cuando te encuentres en apuros o estés listo para construir algo nuevo. Tener mayor resiliencia, después de todo, no es tu objetivo definitivo en la vida, pero es un instrumento fundamental para alcanzarlo.

REGLAS DE RESILIENCIA

Regla de resiliencia n.º 1: Espera lo inesperado.

- No pienses solo positivamente. Piensa con precisión.
- Acepta que los cambios y los desafíos son parte de la vida.
- Busca formas de fortalecer tus pilares de modo que estés listo para las oportunidades inesperadas.

Regla de resiliencia n.º 2: Escoge los pensamientos que te fortalecen.

- Lo que más importa no es lo que sucede, sino lo que piensas sobre lo que sucede.
- Puedes entrenarte a ti mismo para tener interpretaciones más útiles de los eventos estresantes.
- Con la práctica, puedes cambiar los patrones en tu cerebro para tener mayor resiliencia.

Regla de resiliencia n.º 3: Enfócate en la visión, no en el obstáculo.

- Enfócate en la visión. Trabaja en el obstáculo.
- Crea tu manifiesto de visión y utilízalo como una herramienta para salir del atascamiento.
- Conocer las cinco etapas del éxito mejorará tu paciencia, tu resistencia y tus resultados.

Regla de resiliencia n.º 4: Controla lo controlable y acepta el resto.

- Acepta la responsabilidad para que puedas pasar de una mentalidad pasiva a una proactiva.
- Aprende a operar desde un locus de control interno.
- Decide «ser mejor, no amargarte» del otro lado de tu desafío.

Regla de resiliencia n.º 5: Reúne tus recursos.

- Los recursos personales facilitan la resiliencia; por lo tanto, evalúa y construye los correctos.
- Las relaciones fuertes son un recurso fundamental para tu resiliencia personal.
- Debes estar dispuesto a pedir ayuda.

Regla de resiliencia n.º 6: Cierra tu brecha de crecimiento.

- Las metas de desempeño son tu visión. Las metas de crecimiento son el motor.
- Una mentalidad de crecimiento edifica humildad y resiliencia. Una mentalidad obstinada hace lo opuesto.
- Hacer algo es la clave del crecimiento.

Regla de resiliencia n.º 7: No finjas y no te defiendas.

- Fingir prolonga el problema. Admitirlo permite arreglarlo.
- Concédete el permiso de ser imperfecto.
- Emplea el fracaso para analizar, no para penalizar.

Regla de resiliencia n.º 8: Encuentra la oportunidad en el desafío.

- Adopta intencionadamente una clase específica de optimismo que pronostique éxito o resiliencia.
- Espera y cultiva el crecimiento postraumático.
- Las «interpretaciones constructivas» pueden transformar tus desafíos en oportunidades.

Regla de resiliencia n.º 9: Aprende cuándo ser determinado y cuándo renunciar.

- La resiliencia es más que solo perseverancia. Es la sabiduría de saber cuándo renunciar.
- La determinación también requiere gracia.
- El propósito alimenta la perseverancia. Es importante que tengas claros los tuyos.

Regla de resiliencia n.º 10: Cierra tu brecha de energía.

- Tu nivel de energía debe coincidir con tu nivel de visión, o terminarás exhausto.

- El cuidado personal y la autocompasión son propulsores cruciales de la energía.
- Lo negativo es más poderoso que lo positivo; por lo tanto, cultiva con cuidado lo positivo.

Regla extra: Haz el bien a otros.

- Alcanzas el quinto nivel de resiliencia cuando transmites lo que aprendiste.
- Satisfacer las necesidades de otros incrementa tu propia resiliencia.
- La única persona que puede decidir cómo hacer el bien a otros eres *tú*.

RECONOCIMIENTOS

Gracias a las personas que me animaron e hicieron posible que este libro se hiciera realidad. En efecto, reuní todos mis recursos para traer a la vida este libro, y no podría haberlo hecho sola. Extiendo mi agradecimiento más profundo a...

Mi comprensivo y entusiasta esposo, Jeff. Gracias por creer siempre en mí, por estar orgulloso de mí y apoyar mis ideas sin titubear. Y gracias a nuestros hijos, Alex, Addie y Sophie; no solo son resilientes, sino que su presencia en mi vida me ha enseñado tanto y me ha hecho mejorar y volverme más sabia y fuerte. Los amo.

Andrea Heinecke, mi agente literaria. Gracias por tu constante guía, esfuerzo y fe en mi trabajo de toda la vida.

Jan Long Harris y Jillian Schlossberg. Gracias por la oportunidad de trabajar con ustedes y con el increíble equipo de Tyndale.

Kim Miller, mi editora en Tyndale, Annette Hayward y el equipo de correctores de texto. Gracias por su incansable y meticuloso esfuerzo en la edición de este libro. Les agradezco.

Margot Starbuck, mi editora personal. Gracias por tu animada y veloz edición, y por ayudarme a plasmar mis ideas en las páginas.

Todos los involucrados en la creación de la tapa: Libby Dykstra, Lindsey Bergsma, Kaylee Small y Dean Renninger de Tyndale; mi fotógrafa Michele Mabie y mi director de estilo visual Caleb London, por su trabajo creativo, activo y exhaustivo.

Mark Cole, CEO de Maxwell Leadership. Gracias por tu amistad y estímulo durante las últimas dos décadas, por tu invitación para liderar la formación de entrenadores para más de 50.000 miembros del Maxwell Leadership Certified Team en todo el mundo, y por tu fe en este libro. Gracias por conectarnos a John y a mí en una pasión compartida por el poder del crecimiento personal y un liderazgo sólido.

John Maxwell, el autor más prolífico del mundo sobre liderazgo, y mi mentor. Gracias por tu ejemplo, tu guía y el regalo de tu tiempo; ¡y, en especial, por escribir el poderoso prólogo de este libro!

Al equipo Inspire Inc.: Tonya Beaty, Taylor Hendrix, Caleb London, Alena Marie, Alexis Murray, Leone Murray, Wade Murray y Kristen Terlitsky. Qué honor trabajar con cada uno de ustedes. Gracias por el apoyo a este libro. Y a Caleb, ¡gracias a ti en especial por nuestros interesantes diálogos acerca de estas reglas mientras las desarrollaba, y por tu retroalimentación y energía positiva que me animaron a seguir adelante!

Al equipo de Maxwell Leadership, incluido el equipo de publicidad de Jake Decker, Jared Cagle, Taylor Melton y Jessica Duquette. A Chris Robinson, gracias por tu energía positiva y tu espíritu acogedor. Me encantó ser «una rival digna» para los miembros de Maxwell Leadership Certified Team. Y al Corporate Solutions Group (Grupo de Soluciones Corporativas), dirigido por Chris Goede junto con Perry Holley, Tammy Grabowski y Sara Henderson, con quienes elaboré el plan de estudios de la capacitación en resiliencia para las organizaciones, arraigado en los principios de *Reglas de resiliencia*.

Mi mamá, Leone Adger Murray, y mi papá, John Burton. Gracias por ser ejemplos de resiliencia para mí, por las lecciones que me enseñaron y por su inquebrantable apoyo y aliento durante toda mi vida. Debo gran parte de mi resiliencia a su influencia.

Las tres amigas cuyas historias comparto en estas páginas, T. Michelle Williams, Tara-Leigh Cobble y Chaunté Lowe. Gracias por permitirme entrevistarlas y por compartir su resiliencia y sabiduría con mis lectores.

Por último, pero no menos importante, mis exprofesores de Psicología positiva de la Universidad de Pensilvania, en especial el Dr. Martin E. P. Seligman, el Dr. James Pawelski, la Dra. Karen Reivich, la Dra. Angela Duckworth y el difunto Dr. Christopher Peterson. Su trabajo transformó mi vida y trabajo, y estaré por siempre agradecida por haber tenido la oportunidad de aprender de ustedes.

Y a ti que estás leyendo esto, gracias por dedicar tiempo a mis palabras. Tengo la esperanza de que este mensaje te haga mejorar y volverte más sabio y fuerte.

NOTAS

INTRODUCCIÓN

1. Creo tanto en el poder del entrenamiento que soy una de un poco más del 4 % de entrenadores acreditados en todo el mundo que logró la acreditación *Master Certified Coach* a través de la International Coaching Federation, la cual provee certificación rigurosa e independiente a entrenadores profesionales.
2. American Psychological Association, «Psychological Capital: What It Is and Why Employers Need It Now» [Capital psicológico: Qué es y por qué los empleados lo necesitan ahora], 21 de agosto del 2023, https://www.apa.org/topics/healthyworkplaces/psychologicalcapital.

CREA Y CULTIVA UN SISTEMA PERSONAL DE RESILIENCIA

1. American Psychological Association, «Resilience» [Resiliencia], página accedida el 30 de diciembre del 2024, https://www.apa.org/topics/resilience.
2. National Scientific Council on the Developing Child, «Supportive Relationships and Active Skill-Building Strengthen the Foundations of Resilience» [Las relaciones de apoyo y el desarrollo activo de habilidades fortalecen las bases de la resiliencia], *Working Paper* 13, (*Center on the Developing Child*, Harvard University, 28 de mayo del 2015), https://developingchild.harvard.edu/wp-content/uploads/2024/10/The-Science-of-Resilience2.pdf.
3. US Food and Drug Administration, «Use of Trivalent Influenza Vaccines for the 2024–2025 US Influenza Season» [Uso de vacunas trivalentes contra la influenza para la temporada de influenza 2024–2025], página accedida el 30 de diciembre del 2024, https://www.fda.gov/vaccinesbloodbiologics/lot-release/usetrivalentinfluenzavaccines-2024-2025-us-influenzaseason.
4. John Elflein, «Number of Influenza Deaths in the United States from 2010 to 2023» [Número de muertes por influenza en los Estados Unidos desde

el 2010 hasta el 2023], *Statista*, 28 de marzo del 2024, https: https://www.statista.com/statistics/1124018/us-deaths-from-influenza/.

5. Cuando el Centro para el desarrollo infantil investigó la forma en que las habilidades de la vida son transmitidas a los hijos, identificaron a la resiliencia como la promotora principal del bienestar de los niños. Para más información, ver National Scientific Council on the Developing Child, «Supportive Relationships and Active Skill-Building» [Las relaciones de apoyo y el desarrollo activo de habilidades].
6. National Scientific Council on the Developing Child, «Supportive Relationships and Active Skill-Building» [Las relaciones de apoyo y el desarrollo activo de habilidades].
7. Michele M. Tugade et al., «Psychological Resilience and Positive Emotional Granularity: Examining the Benefits of Positive Emotions on Coping and Health» [Resiliencia psicológica y granularidad emocional positiva: Examen de los beneficios de las emociones positivas para la superación y la salud], *Journal of Personality* 72, n.º 6 (diciembre del 2004): 1161–1190, https://doi.org/10.1111/j.1467-6494.2004.00294.x; David L. Roth et al., «Religious Involvement and Health over Time: Predictive Effects in a National Sample of African Americans» [El involucramiento religioso y la salud con el paso del tiempo: Efectos predictivos en una muestra nacional de afroamericanos], *Journal for the Scientific Study of Religion* 55, n.º 2 (junio del 2016): 417–424, https://doi.org/10.1111/jssr.12269.

REGLA DE RESILIENCIA N.º 1: ESPERA LO INESPERADO

1. Blake Stilwell, «The Real- Life Murphy and How "Murphy's Law" Came to Be» [El Murphy de la vida real y cómo surgió la «ley de Murphy»], *Military.com*, 10 de junio del 2022, https://www.military.com/history/reallife-murphy-andhowmurphyslaw-camebe.html.
2. Eric Lagatta, «Lotto Regret: Pitfalls of Powerball, Lottery Winners Serve as Cautionary Tales as Jackpots Swell» [Arrepentimiento del loto: Las trampas del Powerball, los ganadores de la lotería sirven como advertencias mientras los premios mayores aumentan], *USA Today*, actualizado el 20 de julio del 2023, https://www.usatoday.com/story/news/nation/2023/07/19/powerballmega-millionswinners-instantbillionaireregrets/70430571007/.
3. Ed Flynn, «Bankruptcy Grab Bag of Fun Facts» [Un montón de datos curiosos sobre bancarrotas], *ABI Journal*, diciembre del 2015, https://abi.org/abi-journal/bankruptcy-grabbag-of-fun-facts.
4. Hannah Dailey, «Ariana Grande Announces "The Boy Is Mine" Remix Featuring Brandy & Monica: "Cannot Believe This Is Real"» [Ariana Grande anuncia el remix «The Boy is Mine» con la participación de Brandy & Monica: «No puedo creer que sea real»], *Billboard*, 17 de junio del 2024, https://www.billboard.com/music/musicnews/arianagrande-brandy-monica-the-boy-is-mine-remix-announced-1235711231/.

REGLA DE RESILIENCIA N.º 2: ESCOGE LOS PENSAMIENTOS QUE TE FORTALECEN

1. Einat Levy-Gigi y Simone Shamay-Tsoory, «Affect Labeling: The Role of Timing and Intensity» [Etiquetado emocional: El papel del tiempo y la intensidad], *PLoS One 17*, n.º 12 (29 de diciembre del 2022): e0279303, https://doi.org/10.1371/journal.pone.0279303.
2. RVR1960.
3. Judith S. Beck y Sarah Fleming, «A Brief History of Aaron T. Beck, MD, and Cognitive Behavior Therapy» [Una breve historia de Aaron T. Beck, Doctor en Medicina, y la terapia del comportamiento cognitivo], *Clinical Psychology in Europe* 3, n.º 2 (18 de junio del 2021): e6701, https://doi.org/10.32872/cpe.6701.
4. «Dr. Aaron T. Beck: A Life Well-Lived» [Dr. Aaron T. Beck: Una vida bien vivida], *Beck Institute*, página accedida el 31 de diciembre del 2024, https://beckinstitute.org/about/dr-aaron-t-beck.
5. En el pasado, solía llamar a esta estructura TTR: «Trigger, Thoughts, Reactions» [Gatillo o disparador, Pensamientos, Reacciones], pero decidí renombrarla STR por «Stressor, Thoughts, Reactions» [Estresor, Pensamientos, Reacciones] porque estresor es más acertado, y la palabra gatillo tiene algunas asociaciones negativas que no deseo sugerir.
6. «Triple-Negative Breast Cancer» [Cáncer de mama triple negativo], *American Cancer Society*, accedida el 31 de diciembre del 2024, https://www.cancer.org/cancer/types/breast-cancer/about/typesof-breast-cancer/triple-negative.html.
7. Valorie Burton, anfitriona, *Coaching and Positive Psychology* [Entrenamiento y psicología positiva], pódcast, episodio 13: «The Neuroscience of Getting Unstuck: A Conversation with Dr. Ebony Glover» [La neurociencia de quedarse atascado: Una conversación con la Dra. Ebony Glover], *The CaPP Institute*, 26 de abril del 2022.

REGLA DE RESILIENCIA N.º 3: ENFÓCATE EN LA VISIÓN, NO EN EL OBSTÁCULO

1. Jerry Jenkins, «Book Rejections: 3 Ways to Go from Rejection to Success» [El rechazo de libros: 3 modos de ir del rechazo al éxito], publicación en el blog, 5 de agosto del 2024, https://jerryjenkins.com/book-rejections/.
2. Este libro *Jeff Herman's Guide to Book Publishers, Editors and Literary Agents* [La guía de Jeff Herman para editoriales, editores y agentes literarios] está actualmente en su 29.ª edición (Novato, CA: New World Library, 2023).
3. Autopubliqué *Rich Minds, Rich Rewards* [Mentes ricas, recompensas ricas] en 1999. El sello editorial Villard/Random House lo publicó con el mismo título en el 2001.
4. C. R. Snyder et al., «Hope Theory, Measurements, and Applications to

School Psychology» [Teoría de la esperanza, mediciones y aplicaciones a la psicología escolar], *School Psychology Quarterly* 18, n.º 2 (2003): 122–139, https://doi.org/10.1521/scpq.18.2.122.21854.

5. Tanya Tucker, vocalista, «Strong Enough to Bend» [Lo suficientemente fuerte como para doblarse], compuesta por Beth Nielsen Chapman y Don Schlitz, producida por Jerry Crutchfield, Capitol Records, lanzado como sencillo en 1988.
6. «About the Podcast» [Acerca del pódcast], *The Bible Recap*, página accedida el 9 de diciembre del 2024, https://www.thebiblerecap.com. Publicado en español como *La sinopsis de la Biblia* en https://www.thebiblerecap.com/espanol
7. Paula M. Loveday et al., «The Best Possible Selves Intervention: A Review of the Literature to Evaluate Efficacy and Guide Future Research» [Intervención del mejor yo posible: Un repaso de la literatura para evaluar la efectividad y guiar investigaciones futuras], *Journal of Happiness Studies* 19, nº 2 (febrero del 2018), https://doi.org/10.1007/s10902-016-9824-z; Laura A. King, «The Health Benefits of Writing about Life Goals» [Los beneficios que tiene sobre la salud escribir acerca de las metas de la vida], *Personality and Social Psychology Bulletin* 27, n.º 7 (julio del 2001):798–807, https://doi.org/10.1177/0146167201277003.
8. King, «The Health Benefits of Writing about Life Goals».
9. Visitar https://brave.valorieburton.com/optin-vision-manifesto 1679335025071.

REGLA DE RESILIENCIA N.º 4: CONTROLA LO CONTROLABLE Y ACEPTA EL RESTO

1. El psicólogo estadounidense Julian B. Rotter desarrolló este concepto a mediados del siglo xx. Ver Julian B. Rotter, «Generalized Expectancies for Internal versus External Control of Reinforcement» [Expectativas generalizadas sobre el locus de control interno versus el externo del refuerzo], *Psychological Monographs* 80, n.º 1 (1966): 1–28, https://doi.org/10.1037/h0092976.
2. Hielke Buddelmeyer y Nattavudh Powdthavee, «Can Having Internal Locus of Control Insure Against Negative Shocks? Psychological Evidence from Panel Data» [¿Tener locus interno de control es garantía contra la conmoción negativa? Evidencia psicológica a partir de datos de panel], *Journal of Economic Behavior and Organization* 122 (febrero del 2016): 88–109. https://doi.org/10.1016/j.jebo.2015.11.014.
3. «Statistics and Facts» [Estadísticas y datos], *Brain Aneurysm Foundation*, página accedida el 2 de enero del 2025, https://www.bafound.org/statistics-and-facts/.
4. «Know the Facts on Brain Aneurysms» [Conozca la realidad sobre los

aneurismas de cerebro], *Lisa Foundation*, https://lisafoundation.org/know-the-facts/; «Brain Aneurysm» [Aneurisma cerebral], *Cleveland Clinic*, actualizado el 10 de febrero del 2023, https://my.clevelandclinic.org/health/diseases/16800-brainaneurysm.

5. Steven F. Maier y Martin E. P. Seligman, «Learned Helplessness: Theory and Evidence» [Indefensión aprendida: Teoría y evidencia], *Journal of Experimental Psychology: General* 105, n.º 1 (1976): 3–46. https://ppc.sas.upenn.edu/sites/default/files/lhtheoryevidence.pdf.
6. *APA Dictionary of Psychology* [Diccionario de Psicología APA], «Learned Helplessness» [Indefensión aprendida], actualizado el 19 de abril del 2018, https://dictionary.apa.org/learned-helplessness.

REGLA DE RESILIENCIA N.º 5: REÚNE TUS RECURSOS

1. Fatih Ozbay et al., «Social Support and Resilience to Stress: From Neurobiology to Clinical Practice» [Apoyo social y resiliencia al estrés: De la neurobiología a la práctica clínica], *Psychiatry (Edgmont)* 4, n.º 5 (mayo del 2007): 35–40, https://pmc.ncbi.nlm.nih.gov/articles/PMC2921311/; Ye Cui, «Goal-Setting Theory» [Teoría del establecimiento de metas], *Theoretical Models for Teaching and Research*, página accedida el 6 de enero del 2025, https://opentext.wsu.edu/theoreticalmodelsforteachingandresearch/chapter/goal-setting-theory/.
2. Michelle Williams, *Checking In: How Getting Real about Depression Saved My Life —and Can Save Yours* [Reportándose: Tomar en serio la depresión me salvó la vida —y puede salvar la tuya] (Nashville: Thomas Nelson, 2021).
3. Ozbay, «Social Support and Resilience to Stress».
4. Cindy Lamothe y Crystal Raypole, «Is Your Relationship Toxic? Signs and How to Cope» [¿Tu relación es tóxica? Señales y cómo superarla], *Healthline*, actualizado el 7 de febrero del 2024, https://www.healthline.com/health/toxic-relationship.
5. Mark A. Bellis et al., «Does Continuous Trusted Adult Support in Childhood Impart Life-Course Resilience against Adverse Childhood Experiences —A Retrospective Study on Adult Health-Harming Behaviours and Mental Well-Being» [El apoyo continuo y confiable de un adulto en la infancia, ¿imparte resiliencia para la vida frente a experiencias adversas de la infancia? Un estudio retrospectivo sobre comportamientos perjudiciales para la salud y el bienestar mental en la adultez], *BMC Psychiatry* 17, n.º 1 (23 de marzo del 2017): 110, https://pmc.ncbi.nlm.nih.gov/articles/PMC5364707/.
6. «InBrief: The Science of Resilience» [En resumen: La ciencia de la resiliencia], *Center on the Developing Child*, Harvard University, 20 de mayo del 2015, https://developingchild.harvard.edu/wpcontent/uploads/2024/10/InBrief-The-Science-of-Resilience-1.pdf.

REGLA DE RESILIENCIA N.º 6: CIERRA TU BRECHA DE CRECIMIENTO

1. Terry Gaspard, «10 Rules for a Successful Second Marriage» [10 reglas para tener éxito en las segundas nupcias], *The Gottman Institute*, 23 de septiembre del 2016, https://www.gottman.com/blog/10-rules-successful-second-marriage/.
2. John C. Maxwell, «La ley del tope», cap. 1 en *The 21 Irrefutable Laws of Leadership: Follow Them and People Will Follow You*, ed. aniversario (HarperCollins, 2007), 1–10. Publicado en español como *Las 21 leyes irrefutables del liderazgo: Siga estas leyes, y la gente lo seguirá a usted.*
3. Carol S. Dweck, *Mindset: The New Psychology of Success* (Nueva York: Ballantine Books, 2007), 3. Publicado en español como *Mindset: La actitud del éxito.*

REGLA DE RESILIENCIA N.º 7: NO FINJAS Y NO TE DEFIENDAS

1. La causa de la trágica colisión cerca del aeropuerto internacional Reagan entre un avión de pasajeros y un helicóptero militar en enero del 2025 todavía estaba bajo investigación cuando se publicó este libro. La evidencia preliminar no encontró pruebas de error del piloto de la aerolínea. Ver Elizabeth Chuck, Jon Schuppe y Melissa Chan: «What Caused the Deadly Midair Collision Between a Passenger Jet and an Army Helicopter?» [¿Qué causó la colisión mortal en el aire entre un avión de pasajeros y un helicóptero del ejército?], NBC News, 30 de enero del 2025, https://www.nbcnews.com/news/usnews/washington-dc-plane-crash-helicopter-cause-investigation-rcna189975.
2. Ben Cohen, «Flying in America Has Actually Never Been Safer» [Volar en los Estados Unidos nunca ha sido tan seguro], *Wall Street Journal*, 12 de enero del 2024, https://www.wsj.com/business/airlines/plane-safety-airlines-boeing-never-been-safer-adbe2453; Peter Dizikes, «Study: Flying Keeps Getting Safer» [Investigación: Volar es cada vez más seguro], comunicado del *Massachusetts Institute of Technology*, 7 de agosto del 2024, https://news.mit.edu/2024/study-flying-keeps-getting-safer-0807.
3. «Aviation Safety Action Program» [Programa de Acción para la Seguridad de la Aviación], *Federal Aviation Administration*, actualizado el 17 de diciembre del 2024, https://www.faa.gov/about/initiatives/asap.
4. Ken Kaye, «Mysterious Aviation Disasters Help Set a Deadly Record in 1996» [Desastres aéreos misteriosos contribuyen a establecer un récord de muertes en 1996], *Washington Post*, 31 de diciembre de 1996, https://www.washingtonpost.com/archive/politics/1996/12/31/mysterious-aviation-disasters-help-set-a-deadlyrecord-in-1996/f1a9d8fe-bf61-438d-949d-822aca893de7/
5. Matthew L. Wald, «Fatal Crashes of Airplanes Decline 65 % in U.S.» [Los accidentes aéreos fatales se reducen en un 65 % en los EE. UU.], *New York Times*, 30 de septiembre del 2007, https://www.nytimes.com/2007/10/01/business/worldbusiness/01iht-01safety.7693141.html.

6. Andy Pasztor, «The Airline Safety Revolution» [La revolución por la seguridad de las compañías aéreas], *Wall Street Journal*, 16 de abril del 2021, https://www.wsj.com/articles/the-airlinesafety-revolution-11618585543.
7. James W. Pennebaker et al., «Disclosure of Traumas and Immune Function: Health Implications for Psychotherapy» [Revelación de los traumas y la función inmune: Las implicancias de la psicoterapia en la salud], *Journal of Consulting and Clinical Psychology* 56, n.º 2 (1988): 239–245, https://doi.org/10.1037/0022-006x.56.2.239.
8. Monika Eckstein et al., «Calming Effects of Touch in Human, Animal, and Robotic Interaction —Scientific State-of-the-Art and Technical Advances» [Los efectos tranquilizadores del contacto en la interacción con personas, animales y robótica: Avances científicos y tecnológicos de última generación], *Frontiers in Psychiatry* 11 (3 de noviembre del 2020): 555058, https://doi.org/10.3389/fpsyt.2020.555058.
9. Kristin Neff, «The Physiology of Self-Compassion» [La fisiología de la autocompasión], *Psychology Today*, 2 de julio del 2012, https://www.psychologytoday.com/us/blog/the-power-self-compassion/201207/the-physiology-self-compassion.
10. Jan Vymeˇtal, «Authenticity in Psychology and Psychotherapy» [en checo] [La autenticidad en la psicología y en la psicoterapia], *Sborník Lékařský* 103, n.º 3 (2002): 313–321, https://pubmed.ncbi.nlm.nih.gov/12688175.
11. Tony Schwartz, «The Importance of Naming Your Emotions» [La importancia de nombrar tus emociones], *New York Times*, 3 de abril del 2015, https://www.nytimes.com/2015/04/04/business/dealbook/the-importance-of-naming-your-emotions.html.
12. Richard E. Watts, «Reflecting "As If"» [Reflexionando «Como si»], *Counseling Today*, abril del 2013, https://www.counseling.org/publications/counseling-today-magazine/article-archive/article/legacy/reflecting-asif.

REGLA DE RESILIENCIA N.º 8: ENCUENTRA LA OPORTUNIDAD EN EL DESAFÍO

1. Scott Craven, «You Won't Believe Where McDonald's Opened Its First Drive-Thru» [No creerás dónde abrió McDonald's su primer autoservicio], *Arizona Republic*, 29 de agosto del 2016, https://www.azcentral.com/story/travel/arizona/2016/08/29/mcdonalds-first-drive-through-sierravista-arizona/88009974/; «The First McDonald's Drive Thru Was Inspired by U.S. Army Soldiers Stationed at Fort Huachuca Army Base» [El primer autoservicio de McDonald's fue inspirado por los soldados que estaban apostados en la base del ejército en Fuerte Huachuca], *McDonald's Corporation*, 11 de noviembre del 2022, https://corporate.mcdonalds.com/corpmcd/our-stories/article/first-mcd-drivethru.html.
2. Martin E. P. Seligman, «Building Resilience» [Construyendo resiliencia],

Harvard Business Review, abril del 2011, https://hbr.org/2011/04/building-resilience; Martin E. P. Seligman, *Learned Optimism: How to Change Your Mind and Your Life* (A. A. Knopf, 1991). Publicado en español como *Aprenda optimismo: Haga de la vida una experiencia maravillosa*.

3. «Sylvester Stallone: Credits» [Sylvester Stallone: Reconocimientos], *IMDb*, https://www.imdb.com/name/nm0000230/; *Britannica*, «Sylvester Stallone», actualizado el 30 de diciembre del 2024, incluye a *Klute* entre sus participaciones no acreditadas, https://www.britannica.com/biography/Sylvester-Stallone.
4. Ben Wyatt, «Chuck Wepner: Honouring the Real-Life "Rocky" Who Floored Muhammad Ali» [Chuck Wepner: Honrando al verdadero «Rocky» que derribó a Muhammad Ali], *BBC Sport*, 26 de enero del 2023, https://www.bbc.com/sport/64392108.
5. Sylvester Stallone, entrevista con Barry Norman, *Film 77*, emitida originalmente el 23 de enero de 1977, publicada el 2 de enero del 2022, por *BBC Archive*, video de YouTube, la transmisión comienza a las 0:58, https://www.youtube.com/watch?v=dFlybZL1mWE.
6. Oliver E. Williams et al., «Quantifying and Predicting Success in Show Business» [Cuantificar y predecir el éxito en la industria del espectáculo], *Nature Communications* 10 (2019): 2256, https://doi.org/10.1038/s41467-019-10213-0.
7. Mary Gallagher, «Sylvester Stallone Shares Memory of Dog He Sold "to Buy Food" and Bought Back for £15K» [Sylvester Stallone comparte el recuerdo del perro que vendió «para comprar comida» y que recompró por 15.000 dólares], *UK Yahoo! Entertainment*, 13 de marzo del 2017, https://uk.news.yahoo.com/sylvester-stallone-shares-memory-of-doghe-soldto-buy-food-and-bought-back-for-15k-101735346.html.
8. Judy Klemesrud, «"Rocky Isn't Based on Me", Says Stallone, "but We Both Went the Distance"» [«Rocky no se basa en mí —dice Stallone—, pero ambos llegamos a la última ronda»], *New York Times*, 1 de noviembre del 1976, https://archive.nytimes.com/www.nytimes.com/packages/html/movies/bestpictures/rocky-ar.html.
9. «How Sylvester Stallone Went from Homeless Actor to Hollywood Star» [Cómo Sylvester Stallone pasó de ser un actor vagabundo a estrella de Hollywood], *WABC*, 22 de febrero del 2016, https://abc7ny.com/sylvester-stallone-rockyii-iii/1204319/.
10. «The Numbers: Rocky (1976)» [Los números: *Rocky* (1976)], *Nash Information Services*, https://www.thenumbers.com/movie/Rocky#tab=summary/; «The Numbers: Top Grossing Movies of 1976» [Los números: Películas más taquilleras de 1976], *Nash Information Services*, https://www.thenumbers.com/market/1976/top-grossing-movies.
11. «This Day in History (January 9): Sylvester Stallone Starts Filming "Rocky"»

[Un día en la historia (9 de enero): Sylvester Stallone comienza a filmar *Rocky*], *History.com*, https://www.history.com/this-day-in-history/stallone-startsfilming-rocky.

12. Sylvester Stallone, entrevista con Barry Norman, *Film 77*, video de YouTube, la transmisión comienza a las 1:38, https://www.youtube.com/watch?v=dFlybZL1mWE.
13. «Bio: About Sylvester Stallone» [Biografía: Acerca de Sylvester Stallone], página accedida el 10 de enero del 2025, https://sylvesterstallone.com/bio/; Tom Ward, «The Amazing Story of the Making of "Rocky"» [La increíble historia de la creación de *Rocky*], *Forbes*, actualizado el 10 de diciembre del 2021, https://www.forbes.com/sites/tomward/2017/08/29/the-amazing-story-of-the-making-of-rocky/.
14. Valorie Burton, *Where Will You Go from Here? Moving Forward When Life Doesn't Go as Planned* [¿Hacia dónde irás desde aquí? Seguir adelante cuando la vida no resulta según lo planeado], (Colorado Springs, CO: Waterbrook, 2011), 3–6.
15. Ver Proverbios 18:21.
16. John Maxwell, *Failing Forward: Turning Mistakes into Stepping Stones for Success* (Nashville: Thomas Nelson, 2000). Publicado en español como *El lado positivo del fracaso: Cómo convertir los errores en puentes hacia el éxito.*
17. Douglas Stone y Sheila Heen, *Thanks for the Feedback: The Science and Art of Receiving Feedback Well* [Gracias por la crítica: La ciencia y el arte de recibir bien las críticas] (Nueva York: Viking, 2014), cap. 9.
18. Según lo citado en Liliana Dell'Osso et al., «Post Traumatic Growth (PTG) in the Frame of Traumatic Experiences» [Crecimiento postraumático (PTG) en el marco de experiencias traumáticas], *Clinical Neuropsychiatry* 19, n.º 6 (diciembre del 2022): 390–393, https://pmc.ncbi.nlm.nih.gov/articles/PMC9807114/.
19. Laura Cappelle, «Why the Top Gymnast in France Is Competing for Algeria» [Por qué la mejor gimnasta de Francia compite por Argelia], *New York Times*, 31 de julio del 2024, https://www.nytimes.com/2024/07/31/world/olympics/kaylia-nemour-olympics-gymnasticsfrance-algeria.html; Ashlee Buhler, «FrenchBorn Kaylia Nemour Wins Historic Olympic Gold for Algeria; Suni Lee Claims Bronze» [Kaylia Nemour nacida en Francia gana una histórica medalla dorada olímpica para Argelia; Suni Lee asegura la de bronce], *NBC Universal*, 4 de agosto del 2024, https://www.nbcolympics.com/news/french-bornkaylia-nemour-wins-historicolympic-gold-algeria-suni-lee-claims-bronze.

REGLA DE RESILIENCIA N.º 9: APRENDE CUÁNDO SER DETERMINADO Y APRENDE CUÁNDO RENUNCIAR

1. Angela L. Duckworth et al., «Cognitive and Noncognitive Predictors of Success» [Predictores cognitivos y no cognitivos del éxito], *Proceedings of the*

National Academy of Sciences 116, n.º 47 (4 de noviembre del 2019): 23499–23504, https://doi.org/10.1073/pnas.1910510116.

2. Angela L. Duckworth et al., «Grit: Perseverance and Passion for Long-Term Goals» [Determinación: Perseverancia y pasión por las metas a largo plazo], *Journal of Personality and Social Psychology* 92, n.º 6 (junio del 2007): 1087–1101, https://doi.org/10.1037/0022-3514.92.6.1087.
3. Relato esta historia y resalto estos principios en «When to Persevere and When to Let Go» [Cuándo perseverar y cuándo soltar], *Maxwell Leadership*, 29 de febrero del 2024, https://www.maxwellleadership.com/blog/persevere-and-let-go/.
4. «The 24 Character Strengths» [Las 24 fortalezas del carácter], *VIA Institute on Character*, página accedida el 10 de enero del 2025, https://www.viacharacter.org/character-strengths.

REGLA DE RESILIENCIA N.º 10: CIERRA TU BRECHA DE ENERGÍA

1. Roy F. Baumeister, «Ego Depletion and SelfControl Failure: An Energy Model of the Self's Executive Function» [Agotamiento del ego y fracaso del dominio propio: Un modelo de energía para la función ejecutiva del yo], *Self and Identity* 1, n.º 2 (2002): 129–136, https://doi.org/10.1080/152988602317319302.
2. Walter Mischel, *The Marshmallow Test: Mastering Self-Control* (Nueva York: Little, Brown and Co., 2014). Publicado en español como *El test de la golosina: Cómo entender y manejar el autocontrol.*
3. Michele M. Tugade y Barbara L. Fredrickson, «Resilient Individuals Use Positive Emotions to Bounce Back from Negative Emotional Experiences» [Los individuos resilientes usan las emociones positivas para recuperarse de las experiencias emocionales negativas], *Journal of Personality and Social Psychology* 86, n.º 2 (2004): 320–333, https://doi.org/10.1037/0022-3514.86.2.320.
4. Amrisha Vaish et al., «Not All Emotions Are Created Equal: The Negativity Bias in Social-Emotional Development» [No todas las emociones se crean igual: El sesgo de negatividad en el desarrollo socioemocional], *Psychological Bulletin* 134, n.º 3 (mayo del 2008): 383–403, https://doi.org/10.1037/0033-2909.134.3.383; Barbara Fredrickson, *Positivity: Discover the Upward Spiral That Will Change Your Life* [Positivismo: Descubre el espiral ascendente que cambiará tu vida], (Nueva York: Harmony, 2009).
5. «Exercise Can Boost Your Memory and Thinking Skills» [El ejercicio puede mejorar tu memoria y capacidad de pensamiento], *Harvard Medical School, Harvard Health Publishing*, 26 de agosto del 2024, https://www.health.harvard.edu/mind-and-mood/exercisecan-boost-your-memory-andthinking-skills.
6. «Endorphins» [Endorfinas], *Cleveland Clinic*, página accedida el 10 de enero del 2025, https://my.clevelandclinic.org/health/body/23040-endorphins.

7. Sonja Lyubomirsky, *The How of Happiness: A New Approach to Getting the Life You Want* (Nueva York: Penguin, 2008), 20–21. Publicado en español como *La ciencia de la felicidad: Un método probado para conseguir el bienestar.*

REGLA EXTRA: HAZ EL BIEN A OTROS

1. Jessica Cerretani, «The Contagion of Happiness» [El contagio de la felicidad], *Harvard Medicine*, verano del 2011, https://magazine.hms.harvard.edu/articles/contagion-happiness.
2. Paul Brand y Philip Yancey, *Fearfully and Wonderfully Made* (Grand Rapids, MI: Zondervan, 1980), 82. Publicado en español como *Temerosa y maravillosamente diseñado*.
3. Stephen Schramm, «Build Your Resilience by Helping Others» [Construye tu resiliencia ayudando a otros], *Duke Today*, 7 de diciembre del 2020, https://today.duke.edu/2020/12/build-your-resiliencehelping-others.
4. Catherine Moore, «What Is Appreciative Inquiry? (Definition, Examples, and Model)» [¿Qué es la indagación apreciativa? (Definición, ejemplos y modelos)], PositivePsychology.com, 27 de abril del 2019, https://positivepsychology.com/appreciative-inquiry/#cooperrider.

ACERCA DE LA AUTORA

Valorie Burton es fundadora del Coaching and Positive Psychology (CaPP) Institute (Instituto de Entrenamiento y Psicología positiva). Desde que se inauguró en el 2009, el instituto CaPP ha prestado servicios a clientes y entrenadores en más de treinta países a través de la capacitación para entrenadores y la capacitación para la resiliencia. Como entrenadora, también es mentora de más de 55.000 miembros de más de 160 países del Maxwell Leadership Certified Team.

Valorie es entrenadora máster certificada, una credencial que tienen menos del 4 % de los miembros de la International Coaching Federation (Federación internacional de entrenamiento). Ayuda a las personas a construir su propia resiliencia y felicidad a través de su énfasis, fundado en la investigación, en el campo vanguardista de la psicología positiva: el estudio de lo que sucede cuando las cosas nos salen bien.

Autora de más de una docena de libros, los cuales incluyen: *Successful Women Think Differently* (Las mujeres exitosas piensan diferente), *It's About Time* (Se trata del tiempo) y *Brave Enough to Succeed* (Lo suficientemente valiente para triunfar). Valorie es una invitada habitual del programa Today y de muchos otros medios de comunicación. Ha sido conferencista para cientos de organizaciones, ministerios y entidades gubernamentales, incluyendo Google, Apple, NASA, Bank of America y el Ejército de EE. UU.

Valorie tiene una maestría en psicología positiva aplicada de la Universidad de Pensilvania, una maestría en periodismo de la Universidad A&M de Florida, y una licenciatura de la Universidad Estatal de Florida. Ella y su esposo, Jeff, tienen tres hijos y viven en una granja de caballos cerca de Atlanta. Aprende más acerca de la capacitación y los recursos que ofrece en ValorieBurton.com y CappInstitute.com.

Lleva la resiliencia al próximo nivel —Conviértete en un entrenador certificado

Acabas de aprender sobre las reglas de resiliencia: las estrategias probadas que ayudan a las personas exitosas a crecer a través de los desafíos de la vida. Ahora imagínate empleando esos principios para transformar no solo tu propia vida, sino también la vida de los demás.

En el Coaching and Positive Psychology (CaPP) Institute, capacitamos a las personas como tú para que sean entrenadores de primera categoría que empoderen a otros para superar adversidades, alcanzar metas y crear cambios duraderos y significativos.

¿Por qué capacitarte en el CaPP Institute?

- ICF-capacitación acreditada: Nuestros programas cumplen con los estándares más altos de capacitación de entrenadores establecidos por la International Coaching Federation, el estándar dorado en la industria del entrenamiento.
- Basada en estudios de Psicología positiva: Integramos la ciencia de la resiliencia, el bienestar y el desarrollo humano en cada aspecto de nuestra capacitación para entrenadores.
- Designada para líderes y profesionales con propósitos: Seas líder, educador, empresario, profesional de la salud mental o alguien apasionado por el crecimiento personal, nuestra capacitación te equipa con las habilidades para entrenar individuos, equipos y organizaciones para que sean exitosos.

- Clases flexibles: Nuestros programas están diseñados para adaptarse a tus actividades cotidianas, con clases virtuales y globalmente accesibles.

El mundo necesita más resiliencia. El mundo te necesita.

Si estás listo para dar el próximo paso, comienza tu viaje en CappInstitute.com.